ŒUVRES DE CHARLES PÉGUY

Aux Éditions Gallimard

Essais

NOTRE PATRIE.

CLIO.

L'ARGENT *suivi de* L'ARGENT (suite).

NOTRE JEUNESSE (*Idées*, n° 176).

VICTOR-MARIE, COMTE HUGO.

NOTE CONJOINTE.

UN NOUVEAU THÉOLOGIEN. *Monsieur Laudet.*

DE JEAN COSTE.

SITUATIONS.

LA RÉPUBLIQUE... NOTRE ROYAUME DE FRANCE.

PÉGUY ET LES *CAHIERS*.

PAR CE DEMI-CLAIR MATIN.

L'ESPRIT DE SYSTÈME.

UN POÈTE L'A DIT.

DEUXIÈME ÉLÉGIE XXX.

LA THÈSE.

VÉRONIQUE. *Dialogue de l'histoire et de l'âme charnelle.*

MARCEL. *Premier dialogue de la Cité heureuse.*

Poésie

LE MYSTÈRE DE LA CHARITÉ DE JEANNE D'ARC.

MORCEAUX CHOISIS. *Poésie.*

LE MYSTÈRE DES SAINTS INNOCENTS.

LE PORCHE DU MYSTÈRE DE LA DEUXIÈME VERTU *(Poésie/Gallimard).*

ÈVE. *Les Tapisseries.*

Suite de la bibliographie en fin de volume

L'ARGENT

CHARLES PÉGUY

L'ARGENT

suivi de

L'ARGENT SUITE

nrf

GALLIMARD

L'ARGENT

L'auteur de ce cahier, — du cahier qui vient, du cahier dont celui-ci n'est que l'avant-propos (1), — est l'homme à qui je dois le plus. J'étais un petit garçon de huit ans, perdu dans une excellente école primaire, quand M. Naudy fut nommé directeur de l'École Normale du Loiret.

Rien n'est mystérieux comme ces sourdes préparations qui attendent l'homme au seuil de toute vie. Tout est joué avant que nous ayons douze ans. Vingt ans, trente ans d'un travail acharné, toute une vie de labeur ne fera pas, ne défera pas ce qui a été fait, ce qui a été défait une fois pour toutes, avant nous, sans nous, pour nous, contre nous.

Dans toute vie il y a de ces quelques recroisements toute vie est commandée par un très petit nombre de ces certains recroisements ; rien ne se fait sans eux ; rien ne se fait que par eux ; et le premier de tous commande tous les autres et directement et par eux tout le reste.

C'était le temps des *folies scolaires*. Les réactionnaires nommaient *folies scolaires*, dans ce temps-là, de fort honnêtes constructions, en briques ou en pierres de taille, où on apprenait à lire aux enfants. Ces *folies scolaires* étaient commises par l'État, par les départements, par les communes ; et quelquefois par un généreux donateur. C'étaient généralement des maisons fort propres, et qui en tout cas

(1) Il s'agit du septième cahier de la XIVe série : Th. Nandy : **Depuis 1880**, *l'enseignement primaire et ce qu'il devrait être.*

valaient beaucoup mieux pour les enfants que la boue du ruisseau. Et que le ruisseau de la rue. Il faut avouer que dans ce temps-là, elles, (ces folies scolaires), avaient en effet l'air un peu insolent. Non point parce qu'elles étaient somptueuses. On mettait ça dans les journaux, qu'elles étaient somptueuses. Elles étaient simplement propres ; et décentes. Mais parce qu'elles étaient un peu trop voyantes. Elles avaient poussé un peu trop partout à la fois. Et peut-être un peu trop vite. On les avait trop mis en même temps. Et celles qu'on voyait, on les voyait trop. Elles étaient trop blanches, trop rouges, trop neuves. Quarante ans sont passés sur ces coins de la terre. Un simple voyage à Orléans vous convaincrait sans peine qu'aujourd'hui tous ces bâtiments scolaires sont comme nous : ils ne sont pas trop voyants.

Par quel recroisement fallut-il que ce fut dans le vieux faubourg, à trois ou quatre cents mètres de la maison de ma mère, peut-être à moins, car j'avais les jambes courtes, qu'on venait d'achever ce palais scolaire qu'était alors l'École Normale des instituteurs du Loiret. A sept ans on me mit à l'école. Je n'étais pas près d'en sortir. Mais enfin ce n'était pas tout à fait de ma faute. Et les suites non plus ne furent sans doute point tout à fait de ma faute.

On me mit à l'École Normale. Ce ne devait pas être la dernière fois. Cela signifiait cette fois-là qu'on me fit entrer dans cette jolie petite école annexe qui demeurait dans un coin de la première cour de l'École Normale, à droite en entrant, comme une espèce de nid rectangulaire, administratif, solennel et doux. Cette petite école annexe avait naturellement un directeur à elle, qu'il fallait se garder de confondre avec le directeur de l'École Normale elle-même. Mon *directeur* fut M. Fautras. Je le vois encore d'ici. C'était un grand gouvernement. Il avait été prisonnier en Allemagne pendant la guerre. Il revenait de loin. Cela lui conférait un lustre sévère, une grandeur dont nous n'avons plus aucune idée. C'est dans cette même école que je devais rencontrer quelques années plus tard le véritable maître de tous mes commencements, le plus doux, le plus patient, le plus noble, le plus courtois, le plus aimé, M. Tonnelat.

Si nous vivons assez pour atteindre à l'âge des *confessions*, si tant d'entreprises commencées de toutes mains nous laissent l'espace de mettre par écrit un monde que nous avons connu, j'essaierai de représenter un peu ce qu'était vers 1880 cet admirable monde de l'enseignement primaire. Plus généralement j'essaierai de représenter ce qu'était alors tout cet admirable monde ouvrier et paysan, disons-le d'un mot, tout cet admirable peuple.

C'était rigoureusement l'ancienne France et le peuple de l'ancienne France. C'était un monde à qui appliqué ce beau nom, ce beau mot de peuple recevait sa pleine, son antique application. Quand on dit le peuple, aujourd'hui, on fait de la littérature, et même une des plus basses, de la littérature électorale, politique, parlementaire. Il n'y a plus de peuple. Tout le monde est bourgeois. Puisque tout le monde lit son journal. Le peu qui restait de l'ancienne ou plutôt des anciennes aristocraties est devenu une basse bourgeoisie. L'ancienne aristocratie est devenue comme les autres une bourgeoisie d'argent. L'ancienne bourgeoisie est devenue une basse bourgeoisie, une bougeoisie d'argent. Quant aux ouvriers ils n'ont plus qu'une idée, c'est de devenir des bourgeois. C'est même ce qu'ils nomment devenir socialistes. Il n'y a guère que les paysans qui soient restés profondément paysans.

Nous avons été élevés dans un tout autre monde. On peut dire dans le sens le plus rigoureux des termes qu'un enfant élevé dans une ville comme Orléans entre 1873 et 1880 a littéralement touché l'ancienne France, l'ancien peuple, le peuple, tout court, qu'il a littéralement participé de l'ancienne France, du peuple. On peut même dire qu'il en a participé entièrement, car l'ancienne France était encore toute, et intacte. La débâcle s'est faite si je puis dire d'un seul tenant, et en moins de quelques années.

Nous essaierons de le dire : Nous avons connu, nous avons touché l'ancienne France et nous l'avons connue intacte. Nous en avons été enfants. Nous avons connu un peuple, nous l'avons touché, nous avons été du peuple, quand il y en avait un. Le dernier ouvrier de ce temps-là était un homme de l'ancienne France et aujourd'hui le plus insupportable des disciples de M. Maurras n'est pas pour un atome un homme de l'ancienne France.

Nous essaierons, si nous le pouvons, de représenter cela. Une femme fort intelligente, et qui se dirige allègrement vers ses septante et quelques années disait : Le monde a moins changé pendant mes soixante premières années qu'il n'a changé depuis dix ans. Il faut aller plus loin. Il faut dire avec elle, il faut dire au delà d'elle : Le monde a moins changé depuis Jésus-Christ qu'il n'a changé depuis trente ans. Il y a eu l'âge antique, (et biblique). Il y a eu l'âge chrétien. Il y a l'âge moderne. Une ferme en Beauce, encore après la guerre, était infiniment plus près d'une ferme gallo-romaine, ou plutôt de la même ferme gallo-romaine, pour les mœurs, pour le statut, pour le sérieux, pour la gravité, pour la structure même et l'institution, pour la dignité, (et même, au fond, d'une ferme de Xénophon), qu'aujourd'hui elle ne se ressemble à elle-même. Nous essaierons de le dire. Nous avons connu un temps où quand une bonne femme disait un mot, c'était sa race même, son être, son peuple qui parlait. Qui sortait. Et quand un ouvrier allumait sa cigarette, ce qu'il allait vous dire, ce n'était pas ce que le journaliste a dit dans le journal de ce matin. Les libres-penseurs de ce temps-là étaient plus chrétiens que nos dévots d'aujourd'hui. Une paroisse ordinaire de ce temps-là était infiniment plus près d'une paroisse du quinzième siècle, ou du quatrième siècle, mettons du cinquième ou du huitième, que d'une paroisse actuelle.

C'est pour cela que l'on est exposé à être extrêmement injuste envers Michelet et tous ceux de sa race, et ce qui est encore peut-être plus grave à être extrêmement *inentendant* de Michelet et de tous ceux de sa race. A en être inintelligent. Quand aujourd'hui on dit le peuple, en effet on fait une figure, et même une assez pauvre figure, et même une figure tout à fait vaine, je veux dire une figure où on ne peut rien mettre du tout dedans. Et en outre une figure politique, et une figure parlementaire. Mais quand Michelet et ceux de sa race parlaient du peuple, c'est eux qui étaient dans la réalité même, c'est eux qui parlaient d'un être et qui avaient connu cet être. Or cet être-là, ce peuple, c'est celui que nous aussi nous avons connu, c'est celui où nous avons été élevés. C'est celui que nous avons connu encore dans son plein fonctionnement, dans toute sa vie, dans toute sa race, dans tout son beau libre jeu. Et rien ne faisait prévoir ; et il semblait que cela ne dût jamais finir. Dix ans après il n'y avait plus rien. Le peuple s'était acharné à tuer le peuple, presque instantanément, à supprimer l'être même du peuple, un peu comme la famille d'Orléans, un peu moins instantanément peut-être, s'est acharnée à tuer le roi. D'ailleurs tout ce dont nous souffrons est au fond un orléanisme ; orléanisme de la religion ; orléanisme de la république.

Voilà ce qu'il faudrait marquer dans des *Confessions*. Et tâcher de le faire voir. Et tâcher de le faire entendre. D'autant plus exactement, d'autant plus précieusement, et si nous le pouvons d'autant plus uniquement que l'on ne reverra jamais cela. Il y a des innocences qui ne se recouvrent pas. Il y a des ignorances qui tombent absolument. Il y a des irréversibles dans la vie des peuples comme dans la vie des hommes. Rome n'est jamais redevenue des cabanes de paille. Non seulement, dans l'ensemble, tout est irréversible. Mais il y a des *âges*, des irréversibles propres.

Le croira-t-on, nous avons été nourris dans un peuple

gai. Dans ce temps-là un chantier était un lieu de la terre où des hommes étaient heureux. Aujourd'hui un chantier est un lieu de la terre où des hommes récriminent, s'en veulent, se battent ; se tuent.

De mon temps tout le monde chantait. (Excepté moi, mais j'étais déjà indigne d'être de ce temps-là). Dans la plupart des corps de métiers on chantait. Aujourd'hui on renâcle. Dans ce temps-là on ne gagnait pour ainsi dire rien. Les salaires étaient d'une bassesse dont on n'a pas idée. Et pourtant tout le monde bouffait. Il y avait dans les plus humbles maisons une sorte d'aisance dont on a perdu le souvenir. Au fond on ne comptait pas. Et on n'avait pas à compter. Et on pouvait élever des enfants. Et on en élevait. Il n'y avait pas cette espèce d'affreuse strangulation économique qui à présent d'année en année nous donne un tour de plus. On ne gagnait rien ; on ne dépensait rien ; et tout le monde vivait.

Il n'y avait pas cet étranglement économique d'aujourd'hui, cette strangulation scientifique, froide, rectangulaire, régulière, propre, nette, sans une bavure, implacable, sage, commune, constante, commode comme une vertu, où il n'y a rien à dire, et où celui qui est étranglé a si évidemment tort.

On ne saura jamais jusqu'où allait la décence et la justesse d'âme de ce peuple ; une telle finesse, une telle culture profonde ne se retrouvera plus. Ni une telle finesse et précaution de parler. Ces gens-là eussent rougi de notre meilleur ton d'aujourd'hui, qui est le ton bourgeois. Et aujourd'hui tout le monde est bourgeois.

Nous croira-t-on, et ceci revient encore au même, nous avons connu des ouvriers qui avaient envie de travailler. On ne pensait qu'à travailler. Nous avons connu des ouvriers qui le matin ne pensaient qu'à travailler. Ils se levaient le matin, et à quelle heure, et ils chantaient à l'idée qu'ils partaient travailler. A onze heures ils chantaient en allant à la soupe. En somme c'est toujours du

Hugo ; et c'est toujours à Hugo qu'il en faut revenir : *Ils allaient, ils chantaient.* Travailler était leur joie même, et la racine profonde de leur être. Et la raison de leur être. Il y avait un honneur incroyable du travail, le plus beau de tous les honneurs, le plus chrétien, le seul peut-être qui se tienne debout. C'est par exemple pour cela que je dis qu'un libre-penseur de ce temps-là était plus chrétien qu'un dévot de nos jours. Parce qu'un dévot de nos jours est forcément un bourgeois. Et aujourd'hui tout le monde est bourgeois.

Nous avons connu un honneur du travail exactement le même que celui qui au moyen-âge régissait la main et le cœur. C'était le même conservé intact en dessous. Nous avons connu ce soin poussé jusqu'à la perfection, égal dans l'ensemble, égal dans le plus infime détail. Nous avons connu cette piété de l'*ouvrage bien faite* poussée, maintenue jusqu'à ses plus extrêmes exigences. J'ai vu toute mon enfance rempailler des chaises exactement du même esprit et du même cœur, et de la même main, que ce même peuple avait taillé ses cathédrales.

Que reste-t-il aujourd'hui de tout cela ? Comment a-t-on fait, du peuple le plus laborieux de la terre, et peut-être du seul peuple laborieux de la terre, du seul peuple peut-être qui aimait le travail pour le travail, et pour l'honneur, et pour travailler, ce peuple de saboteurs, comment a-t-on pu en faire ce peuple qui sur un chantier met toute son étude à ne pas en fiche un coup. Ce sera dans l'histoire une des plus grandes victoires, et sans doute la seule, de la démagogie bourgeoise intellectuelle. Mais il faut avouer qu'elle compte. Cette victoire.

Il y a eu la révolution chrétienne. Et il y a eu la révolution moderne. Voilà les deux qu'il faut compter. Un artisan de mon temps était un artisan de n'importe quel temps chrétien. Et sans doute peut-être de n'importe quel temps antique. Un artisan d'aujourd'hui n'est plus un artisan.

Dans ce bel honneur de métier convergeaient tous les plus beaux, tous les plus nobles sentiments. Une dignité. Une fierté. *Ne jamais rien demander à personne*, disaient-ils. Voilà dans quelles idées nous avons été élevés. Car demander du travail, ce n'était pas demander. C'était le plus normalement du monde, le plus naturellement réclamer, pas même réclamer. C'était se mettre à sa place dans un atelier. C'était, dans une cité laborieuse, se mettre tranquillement à la place de travail qui vous attendait. Un ouvrier de ce temps-là ne savait pas ce que c'est que quémander. C'est la bourgeoisie qui quémande. C'est la bourgeoisie qui, les faisant bourgeois, leur a appris à quémander. Aujourd'hui dans cette insolence même et dans cette brutalité, dans cette sorte d'incohérence qu'ils apportent à leurs revendications il est très facile de sentir cette honte sourde, d'être forcés de demander, d'avoir été amenés, par l'événement de l'histoire économique, à quémander. Ah oui ils demandent quelque chose à quelqu'un, à présent. Ils demandent même tout à tout le monde. Exiger, c'est encore demander. C'est encore servir.

Ces ouvriers ne servaient pas. Ils travaillaient. Ils avaient un honneur, absolu, comme c'est le propre d'un honneur. Il fallait qu'un bâton de chaise fût bien fait. C'était entendu. C'était un primat. Il ne fallait pas qu'il fût bien fait pour le salaire ou moyennant le salaire. Il ne fallait pas qu'il fût bien fait pour le patron ni pour les connaisseurs ni pour les clients du patron. Il fallait qu'il fût bien fait lui-même, en lui-même, pour lui-même, dans son être même. Une tradition, venue, montée du plus profond de la race, une histoire, un absolu, un honneur voulait que ce bâton de chaise fût bien fait. Toute partie, dans la chaise, qui ne se voyait pas, était exactement aussi parfaitement faite que ce qu'on voyait. C'est le principe même des cathédrales.

Et encore c'est moi qui en cherche si long, moi dégénéré. Pour eux, chez eux il n'y avait pas l'ombre d'une réflexion. Le travail était là. On travaillait bien.

Il ne s'agissait pas d'être vu ou pas vu. C'était l'être même du travail qui devait être bien fait.

Et un sentiment incroyablement profond de ce que nous nommons aujourd'hui l'honneur du sport, mais en ce temps-là répandu partout. Non seulement l'idée de faire rendre le mieux, mais l'idée, dans le mieux, dans le bien, de faire rendre le plus. Non seulement à qui ferait le mieux, mais à qui en ferait le plus, c'était un beau sport continuel, qui était de toutes les heures, dont la vie même était pénétrée. Tissée. Un dégoût sans fond pour l'ouvrage mal fait. Un mépris plus que de grand seigneur pour celui qui eût mal travaillé. Mais l'idée ne leur en venait même pas.

Tous les honneurs convergeaient en cet honneur. Une décence, et une finesse de langage. Un respect du foyer. Un sens du respect, de tous les respects, de l'être même du respect. Une cérémonie pour ainsi dire constante. D'ailleurs le foyer se confondait encore très souvent avec l'atelier et l'honneur du foyer et l'honneur de l'atelier était le même honneur. C'était l'honneur du même lieu. C'était l'honneur du même feu. Qu'est-ce que tout cela est devenu. Tout était un rythme et un rite et une cérémonie depuis le petit lever. Tout était un événement ; sacré. Tout était une tradition, un enseignement, tout était légué, tout était la plus sainte habitude. Tout était une élévation, intérieure, et une prière, toute la journée, le sommeil et la veille, le travail et le peu de repos, le lit et la table, la soupe et le bœuf, la maison et le jardin, la porte et la rue, la cour et le pas de porte, et les assiettes sur la table.

Ils disaient en riant, et pour embêter les curés, que *travailler c'est prier*, et ils ne croyaient pas si bien dire.

Tant leur travail était une prière. Et l'atelier était un oratoire.

Tout était le long événement d'un beau rite. Il eussent été bien surpris, ces ouvriers, et quel eût été, non pas même leur dégoût, leur incrédulité, comme ils auraient cru que l'on blaguait, si on leur avait dit que quelques années plus tard, dans les chantiers, les ouvriers, — les compagnons, — se proposeraient officiellement d'en faire le moins possible ; et qu'ils considéreraient ça comme une grande victoire. Une telle idée pour eux, en supposant qu'ils la pussent concevoir, c'eût été porter une atteinte directe à eux-mêmes, à leur être, ç'aurait été douter de leur capacité, puisque ç'aurait été supposer qu'ils ne rendraient pas tant qu'ils pouvaient. C'est comme de supposer d'un soldat qu'il ne sera pas victorieux.

Eux aussi ils vivaient dans une victoire perpétuelle, mais quelle autre victoire. Quelle même et quelle autre. Une victoire de toutes les heures du jour dans tous les jours de la vie. Un honneur égal à n'importe quel honneur militaire. Les sentiments mêmes de la garde impériale.

Et par suite ou ensemble tous les beaux sentiments adjoints ou connexes, tous les beaux sentiments dérivés et filiaux. Un respect des vieillards ; des parents, de la parenté. Un admirable respect des enfants. Naturellement un respect de la femme. (Et il faut bien le dire, puisque aujourd'hui c'est cela qui manque tant, un respect de la femme par la femme elle-même). Un respect de la famille, un respect du foyer. Et surtout un goût propre et un respect du respect même. Un respect de l'outil, et de la main, ce suprême outil. — *Je perds ma main à travailler*, disaient les vieux. Et c'était la fin des fins. L'idée qu'on aurait pu abîmer ses outils exprès ne leur eût pas même semblé le dernier des sacrilèges. Elle ne leur eût pas même semblé la pire des folies. Elle ne leur eût pas même semblé monstrueuse. Elle leur eût semblé la supposition la plus extravagante. C'eût été comme si on leur eût parlé de se couper la main. L'outil n'était qu'une main plus longue, ou plus dure, (des ongles d'acier), ou plus particulièrement affectée. Une main qu'on s'était faite exprès pour ceci ou pour cela.

Un ouvrier abîmer un outil, pour eux, c'eût été, dans cette guerre, le conscrit qui se coupe le pouce.

On ne gagnait rien, on vivait de rien, on était heureux. Il ne s'agit pas là-dessus de se livrer à des arithmétiques de sociologue. C'est un fait, un des rares faits que nous connaissions, que nous ayons pu embrasser, un des rares faits dont nous puissions témoigner, un des rares faits qui soit incontestable.

Notez qu'aujourd'hui, au fond, ça ne les amuse pas de ne rien faire sur les chantiers. Ils aimeraient mieux travailler. Ils ne sont pas en vain de cette race laborieuse. Ils entendent cet appel de la race. La main qui démange, qui a envie de travailler. Le bras qui s'embête, de ne rien faire. Le sang qui court dans les veines. La tête qui travaille et qui par une sorte de convoitise, anticipée, par une sorte de préemption, par une véritable anticipation s'empare d'avance de l'ouvrage fait. Comme leurs pères ils entendent ce sourd appel du travail qui veut être fait. Et au fond ils se dégoûtent d'eux-mêmes, d'abîmer les outils. Mais voilà, des messieurs très bien, des savants, des bourgeois leur ont expliqué que c'était ça le socialisme, et que c'était ça la révolution.

Car on ne saurait trop le redire. Tout le mal est venu de la bourgeoisie. Toute l'aberration, tout le crime. C'est la bourgeoisie capitaliste qui a infecté le peuple. Et elle l'a précisément infecté d'esprit bourgeois et capitaliste.

Je dis expressément la bourgeoisie capitaliste et la grosse bourgeoisie. La bourgeoisie laborieuse au contraire, la petite bourgeoisie est devenue la classe la plus malheureuse de toutes les classes sociales, la seule aujourd'hui qui travaille réellement, la seule qui par suite ait conservé intactes les vertus ouvrières, et pour sa récompense la seule enfin qui vive réellement dans la misère. Elle seule a tenu le coup, on se demande par quel miracle, elle seule tient encore le coup, et s'il y a quelque rétablissement, c'est que c'est elle qui aura conservé le statut.

Ainsi les ouvriers n'ont point conservé les vertus ouvrières ; et c'est la petite bourgeoisie qui les a conservées.

La bourgeoisie capitaliste par contre a tout infecté. Elle s'est infectée elle-même et elle a infecté le peuple, de la même infection. Elle a infecté le peuple doublement ; et en elle-même restant elle-même ; et par les portions transfuges d'elle-même qu'elle a inoculées dans le peuple.

Elle a infecté le peuple comme antagoniste ; et comme maîtresse d'enseignement.

Elle a infecté le peuple elle-même, en elle-même et restant elle-même. Si la bourgeoisie était demeurée non pas tant peut-être ce qu'elle était que ce qu'elle avait à être et ce qu'elle pouvait être, l'arbitre économique de la valeur qui se vend, la classe ouvrière ne demandait qu'à demeurer ce qu'elle avait toujours été, la source économique de la valeur qui se vend.

On ne saurait trop le redire, c'est la bourgeoisie qui a commencé à saboter et tout le sabotage a pris naissance dans la bourgeoisie. C'est parce que la bourgeoisie s'est mise à traiter comme une valeur de bourse le travail de l'homme que le travailleur s'est mis, lui aussi, à traiter comme une valeur de bourse son propre travail. C'est parce que la bourgeoisie s'est mise à faire perpétuellement des coups de bourse sur le travail de l'homme que le travailleur, lui aussi, par imitation, par collusion et encontre, et on pourrait presque dire par entente, s'est mise à faire continuellement des coups de bourse sur son propre travail. C'est parce que la bourgeoisie s'est mise à exercer un chantage perpétuel sur le travail de l'homme que nous vivons sous ce régime de coups de bourse et de chantage perpétuel que sont notamment les grèves : Ainsi est disparue cette notion du juste prix, dont nos intellectuels bourgeois font aujourd'hui des gorges chaudes, mais qui n'en a pas moins été le durable fondement de tout un monde.

Car, et c'est ici la deuxième et la non moins redoutable infection : en même temps que la bourgeoisie introduisait et pratiquait en grand le sabotage pour son propre compte, en même temps elle introduisait dans le monde ouvrier les théoriciens patentés du sabotage. En même temps qu'en face elle en donnait l'exemple et le modèle, en même temps dedans elle en donnait l'enseignement. Le parti *politique* socialiste est entièrement composé de bourgeois intellectuels. Ce sont eux qui ont inventé le sabotage et la double désertion, la désertion du travail, la désertion de l'outil. Pour ne point parler ici de la désertion militaire, qui est un cas particulier de la grande désertion, comme la gloire militaire était un cas particulier de la grande gloire. Ce sont eux qui sont fait croire au peuple que c'était cela le socialisme et que c'était cela la révolution. Les partis *syndicalistes* socialistes ont pu croire plus ou moins sincèrement qu'ils opéraient ou qu'ils constituaient par eux-mêmes une réaction contre les partis politiques, contre le parti unifié ; par un phénomène historique très fréquent, par une application nouvelle et une vérification nouvelle d'une très vieille loi des antagonismes cette réaction à une politique est elle-même politique, ce parti constitué est lui-même un nouveau parti politique, un autre parti politique, un antagoniste parti politique. Les partis syndicalistes sont eux-mêmes, eux autant, infestés, et infectés d'éléments politiques, les mêmes, d'autres intellectuels, des mêmes, d'autres bourgeois, des mêmes. Ils ont pu croire plus ou moins sincèrement qu'ils s'étaient débarrassés de l'ancien personnel politique socialiste. Ils ne se sont pas débarrassés de l'ancien esprit politique socialiste, qui était éminemment un esprit bourgeois, nullement un esprit peuple. A première vue il peut sembler qu'il y a beaucoup plus de véritables ouvriers dans le personnel socialiste syndicaliste que dans le personnel politique socialiste, qui lui est pour ainsi dire entièrement composé de bourgeois. Et c'est vrai si on veut, si on procède, si on veut voir, si on veut compter par les méthodes superficielles d'un recensement sociologique. Ce n'est vrai qu'en apparence. En réalité ils sont encore infiltrés, et infectés, d'éléments intellectuels purs, purement bourgeois. Et surtout le très grand nombre d'ouvriers qu'on y voit ne sont pas réellement des ouvriers, ne procèdent pas réellement, directement du peuple, purement de l'ancien peuple. Ce sont en réalité des ouvriers de deuxième zone, de la deuxième formation, des ouvriers embourgeoisés, (les pires des bourgeois), des ouvriers si je puis dire endimanchés dans la bourgeoisie, des intellectuels aux entournures, les pires des intellectuels, des ouvriers avantageux, encore plus sots, s'il est possible, que les bourgeois leurs modèles et que les intellectuels leurs maîtres, des malheureux non seulement pourris d'orgueil mais entravés dans un orgueil gauche, embarbouillés dans des métaphysiques où alors ils ne comprennent plus rien du tout, des ouvriers avantageux, coupés de leur peuple, abtronqués de leur race, pour tout dire d'un mot des malheureux qui font le malin.

On ne saurait trop le redire. Tout ce monde-là est jauressiste. C'est-à-dire qu'au fond tout ce monde-là est radical. C'est-à-dire bourgeois. C'est partout la même démagogie ; et c'est partout la même viduité ; l'une portant l'autre ; l'autre reportant l'une. Cette pauvreté de pensée, peut-être unique dans l'histoire du monde, ce manque de cœur qui est en politique la marque propre du parti radical a dans un commun jauressisme gagné tout le parti socialiste politique et de proche en proche le parti syndicaliste. Tout ce monde-là est au fond du monde radical. Même indigence, même lamentable pauvreté de pensée. Même manque de cœur. Même manque de race. Même manque de peuple. Même manque de travail. Même manque d'outil. Partout les mêmes embarras gauches. Partout les mêmes éloquences. Partout le même parlementarisme, les mêmes superstitions, les mêmes truquements parlementaires, les mêmes basculements. Partout ce même orgueil creux, ces bras raides, ces doigts d'orateurs, ces mains qui ne savent pas manier l'outil. Partout ces mêmes embarras métaphysiques. Et ces têtes comme des noisettes. Ils ont pu donner une autre matière, un autre point d'application à leur radicalisme, ou faire semblant. Mais le mode même et l'être de leur radicalisme est le même. Même infécondité profonde et même besoin d'infécondité. Et ce même besoin profond de ne point être rassurés, sur les autres, sur eux-mêmes, tant qu'ils n'éprouvent pas ce bon sentiment d'infécondité. Ce désarroi perpétuel, cette anxiété, cette mortelle inquiétude, cette alerte perpétuelle, cette constante épouvante qu'il n'y ait, qu'il ne vienne quelque part de la fécondité, qu'il ne se fasse, qu'il ne vienne, qu'il ne se fonde, qu'il ne naisse quelque vie, quelque race, quelque œuvre.

Je ne veux point revenir ici sur ce nom de Jaurès. L'homme qui représente en France la politique impériale allemande est tombé au-dessous du mépris qui puisse s'adresser le plus bas. Ce représentant en France de la politique impérialiste allemande, capitaliste allemande, et particulièrement coloniale allemande est tombé dans un mépris universel. Ce traître par essence a pu trahir une première fois le socialisme au profit des partis bourgeois. Il a pu trahir une deuxième fois le dreyfusisme au profit de la raison d'État. Et à quels autres profits. Il a pu trahir ces deux mystiques au profit de ces deux politiques. Il a essayé de trahir une troisième fois. Il a essayé de trahir la France même au profit de la politique allemande. Et de la politique allemande la plus bourgeoise. Il a ici rencontré une résistance qui doit l'avertir de ce qui l'attend dans le honteux couronnement de sa carrière et que tant de turpitudes ne trouveront peut-être pas toujours une égale réussite. Ce qu'il avait fait du socialisme, ce qu'il avait fait du dreyfusisme, il voulait le faire de la France aussi. Une misérable loque. Mais il s'est trouvé que la France était mieux gardée.

Je demande pardon au lecteur de prononcer ici le nom de M. Jaurès. C'est un nom qui est devenu si bassement ordurier que quand on l'écrit pour l'envoyer aux imprimeurs on a l'impression que l'on a peur de tomber sous le coup d'on ne sait quelles lois pénales. L'homme qui a infecté de radicalisme et le socialisme et le dreyfusisme. Cet espèce de Mac-Mahon de l'éloquence parlementaire. L'homme qui a toujours capitulé devant toutes les démagogies. Et non seulement qui a capitulé mais qui a toujours enguirlandé toutes les capitulations des festonnements de ses airs de bravoure. Et non seulement qui a toujours capitulé lui-même et pour lui-même, mais qui a toujours eu la manie, maladive, la monomanie, de capituler non seulement pour toutes les causes qu'il représentait, plus ou moins utilement, mais pour un tas de causes que jamais personne n'avait pensé à lui confier, et dont il avait la manie de se charger lui-même. Il a tellement le vice et le goût abject de la capitulation que non seulement il capitule chez lui et dans ses propres causes, mais il s'empare partout de n'importe quelles causes, uniquement pour les faire capituler. Ce tambour-major de la capitulation. Cet homme qui n'a jamais été qu'un radical, et même un radical opportuniste, un radical centre gauche, et qui a infecté de radicalisme précisément tout ce qui était le contraire du radicalisme, tout ce qui pouvait espérer échapper un peu au radicalisme.

Ce que je veux dire aujourd'hui de M. Jaurès, c'est ceci seulement. Que peut-il y avoir de commun entre cet homme et le peuple, entre ce gros bourgeois parvenu, ventru, aux bras de poussah, et un homme qui travaille. En quoi est-il du peuple. En quoi sait-il un peu ce que c'est que le peuple. Qu'est-ce qu'il a de commun avec un ouvrier. Et n'est-ce pas la plus grande misère de ce temps, que ce soit un tel homme qui parle pour le peuple, qui parle dans le peuple, qui parlê du peuple.

Tout ce que je voulais dire aujourd'hui, c'est que ce grand mépris que l'on a universellement pour M. Jaurès empêche de voir que tout le monde, (je dis dans les partis politiques), fait du jauressisme, et ainsi du radicalisme. Le gouvernement en fait beaucoup moins, même quand il est radical, même quand c'est le même personnel, parce que le radicalisme est bon pour exploiter un pays, mais que tout le monde, et même les radicaux, le trouvent vraiment impossible pour le gouverner.

Sous cette réserve tout le monde fait du jauressisme et ainsi dedans tout le monde fait du radicalisme. Je dis tout le monde dans les partis politiques. Et même et peut-être surtout ceux qui se vantent le plus de n'en pas faire, et de faire le contraire. Les unifiés en font, mais les syndicalistes aussi en font, et autant, et le même. En France tout le monde est radical. (Je ne dis pas dans le gouvernement, je dis dans la politique). Le peu qui ne sont pas radicaux sont cléricaux, et c'est la même chose.

C'est une grande misère que de voir des ouvriers écouter un Jaurès. Celui qui travaille écouter celui qui ne fait rien. Celui qui a un outil dans la main écouter celui qui n'a dans la main qu'une forêt de poils. Celui qui sait enfin écouter celui qui ne sait pas, et croire que c'est l'autre qui sait.

A présent que l'on ne me fasse pas dire ce que je ne dis pas : Je dis : Nous avons connu un peuple que l'on ne reverra jamais. Je ne dis pas : On ne verra jamais de peuple. Je ne dis pas : La race est perdue. Je ne dis pas : Le peuple est perdu. Je dis : Nous avons connu un peuple que l'on ne reverra jamais.

On en verra d'autres. Depuis plusieurs années des symptômes se multiplient qui laissent entrevoir un avenir meilleur. Aujourd'hui est meilleur qu'hier, demain sera meilleur qu'aujourd'hui. Le bon sens de ce peuple n'est peut-être point tari pour toujours. Les vertus uniques de la race se retrouveront peut-être. Elles se retrouveront sans doute. Il faut seulement savoir que nous passons, mettons que nous venons de passer par la plus mauvaise crise par laquelle ce peuple ait jamais eu à passer. Et en outre par une crise entièrement nouvelle. Et en outre par une crise dont on ne pouvait avoir aucune idée. Il ne faut pas dire : Cette race en a vu bien d'autres, elle verra bien encore celle-là, comme dans la chanson :

J'en ai oublié bien d'autre,
J'oublierai bien celui-là.

Il faut dire : Cette race en a vu beaucoup d'autres. Elle n'en a jamais vu autant. Elle n'en a jamais vu de pareille. Elle passera bien ainsi. Aussi. En plus. Elle a dans les veines le plus beau sang charnel. Et elle a des patrons comme il n'y en a pas dans le monde.

Il y a d'autres sagesses. Il y a d'autres formes. Il y a d'autres statuts. Il y a une sagesse avertie, une sagesse vaccinée, une sagesse sérieuse, une sagesse sévère, une sagesse *après*. Mais comment ne pas regretter la sagesse *d'avant*, comment ne pas donner un dernier souvenir à cette innocence que nous ne reverrons plus. On ne peut se représenter quelle était alors la santé de cette race. Et surtout cette bonne humeur, générale, constante, ce climat de bonne humeur. Et ce bonheur, ce climat de bonheur. Évidemment on ne vivait point encore dans l'égalité. On n'y pensait même pas, à l'égalité, j'entends à une égalité sociale. Une inégalité commune, communément acceptée, une inégalité générale, un ordre, une hiérarchie qui paraissait naturelle ne faisaient qu'étager les différents niveaux d'un commun bonheur. On ne parle aujourd'hui que de l'égalité. Et nous vivons dans la plus monstrueuse inégalité économique que l'on n'ait jamais vue dans l'histoire du monde. On vivait alors. On avait des enfants. Ils n'avaient aucunement cette impression que nous avons d'être au bagne. Ils n'avaient pas comme nous cette impression d'un étranglement économique, d'un collier de fer qui tient à la gorge et qui se serre tous les jours d'un cran. Ils n'avaient point inventé cet admirable mécanisme de la grève moderne à jet continu, qui fait toujours monter les salaires d'un tiers, et le prix de la vie d'une bonne moitié, et la misère, de la différence.

De tout ce peuple les meilleurs étaient peut-être encore ces bons citoyens qu'étaient nos instituteurs. Il est vrai que ce n'était point pour nous des instituteurs, ou à peine. C'étaient des maîtres d'école. C'était le temps où les contributions étaient encore des impôts. J'essaierai de rendre un jour si je le puis ce que c'était alors que le personnel de l'enseignement primaire. C'était le civisme même, le dévouement sans mesure à l'intérêt commun. Notre jeune *École Normale* était le foyer de la vie laïque, de l'invention laïque dans tout le département, et même j'ai comme une idée qu'elle était un modèle et en cela et en tout pour les autres départements, au moins pour les départements limitrophes. Sous la direction de notre directeur particulier, le directeur de l'école annexe, de jeunes maîtres de l'école normale venaient chaque semaine nous faire l'école. Parlons bien : ils venaient nous faire la classe. Ils étaient comme les jeunes Bara de la République. Ils étaient toujours prêts à crier *Vive la République!* — Vive la nation, on sentait qu'ils l'eussent crié jusque sous le sabre prussien. Car l'ennemi, pour nous, confusément tout l'ennemi, l'esprit du mal, c'était les Prussiens. Ce n'était déjà pas si bête. Ni si éloigné de la vérité. C'était en 1880. C'est en 1913. Trente-trois ans. Et nous y sommes revenus.

Nos jeunes maîtres étaient beaux comme des hussards noirs. Sveltes ; sévères ; sanglés. Sérieux, et un peu tremblants de leur précoce, de leur soudaine omnipotence.

Un long pantalon noir, mais, je pense, avec un liseré violet. Le violet n'est pas seulement la couleur des évêques, il est aussi la couleur de l'enseignement primaire. Un gilet noir. Une longue redingote noire, bien droite, bien tombante, mais deux croisements de palmes violettes aux revers. Une casquette plate, noire, mais un croisement de palmes violettes au-dessus du front. Cet uniforme civil était une sorte d'uniforme militaire encore plus sévère, encore plus militaire, étant un uniforme civique. Quelque chose, je pense, comme le fameux *cadre noir* de Saumur. Rien n'est beau comme un bel uniforme noir parmi les uniformes militaires. C'est la ligne elle-même. Et la sévérité. Porté par ces gamins qui étaient vraiment les enfants de la République. Par ces jeunes hussards de la République. Par ces nourrissons de la République. Par ces hussards noirs de la sévérité. Je crois avoir dit qu'ils étaient très vieux. Ils avaient au moins quinze ans. Toutes les semaines il en remontait un de l'École Normale vers l'École Annexe ; et c'était toujours un nouveau ; et ainsi cette École Normale semblait un régiment inépuisable. Elle était comme un immense dépôt, gouvernemental, de jeunesse et de civisme. Le gouvernement de la République était chargé de nous fournir tant de jeunesse et tant d'enseignement. L'État était chargé de nous fournir tant de sérieux. Cette École Normale faisait un réservoir inépuisable. C'était une grande question, parmi les bonnes femmes du faubourg, de savoir si c'était bon pour les enfants, de changer comme ça de maître tous les lundi matins. Mais les partisans répondaient qu'on avait toujours le même maître, qui était le directeur de l'École annexe, qui lui ne changeait pas, et que cette maison-là, puisque c'était l'École Normale, était certainement ce qu'il y avait de plus savant dans le département du Loiret et par suite, sans doute, en France. Et dans tous les autres départements. Et il y eut cette fois que le préfet vint *visiter l'école*. Mais ceci m'entraînerait dans des confidences. J'appris alors, (comme j'eusse appris un autre morceau de l'histoire de France), qu'il ne fallait pas l'appeler *monsieur* tout court, mais *monsieur le préfet.* D'ailleurs, je dois le dire, il fut très content de nous. Il s'appelait Joli ou Joly. Nous trouvions très naturel, (et même, entre nous, un peu nécessaire, un peu séant), qu'un préfet eût un nom aussi gracieux. Je ne serais pas surpris que ce fût le même qui encore aujourd'hui, toujours servi par ce nom gracieux, mais l'ayant légèrement renforcé, sous le nom de M. de Joly ou de Joli préside aujourd'hui à Nice (ou présidait récemment) aux destinées des Alpes Maritimes et reçoit ou recevait beaucoup de souverains. Et les premiers vers que j'aie entendus de ma vie et dont on m'ait dit : *On appelle ça des vers*, c'était les *Soldats de l'an II : ô soldats de l'an deux, ô guerres, épopées.* On voit que ça m'a servi. Jusque là je croyais que ça s'appelait des *fables.* Et le premier livre que j'aie reçu en prix, aux vacances de Pâques, c'étaient précisément les fables de la Fontaine. Mais ceci m'entraînerait dans des sentimentalités.

Je voudrais dire quelque jour, et je voudrais être capable de le dire dignement, dans quelle amitié, dans quel beau climat d'honneur et de fidélité vivait alors ce noble enseignement primaire. Je voudrais faire un portrait de tous mes maîtres. Tous m'ont suivi, tous me sont restés obstinément fidèles dans toutes les pauvretés de ma difficile carrière. Ils n'étaient point comme nos beaux maîtres de Sorbonne. Ils ne croyaient point que, parce qu'un homme a été votre élève, on est tenu de le haïr. Et de le combattre ; et de chercher à l'étrangler. Et de l'envier bassement. Ils ne croyaient point que le beau nom d'élève fût un titre suffisant pour tant de vilenie. Et pour venir en butte à tant de basse haine. Au contraire ils croyaient, et si je puis dire ils pratiquaient que d'être maître et élèves, cela constitue une liaison sacrée, fort apparentée à cette liaison qui de la filiale devient la paternelle. Suivant le beau mot de Lapicque ils pensaient que l'on n'a pas seulement des devoirs envers ses maîtres mais que l'on en a aussi et peut-être surtout envers ses élèves. Car enfin ses élèves, on les a faits. Et c'est assez grave. Ces jeunes gens qui venaient chaque semaine et que nous appelions officiellement des élèves-maîtres, parce qu'ils apprenaient à devenir des maîtres, étaient nos aînés et nos frères. Là j'ai connu, je dis comme élève-maître, cet homme d'un si grand cœur et de tant de bonté qui fit depuis une si belle et si sérieuse carrière scientifique, Charles Gravier, et qui est je pense aujourd'hui assistant de malacologie au Muséum. Et qui devrait être plus. Là l'ai connu, dans le personnel même de l'École Normale, l'économe, M. Lecompte, le type même de ce que tout ce monde avait de sérieux, de sévère, de ponctuel, de juste, de probe, et en même temps de ponctuel et de délicat ; et en même temps de bienveillant et d'ami et de sévèrement affectueux ; et en même temps de silencieux et de modeste et de bien à sa place. En lui se résumait tout l'ordre de cette belle société.

Ces fonctionnaires, ces instituteurs, cet économe ne s'étaient aucunement ni retranchés ni *sortis* du peuple. Du monde ouvrier et paysan. Ni ils ne boudaient aucunement le peuple. Ni ils n'entendaient aucunement le gouverner. A peine le conduire. Il faut dire qu'ils entendaient le former. Ils en avaient le droit, car ils en étaient dignes. Ils n'y ont point réussi, et ce fut un grand malheur pour tout le monde. Mais s'ils n'y ont point réussi, je ne vois pas qui pourrait s'en féliciter. Et qui, à leur place, y a jamais réussi. Et s'ils n'ont pas réussi, c'est que certainement c'était impossible.

Sortis du peuple, mais dans l'autre sens de sortir, fils d'ouvriers, mais surtout de paysans et de petits propriétaires, souvent petits propriétaires eux-mêmes, de quelque lopin de terre quelque part dans le département, ils restaient le même peuple, nullement endimanché je vous

prie de le croire, seulement un peu plus aligné, un peu plus rangé, un peu ordonné dans ces beaux jardins de maisons d'école.

Avant tout ils ne faisaient pas les malins. Ils étaient juste à leur place dans une société bien faite. Ils savaient jusqu'où ils iraient, et aussi ils y parvenaient infailliblement.

C'était en 1880. C'était donc dans toute la fureur et la gloire de l'invention de la laïcisation. Nous ne nous en apercevions pas. Nous étions pourtant bien placés pour nous en apercevoir. Non seulement les écoles normales, nouvellement créées, je pense, non seulement les jeunes écoles normales étaient le cœur et le foyer de la jeune laïcisation, mais notre École Normale d'Orléans était une pure entre les pures. Elle était une des têtes et un des cœurs de la laïcisation. M. Naudy, personnellement, était un grand laïcisateur. Heureuse enfance. Heureuse innocence. Bénédiction sur une bonne race. Tout nous était bon. Tout nous réussissait. Nous prenions de toutes mains et c'étaient toujours de saines nourritures. Nous allions au catéchisme, le jeudi je pense, pour ne pas déranger les heures de classe. Le catéchisme était fort loin de là, en ville, dans notre antique paroisse de Saint-Aignan. Tout le monde n'a pas une paroisse comme ça. Il fallait remonter la moitié du faubourg jusqu'à la porte Bourgogne, descendre la moitié de la rue Bourgogne, tourner cette rue à gauche qui se nommait je crois la rue de l'Oriflamme et traverser le cloître froid comme une cave sous ses marronniers lourds. Nos jeunes vicaires nous disaient exactement le contraire de ce que nous disaient nos jeunes élèves-maîtres, (ou nos jeunes sous-maîtres, comme on les nommait aussi, mais c'était une appellation peut-être un peu moins exacte, et surtout un peu moins élégante). (Un peu moins noble). Nous ne nous en apercevions pas. La République et l'Église nous distribuaient des enseignements diamétralement opposés. Qu'importait, pourvu que ce fussent des enseignements. Il y a dans l'enseignement et dans l'enfance quelque chose de si sacré, il y a dans cette première ouverture des yeux de l'enfant sur le monde, il y a dans ce premier regard quelque chose de si religieux que ces deux enseignements se liaient dans nos cœurs et que nous savons bien qu'ils y resteront éternellement liés. Nous aimions l'Église et la République ensemble, et nous les aimions d'un même cœur, et c'était d'un cœur d'enfant, et pour nous c'était le vaste monde, et nos deux amours, la gloire et la foi, et pour nous c'était le nouveau monde. Et à présent... A présent évidemment nous ne les aimons pas sur le même plan, puisqu'on nous a appris qu'il y a des plans. L'Église a notre foi, et tout ce qui lui revient. Mais Dieu seul sait combien nous sommes restés engagés d'honneur et de cœur dans cette République, et combien nous sommes résolus à y rester engagés, parce qu'elle fut une des deux puretés de notre enfance.

Nous étions des petits garçons sérieux de cette ville sérieuse, innocents et au fond déjà soucieux. Nous prenions au sérieux tout ce que l'on nous disait, et ce que nous disaient nos maîtres laïques, et ce que nous disaient nos maîtres catholiques. Nous prenions tout au pied de la lettre. Nous croyions entièrement, et également, et de la même créance, à tout ce qu'il y avait dans la grammaire et à tout ce qu'il y avait dans le catéchisme. Nous *apprenions* la grammaire et également et pareillement nous *apprenions* le catéchisme. Nous *savions* la grammaire et également et pareillement nous *savions* le catéchisme. Nous n'avons oublié ni l'un ; ni l'autre. Mais il faut en venir ici à un phénomène beaucoup moins simple. Je veux parler de ce qui s'est passé en nous pour ces deux métaphysiques, puisqu'il est entendu qu'il faut bien qu'il y ait une métaphysique dessous tout. Je l'ai assez dit, du temps que j'étais prosateur.

Nous venons ici à une difficulté extrême, à un point de difficulté. C'est le moment de ne point esquiver les difficultés, surtout celle-ci qui est importante. C'est le moment aussi de prendre ses responsabilités.

Tout le monde a une métaphysique. Patente, latente. Je l'ai assez dit. Ou alors on n'existe pas. Et même ceux qui n'existent pas ont tout de même, ont également une métaphysique. Nos maîtres n'en étaient pas là. Nos maîtres existaient. Et vivement. Nos maîtres avaient une métaphysique. Et pourquoi le taire. Il ne s'en taisaient pas. Ils ne s'en sont jamais tus. La métaphysique de nos maîtres, c'était la métaphysique scolaire, d'abord. Mais c'était ensuite, c'était surtout la métaphysique de la *science*, c'était la métaphysique ou du moins une métaphysique matérialiste, (ces êtres pleins d'âme avaient une métaphysique matérialiste, mais c'est toujours comme ça), (et en même temps idéaliste, profondément moraliste et si l'on veut kantienne), c'était une métaphysique positiviste, c'était la célèbre métaphysique du progrès. La métaphysique des curés, mon Dieu, c'était précisément la théologie et ainsi la métaphysique qu'il y a dans le catéchisme.

Nos maîtres et nos curés, ce serait un assez bon titre pour un roman. Nos maîtres laïques avaient un certain enseignement, une certaine métaphysique. Nos maîtres curés avaient, donnaient un enseignement diamétralement contraire, une métaphysique diamétralement contraire. Nous ne nous en apercevions pas, je n'ai pas besoin de le dire et aussi bien ce n'est pas cela que je veux dire. Ce que je veux dire est plus grave.

Je l'ai dit, nous croyions intégralement tout ce que l'on nous disait. Nous étions des petits bonshommes sérieux et certainement graves. J'avais entre tous et au plus haut degré cette maladie. Je ne m'en suis jamais guéri. Aujourd'hui même je crois encore tout ce qu'on me dit. Et je sens bien que je ne changerai jamais. D'abord on ne change jamais. J'ai toujours tout pris au sérieux Cela m'a mené loin. Nous croyions donc intégralement aux enseignements de nos maîtres, et également intégralement aux enseignements de nos curés. Nous absorbions intégralement les ou la métaphysique de nos maîtres, et également intégralement la métaphysique de nos curés. Aujourd'hui je puis dire sans offenser personne que la métaphysique de nos maîtres n'a plus pour nous et pour personne aucune espèce d'existence et la métaphysique des curés a pris possession de nos êtres à une profondeur que les curés eux-mêmes se seraient bien gardés de soupçonner. Nous ne croyons plus un mot de ce qu'enseignaient, des métaphysiques qu'enseignaient nos maîtres. Et nous croyons intégralement ce qu'il y a dans le catéchisme et c'est devenu et c'est resté notre chair. Mais ce n'est pas encore cela que je veux dire.

Nous ne croyons plus un mot de ce que nous enseignaient nos maîtres laïques, et toute la métaphysique qui était dessous eux est pour nous moins qu'une cendre vaine. Nous ne croyons pas seulement, nous sommes intégralement nourris de ce que nous enseignaient les curés, de ce qu'il y a dans le catéchisme. Or nos maîtres laïques ont gardé tout notre cœur et ils ont notre entière confidence. Et malheureusement nous ne pouvons pas dire que nos vieux curés aient absolument tout notre cœur ni qu'ils aient jamais eu notre confidence.

Il y a ici un problème et je dirai même un mystère extrêmement grave. Ne nous le dissimulons pas. C'est le problème même de la déchristianisation de la France. On me pardonnera cette expression un peu solennelle. Et ce mot si lourd. C'est que l'événement que je veux exprimer, que je veux désigner, est peut-être lui-même assez sollennel. Et un peu lourd. Il ne s'agit pas ici de nier ; ni de se masquer les difficultés. Il ne s'agit pas de fermer les yeux. Que ceux qui ont la confession n'aient certainement pas la confidence, ce n'est point une explication, c'est un fait, et le centre même de la difficulté.

Je ne crois pas que cela tienne au caractère même du prêtre. Je me rends très bien compte que depuis quelques années je me lie de plus en plus avec de jeunes prêtres qui viennent me voir aux cahiers deux ou trois fois par an. Je n'y éprouve aucune gêne, aucun empêchement. Ces commencements de liaison se font en toute ouverture de cœur, en toute simplicité, en toute ouverture de langage. Vraiment sans aucun sentiment de défense. Comment se fait-il que nous n'ayons jamais eu, même avec nos vieux curés, même avec ceux que nous aimions le plus, même avec ceux que nous aimions filialement, qu'une liaison un peu réticente et un certain sentiment de défense. C'est là un de ces secrets du cœur où l'on trouverait les explications les plus profondes. Nous ne croyons plus un mot de ce que disaient nos vieux maîtres ; et nos maîtres ont gardé tout notre cœur, un maintien, une ouverture entière de confidence. Nous croyons entièrement ce que disaient nos vieux curés, (je n'ose pas dire plus qu'ils ne le croyaient eux-mêmes, parce qu'il ne faut jamais dire ce que l'on pense), et nos vieux curés ont certainement eu notre cœur ; c'étaient de si braves gens, si bons, si dévoués, mais ils n'ont jamais eu de nous cette sorte propre d'entière ouverture de confidence que nous donnions *de plano* et si libéralement à nos maîtres laïques. Et que nous leur avons gardée toute.

Ce n'est point ici le lieu d'approfondir ce secret. Il y faudrait un dialogue, et même plusieurs, et je ne dis pas que je ne les écrirai pas. C'est le problème même de la déchristianisation temporaire de la France. Il faut qu'il y ait une raison pour que, dans le pays de saint Louis et de Jeanne d'Arc, dans la ville de sainte Geneviève, quand on se met à parler du christianisme, tout le monde comprenne qu'il s'agit de Mac-Mahon, et quand on se prépare à parler de l'ordre chrétien pour que tout le monde comprenne qu'il s'agit du Seize-Mai.

Nos maîtres étaient essentiellement et profondément des hommes de l'ancienne France. Un homme ne se détermine point par ce qu'il fait et encore moins par ce qu'il dit. Mais au plus profond un être se détermine uniquement par ce qu'il est. Qu'importe pour ce que je veux dire que nos maîtres aient eu en effet une métaphysique qui visait à détruire l'ancienne France. Nos maîtres étaient nés dans cette maison qu'ils voulaient démolir. Ils étaient les droits fils de la maison. Ils étaient de la race, et tout est là. Nous savons très bien que ce n'est pas leur métaphysique qui a mis l'ancienne maison par terre. Une maison ne périt jamais que du dedans. Ce sont les défenseurs du trône et de l'autel qui ont mis le trône par terre, et, autant qu'ils l'ont pu, l'autel.

C'est une des confusions les plus fréquentes, (et je ne veux pas dire les plus primaires), que de confondre précisément l'homme, l'être de l'homme avec ces malheureux personnages que nous jouons. Dans ce fatras et dans cette hâte de la vie moderne on n'examine rien ; il suffit qu'un quiconque fasse quoi que ce soit, (ou même fasse semblant), pour qu'on dise, (et même pour qu'on croie), que c'est là son être. Nulle erreur de compte n'est peut-être aussi fausse et peut-être aussi grave. Par conséquent nulle erreur n'est aussi communément répandue. Un homme est de son extraction, un homme est de ce qu'il est. Il n'est pas de ce qu'il fait pour les autres, pour les successeurs. Ce seront peut-être les autres, ce seront peut-être les successeurs qui seront de cela. Mais lui ne l'est pas.

Le père n'est pas de lui-même, il est de son extraction ; et ce sont ses enfants peut-être qui seront de lui.

Les hommes de la Révolution française étaient des hommes d'ancien régime. Ils *jouaient* la Révolution française. Mais ils *étaient* d'ancien régime. Et c'est à peine encore si les hommes de 48 ou nous nous sommes de la Révolution française, c'est-à-dire de ce qu'ils voulaient faire de la Révolution française. Et même il n'y en aura peut-être jamais. Ainsi nos bons maîtres laïques introduisaient, *jouaient* des métaphysiques nouvelles. Mais ils *étaient* des hommes de l'ancienne France.

Par contre et pareillement, par une situation contraire et parfaitement analogue tous ces grands tenanciers de l'ancien régime parmi nous sont comme tout le monde. Ils sont essentiellement des hommes modernes et généralement modernistes. Ils ne sont aucunement, et encore moins que d'autres, des hommes de l'ancienne France. Ils sont réactionnaires, mais ils sont infiniment moins conservateurs que nous. Ils ne démolissent pas la République, mais ils s'emploient tant qu'ils peuvent à démolir le respect, qui était le fondement même de l'ancien régime. On peut dire littéralement que ces partisans de l'ancien régime n'ont qu'une idée, qui est de ruiner tout ce que nous avons gardé de beau et de sain de l'ancien régime, et qui est encore si considérable. Ils font figure de ligueurs, ils se sont fait une mentalité de ligueurs, oubliant que *la ligue* n'était sans doute point une institution de la royauté, mais qu'elle en était une maladie au contraire, et l'annonce et l'amorce des temps futurs, le commencement de l'intrigue et de la foule et de la délégation et du nombre et du suffrage et d'on ne sait déjà quelle démocratie parlementaire.

C'est toujours la même histoire, et le même glissement et le même report, et le même décalage. Parce que c'est toujours la même hâte, et le même superficiel, et le même manque de travail, et le même manque d'attention. On ne regarde pas, on ne fait pas attention à ce que les gens font, à ce qu'ils sont, ni même à ce qu'ils disent. On fait attention à ce qu'ils disent qu'ils font, à ce qu'ils disent qu'ils sont, à ce qu'ils disent qu'ils disent. C'est une maldonne tout à fait analogue à celle qui se produit constamment dans la célèbre grande renaissante querelle des romantiques et des classiques. Et des anciens et des modernes. Pourvu qu'un homme parle de la *matière* classique et pour peu qu'il se déclare partisan du classique, aussitôt il est entendu que c'est un classique. On ne fait pas attention qu'il pense comme un fanatique, sans ordre, et qu'il écrit comme un énergumène, et comme un frénétique, sans ordre et sans raison, et qu'il parle du classique en romantique, et qu'il défend et qu'il prêche le classique en romantique, et qu'il est donc un romantique, un être romantique. Et nous, qui ne faisons pas tant de foin, c'est nous qui sommes classique.

Et les théoriciens de la clarté font les livres troubles.

Pareillement, et encore, dès qu'un auteur travaille dans la *matière* chrétienne nous le faisons chrétien ; écrivît-il dans un profond désordre, nous en faisons le restaurateur de l'ordre ; et sa mécanique de scène fût-elle exactement celle de *Marie Tudor* et d'*Angelo*, [1] et celle de *Lucrèce Borgia*, nous ne voulons pas voir qu'au théâtre il est un romantique. Et un forcené.

Nos vieux maîtres n'étaient pas seulement des hommes de l'ancienne France. Ils nous enseignaient, au fond, la morale même et l'être de l'ancienne France. Je vais bien les étonner : ils nous enseignaient la même chose que les curés. Et les curés nous enseignaient la même chose qu'eux. Toutes leurs contrariétés métaphysiques n'étaient rien en comparaison de cette communauté profonde qu'ils étaient de la même race, du même temps, de la même France, du même régime. De la même discipline. Du même monde. Ce que les curés disaient, au fond les instituteurs le disaient aussi. Ce que les instituteurs disaient, au fond les curés le disaient aussi. Car les uns et les autres ensemble ils disaient.

Les uns et les autres et avec eux nos parents et dès avant eux nos parents ils nous disaient, ils nous enseignaient cette stupide morale, qui a fait la France, qui aujourd'hui encore l'empêche de se défaire. Cette stupide morale à laquelle nous avons tant cru. A laquelle, sots que nous sommes, et peu scientifiques, malgré tous les démentis

(1) Tyran de Padoue.

du fait, à laquelle nous nous raccrochons désespérément dans le secret de nos cœurs. Cette pensée fixe de notre solitude, c'est d'eux tous que nous la tenons. Tous les trois ils nous enseignaient cette morale, ils nous disaient que un homme qui travaille bien et qui a de la conduite est toujours sûr de ne manquer de rien. Ce qu'il y a de plus fort c'est qu'ils le croyaient. Et ce qu'il y a de plus fort, c'est que *c'était* vrai.

Les uns paternellement, et maternellement ; les autres scolairement, intellectuellement, laïquement ; les autres dévotement, pieusement ; tous doctement, tous paternellement, tous avec beaucoup de cœur ils enseignaient, ils croyaient, ils *constataient* cette morale stupide : (notre seul recours ; notre secret ressort) : qu'un homme qui travaille tant qu'il peut, et qui n'a aucun grand vice, qui n'est ni joueur, ni ivrogne, est toujours sûr de ne jamais manquer de rien et comme disait ma mère qu'il aura toujours du pain pour ses vieux jours. Ils croyaient cela tous, d'une croyance antique et enracinée, d'une créance indéracinable, indéracinée, que l'homme raisonnable et plein de conduite, que le laborieux était parfaitement assuré de ne jamais mourir de faim. Et même qu'il était assuré de pouvoir toujours nourrir sa famille. Qu'il trouverait toujours du travail et qu'il gagnerait toujours sa vie.

Tout cet ancien monde était essentiellement le monde de *gagner sa vie.*

Pour parler plus précisément ils croyaient que l'homme qui se cantonne dans la pauvreté et qui a, même moyennement, les vertus de la pauvreté, y trouve une petite sécurité totale. Ou pour parler plus profondément ils croyaient que le pain quotidien est assuré, par des moyens purement temporels, par le jeu même des balancements économiques, à tout homme qui ayant les vertus de la pauvreté consent, (comme d'ailleurs on le doit), à se borner dans la pauvreté. (Ce qui d'ailleurs pour eux était en même temps et en cela même non pas seulement le plus grand bonheur, mais le seul bonheur même que l'on pût imaginer). (Bien se loger dans une petite maison de pauvreté).

On se demande où a pu naître, comment a pu naître une croyance aussi stupide, (notre profond secret, notre dernière et notre secrète règle, notre règle de vie secrètement caressée) ; on se demande où a pu naître, comment a pu naître une opinion aussi déraisonnable, un jugement sur la vie aussi pleinement indéfendable. Que l'on ne cherche pas. Cette morale n'était pas stupide. Elle était juste alors. Et même elle était la seule juste. Cette croyance n'était pas absurde. Elle était fondée en fait. Et même elle était la seule fondée en fait. Cette opinion n'était point déraisonnable, ce jugement n'était point indéfendable. Il procédait au contraire de la réalité la plus profonde de ce temps-là.

On se demande souvent d'où est née, comment est née cette vieille morale classique, cette vieille morale traditionnelle, cette vieille morale du labeur et de la sécurité dans le salaire, de la sécurité dans la récompense, pourvu que l'on se bornât dans les limites de la pauvreté, et par suite et enfin de la sécurité dans le bonheur. Mais c'est précisément ce qu'ils voyaient ; tous les jours. Nous, c'est ce que nous ne voyons jamais, et nous nous disons : Où avaient-ils inventé ça. Et nous croyons, (parce que c'étaient des maîtres d'école, et des curés, c'est-à-dire en un certain sens encore des maîtres d'école), nous croyons que c'était une invention, scolaire, intellectuelle. Nullement. Non. C'était cela au contraire qui était la réalité, même. Nous avons connu un temps, nous avons touché un temps où c'était cela qui était la réalité. Cette morale, cette vue sur le monde, cette vue du monde avait au contraire tous les sacrements scientifiques. C'était elle qui était d'usage, d'expérience, pratique, empirique, expérimentale, de fait constamment accompli. C'était elle qui savait. C'était elle qui avait vu. Et c'est peut-être là la différence la plus profonde, l'abîme qu'il y ait eu entre tout ce grand monde antique, païen, chrétien, français, et notre monde moderne, coupé comme je l'ai dit, à la date que j'ai dit. Et ici nous recoupons une fois de plus cette ancienne proposition de nous que le monde moderne, lui seul et de son côté, se contrarie d'un seul coup à tous les autres mondes, à tous les anciens mondes ensemble en bloc et de leur côté. Nous avons connu, nous avons touché un monde, (enfants nous en avons participé), où un homme qui se bornait dans la pauvreté était au moins garanti dans la pauvreté. C'était une sorte de contrat sourd entre l'homme et le sort, et à ce contrat le sort n'avait jamais manqué avant l'inauguration des temps modernes. Il était entendu que celui qui faisait de la fantaisie, de l'arbitraire, que celui qui introduisait un jeu, que celui qui voulait s'évader de la pauvreté risquait tout. Puisqu'il introduisait le jeu, il pouvait perdre. Mais celui qui ne jouait pas ne pouvait pas perdre. Ils ne pouvaient pas soupçonner qu'un temps venait, et qu'il était déjà là, et c'est précisément le temps moderne, où celui qui ne jouerait pas perdrait tout le temps, et encore plus sûrement que celui qui joue.

Ils ne pouvaient pas prévoir qu'un tel temps venait, qu'il était là, que déjà il surplombait. Ils ne pouvaient pas même supposer qu'il y eût jamais, qu'il dût y avoir un tel temps. Dans leur système, qui était le système même de la réalité, celui qui bravait risquait évidemment tout, mais celui qui ne bravait pas ne risquait absolument rien. Celui qui tentait, celui qui voulait s'évader de la pauvreté, celui qui jouait de s'évader de la pauvreté risquait évidemment de retomber dans les plus extrêmes misères. Mais celui qui ne jouait pas, celui qui se bornait dans la pauvreté, ne jouant, n'introduisant aucun risque, ne courait non plus aucun risque de tomber dans aucune misère. L'acceptation de la pauvreté décernait une sorte de brevet, instituait une sorte de contrat. L'homme qui résolument se bornait dans la pauvreté n'était jamais traqué dans la pauvreté. C'était un réduit. C'était un asile. Et il était sacré. Nos maîtres ne prévoyaient pas, et comment eussent-ils soupçonné, comment eussent-ils imaginé ce purgatoire, pour ne pas dire cet enfer du monde moderne où celui qui ne joue pas perd, et perd toujours, où celui qui se borne dans la pauvreté est incessamment poursuivi dans la retraite même de cette pauvreté.

Nos maîtres, nos anciens ne pouvaient prévoir, ne pouvaient imaginer cette mécanique, cet automatisme économique du monde moderne où tous nous nous sentons d'année en année plus étranglés par le même carcan de fer qui nous serre plus fort au cou.

Il était entendu que celui qui voulait sortir de la pauvreté risquait de tomber dans la misère. C'était son affaire. Il rompait le contrat conclu avec le sort. Mais on n'avait jamais vu que celui qui voulait se borner dans la pauvreté fût condamné à retomber perpétuellement dans la misère. On n'avait jamais vu que ce fût le sort qui rompît le contrat. Ils ne connaissaient pas, ils ne pouvaient prévoir cette monstruosité, moderne, cette tricherie, nouvelle, cette invention, cette rupture du jeu, que celui qui ne joue pas perdît continuellement.

(Étant donné que nous faisons de la pauvreté à la misère cette différence par les définitions, cette discrimination si profonde et qui va si loin qu'il y a de l'une à l'autre, détermination que j'avais commencé de reconnaître, à propos de l'admirable roman de Lavergne, dans un cahier intitulé *de Jean Coste*).

Dans le système de nos bons maîtres, curés et laïques, et laïcisateurs, et c'était le même système de la réalité, celui qui voulait sortir de la pauvreté par en haut risquait d'en sortir, d'en être précipité par en bas. Il n'avait rien à dire. Il avait dénoncé le pacte. Mais la pauvreté était sacrée. Celui qui ne jouait pas, celui qui ne voulait pas s'en évader par en haut ne courait aucun risque d'en être précipité par en bas. *Fideli fidelis*, à celui qui lui était fidèle la pauvreté était fidèle. Et à nous il nous était réservé de connaître une pauvreté infidèle.

A nous il nous était réservé que la pauvreté même nous fût infidèle. Pour tout dire d'un mot à nous il nous était réservé que le mariage même de la pauvreté fût un mariage adultère.

En d'autres termes ils ne pouvaient prévoir, ils ne pouvaient imaginer cette monstruosité du monde moderne, (qui déjà surplombait), ils n'avaient point à concevoir ce monstre d'un Paris comme est le Paris moderne où la population est coupée en deux classes si parfaitement séparées que jamais on n'avait vu tant d'argent rouler pour le plaisir, et l'argent se refuser à ce point au travail.

Et tant d'argent rouler pour le luxe et l'argent se refuser à ce point à la pauvreté.

En d'autres termes, en un autre terme ils ne pouvaient point prévoir, ils ne pouvaient point soupçonner ce règne de l'argent. Ils pouvaient d'autant moins le prévoir que leur sagesse était la sagesse antique même. Elle venait de loin. Elle datait de la plus profonde antiquité, par une filiation temporelle, par une descendance naturelle que nous essayerons peut-être d'approfondir un jour.

Il y a toujours eu des riches et des pauvres, et *il y aura toujours des pauvres parmi vous*, et la guerre des riches et des pauvres fait la plus grosse moitié de l'histoire grecque et de beaucoup d'autres histoires et l'argent n'a jamais cessé d'exercer sa puissance et il n'a point attendu le commencement des temps modernes pour effectuer ses crimes. Il n'en est pas moins vrai que le mariage de l'homme avec la pauvreté n'avait jamais été rompu. Et au commencement des temps modernes il ne fut pas seulement rompu, mais l'homme et la pauvreté entrèrent dans une infidélité éternelle.

Quand on dit les anciens, au regard des temps modernes, il faut entendre ensemble et les anciens anciens et les anciens chrétiens. C'était le principe même de la sagesse antique que celui qui voulait sortir de sa condition les dieux le frappaient sans faute. Mais ils frappaient beaucoup moins généralement celui qui ne cherchait pas à s'élever au-dessus de sa condition. Il nous était réservé, il était réservé au temps moderne que l'homme fût frappé dans sa condition même.

Au regard du temps moderne l'antique et le chrétien vont ensemble, sont ensemble : les deux antiques, l'hébreu, le grec. Le chrétien était autrefois un antique. Jusqu'en 1880. Il faut aujourd'hui qu'il soit un moderne. Tels sont les commandements de ces gouvernements temporels. Telles sont les prises de ces saisons du monde. Il est indéniable que les mœurs chrétiennes elles-mêmes ont subi cette rétorsion profonde. Il nous était réservé d'inaugurer ce nouvel état. En somme la chrétienté avait peu à peu étendu au temporel cette parole que *qui s'abaisse sera élevé*, et que *qui s'élève sera abaissé*. Ainsi entendue, en ce sens, temporel, ce n'est pas seulement la parole de David, *Deposuit potentes; et exaltavit;* c'est presque la parole antique même. La parole d'Hésiode et d'Homère ; et de Sophocle et d'Eschyle. Il nous était réservé d'inaugurer ce régime où celui qui ne s'élève pas est abaissé tout de même.

J'étais depuis un an dans cette petite école primaire annexée à notre École Normale Primaire quand M. Naudy fut nommé directeur de cette École Normale, venant d'un autre chef-lieu moins important où il avait passé peut-être une dizaine d'années. C'était je pense en 1881. C'était un homme d'une profonde culture, sorti des études secondaires et qui je le crois bien avait fait son droit. Comme beaucoup d'autres il s'était pour ainsi dire jeté dans l'enseignement primaire au lendemain de la guerre, dans ce besoin de reconstruction civique auquel en définitive nous devons le rétablissement de la France. D'autres en avaient fait autant, qui firent par ce mouvement de grandes carrières temporelles. M. Naudy était soucieux de fonder, nullement de se faire une carrière temporelle. Il avait ce tempérament de fondateur, qui est si beau, qui fut si fréquent dans les commencements de la troisième République. J'avoue que c'était une rudement belle chose que cette École Normale d'instituteurs où nous étions comme de petits pupilles, et que c'était jeune, et que ça battait neuf, et que ça marchait. Le jardin était taillé comme une page de grammaire et donnait cette satisfaction parfaite que peut seule apporter une page de grammaire. Les arbres s'alignaient comme de jeunes exemples. (Avec, seulement, le peu d'exceptions qu'il faut, les quelques exceptions pour confirmer la règle). (Je les ai revus. On ne sait comment il se fait que les arbres aujourd'hui sont devenus quarantenaires). Nous y revînmes du lycée, quand devenus jeunes lycéens nous entretenions des concours constants de sport avec les jeunes normaliens. Car on venait d'inventer aussi le sport, et de fonder cette autre fondation. Mais ceci m'entraînerait dans des complexités.

Ainsi M. Naudy vint vers nous comme un surdirecteur. Officiellement il ne dirigeait que l'École Normale. Mais son activité débordante ne pouvait ignorer, ou négliger la filiale. Dirai-je qu'il me distingua. Ce serait parler grossièrement. Il se fit bientôt mon maître et mon père. J'ai dit plus haut qu'il était l'homme du monde à qui je devais le plus : il me fit entrer en sixième.

Le fils de bourgeoisie qui entre en sixième, comme il a des bonnes et du même mouvement, ne peut pas se représenter ce point de croisement que pouvait être pour moi d'entrer ou de ne pas entrer en sixième ; et ce point d'invention, d'y entrer. J'étais déjà parti, j'avais déjà dérapé sur l'autre voie, j'étais perdu quand M. Naudy, avec cet entêtement de fondateur, avec cette sorte de rude brutalité qui faisaient vraiment de lui un patron et un maître, réussit à me ressaisir et à me renvoyer en sixième Après mon certificat d'études on m'avait naturellement placé, je veux dire qu'on m'avait *mis* à l'École primaire supérieure d'Orléans, (que d'écoles, mais il faut bien étudier), (qui se nommait alors l'École professionnelle). M. Naudy me rattrapa si je puis dire par la peau du cou et avec une bourse municipale me fit entrer en sixième à Pâques, dans l'excellente sixième de M. Guerrier. *Il faut qu'il fasse du latin*, avait-il dit : c'est la même forte parole qui aujourd'hui retentit victorieusement en France de nouveau depuis quelques années. Ce que fut pour moicette entrée dans cette sixième à Pâques, l'étonnement, la nouveauté devant *rosa, rosae*, l'ouverture de tout un monde, tout autre, de tout un nouveau monde, voilà ce qu'il faudrait dire, mais voilà ce qui m'entraînerait dans des tendresses. Le grammairien qui, une fois, la première, ouvrit la grammaire latine sur la déclinaison de *rosa rosae* n'a jamais su sur quels parterres de fleurs il ouvrait l'âme de l'enfant. Je devais retrouver presque tout au long de l'enseignement secondaire cette grande bonté affectueuse et paternelle, cette piété du patron et du maître que nous avions trouvée chez tous nos maîtres de l'enseignement primaire. Guerrier, Simore, Doret en sixième en cinquième, en quatrième. Et en troisième ce tout à fait excellent homme qui arrivait des Indes Occidentales et dont il faudra que je retrouve le nom. Il arrivait proprement *des îles*. Cette grande bonté, cette grande piété descendante de tuteur et de père, cette sorte d'avertissement constant, cette longue et patiente et douce fidélité paternelle, un des tout à fait plus beaux sentiments de l'homme qu'il y ait dans le monde, je l'avais trouvée tout au long de cette petite école primaire annexée à l'École Normale d'instituteurs d'Orléans. Je la retrouvai presque tout au long du lycée d'Orléans. Je la retrouvai à Lakanal, éminemment chez le père Édet, et alors poussée pour ainsi dire en lui à son point de perfection. Je la retrouvai à

Sainte-Barbe. Je la retrouvai à Louis-le-Grand, notamment chez Bompard. Je la retrouvai à l'École, notamment chez un homme comme Bédier, et chez un homme comme Georges Lyon. Il fallut que j'en vinsse à la Sorbonne pour connaître, pour découvrir, avec une stupeur d'ingénu de théâtre, ce que c'est qu'un maître qui en veut à ses élèves, qui sèche d'envie et de jalousie, et du besoin d'une domination tyrannique ; précisément parce qu'il est leur maître et qu'ils sont ses élèves ; il fallut que j'en vinsse en Sorbonne pour savoir ce que c'est qu'un vieillard aigri, (la plus laide chose qu'il y ait au monde), un maître maigre et aigre et malheureux, un visage flétri, fané, non pas seulement ridé ; des yeux fuyants ; une bouche mauvaise ; des lèvres de distributeurs automatiques ; et ces malheureux qui en veulent à leurs élèves de tout, d'être jeunes, d'être nouveaux, d'être frais, d'être candides, d'être débutants, de ne pas être pliés comme eux ; et surtout du plus grand crime : précisément d'être leurs élèves. Cet affreux sentiment de vieille femme.

Qui ne s'est assis à la croisée de deux routes. Je me demande souvent avec une sorte d'anxiété rétrospective, avec un vertige en arrière, où j'allais, ce que je devenais, si je ne fusse point allé en sixième, si M. Naudy ne m'avait point repêché juste à ces vacances de Pâques. J'avais douze ans et trois mois. Il était temps.

On trouvera dans ce cahier les résultats d'une expérience de trente ans, poussée, poursuivie dans l'enseignement primaire par un homme qui n'en était sans doute pas originairement, mais qui s'en était fait sans réserve. Par un homme qui s'en était mis entièrement, sans aucune restriction ni arrière-pensée, par un homme qui en avait fait sa vie. M. Naudy ne quitta l'École Normale d'Orléans, après dix ou douze bonnes années de plein exercice, (qui furent vraiment les douze années de la fondation de cette école, et d'où elle sortait comme un bel organisme constitué), que pour prendre à Paris une inspection primaire où je pense qu'il ne resta guère moins de vingt ans. Une fois de plus, une fois après tant d'autres nous avons donc cette bonne fortune qu'il va nous être parlé d'un métier, (et d'un des premiers métiers), par un homme de ce métier ; qui l'a fait trente ans ; et plus ; non point par un homme qui en parle sur des papiers ; mais par un homme qui a exercé ; trente ans ; par un homme de grand sens, d'esprit ouvert, d'une très grande activité, qui y a opéré trente ans, et dans le plus grand détail. Et qui fut toujours particulièrement bien placé pour en parler. Quand il va nous parler d'écoles normales et d'inspections, il ne s'agira point de papiers et de rapports de bureaux sur les écoles normales et sur les inspections, il s'agira des écoles normales et des inspections elles-mêmes. Les idées qui commencent à circuler, et qui figurent aujourd'hui dans un certain nombre de rapports et de projets de loi, il les a eues, celles qu'il fallait, quand il fallait, depuis longtemps, puisées dans une longue expérience.

Je n'ai pas besoin de dire que je n'ai point changé une ligne à la copie de mon ancien maître. On y trouvera certainement, comment dirai-je, une force de jeunesse et pourquoi ne dirais-je pas toute ma pensée une vertu d'illusion que nous n'avons plus. C'est une grande tristesse quand les hommes de soixante ans ont gardé toutes leurs illusions et quand les hommes de quarante ans ne les ont plus. Et c'est encore un signe de ce temps et de l'avènement des temps modernes et rien de cela ne s'était présenté dans aucun autre temps. C'est une grande misère quand les hommes de soixante ans sont jeunes et que les hommes de quarante ans ne le sont plus. Nous aurons été constamment une génération qui aura passé par tous les *minima* et quelquefois par tous les néants de l'histoire contemporaine.

C'est ce que j'avais appelé autrefois une génération sacrifiée Mais je ne sais pas pourquoi je m'obstine à le redire. Les hommes de quarante ans le savent très bien sans qu'on le leur dise. Ceux d'avant et ceux d'après, les hommes de soixante ans, par qui nous avons été sacrifiés, et les hommes de vingt ans, pour qui nous nous sommes sacrifiés, s'en fichent pas mal ; et quand même ils ne s'en ficheraient pas ils ne le croiront jamais ; et quand même ils le croiraient ils ne le sauront jamais, quoi qu'on leur en dise. C'est ici le principe même de l'enseignement de l'histoire.

Il suit qu'on trouvera dans ce cahier cette même ardeur de laïcisation qui emplit toute la vie de ces hommes, qui chez quelques-uns dégénéra en une fureur obstinée mais chez d'autres aussi se maintint comme une simple ardeur de combat, comme une belle ardeur joyeuse. C'est une règle absolue depuis le commencement de ces cahiers c'est notre principe même et notre fondamental statut et, je pense, le meilleur de notre raison d'être que l'auteur est libre dans son cahier et que je ne suis là que pour assurer le gouvernement temporel de cette liberté.

Cette règle fondamentale n'a jamais souffert aucune exception. Elle n'allait pas en souffrir une quand la copie m'était apportée par un des hommes à qui je suis le plus attaché.

Cette règle fondamentale, obstinément suivie depuis quinze ans, et qui sera suivie aussi longtemps que la maison sera debout, nous a coûté cher. C'est à elle, et à elle presque uniquement, que nous devons les quinze années de pauvreté par lesquelles nous venons de passer. C'est à elle que nous devrons celles qui nous attendent. Et encore, quand je dis que c'est de la pauvreté, c'est par décence et moi-même je manque un peu à mes définitions. Nous savons très bien qu'il n'y a d'argent que pour ceux qui entrent dans les partis et qui font le jeu des partis. Et quand ce ne sont pas les partis politiques il faut au moins que ce soient les partis littéraires.

Telles sont pourtant les mœurs de la véritable liberté. Être libéral, c'est précisément le contraire d'être moderniste et c'est par un incroyable abus de langage que l'on apparente ordinairement ces deux mots. Et ce qu'ils désignent. Mais les abus de langage les moins indiqués sont toujours ceux qui réussissent le mieux. Et c'est ici une incroyable confusion. Et je ne hais rien tant que le modernisme. Et je n'aime rien tant que la liberté. (Et en elle-même, et n'est-elle point la condition irrévocable de la grâce).

Disons les mots. Le modernisme est, le modernisme consiste à ne pas croire ce que l'on croit. La liberté consiste à croire ce que l'on croit et à admettre, (au fond, à exiger), que le voisin aussi croie ce qu'il croit.

Le modernisme consiste à ne pas croire soi-même pour ne pas léser l'adversaire qui ne croit pas non plus. C'est un système de déclinaison mutuelle. La liberté consiste à croire. Et à admettre, et à croire que l'adversaire croit.

Le modernisme est un système de complaisance. La liberté est un système de déférence.

Le modernisme est un système de politesse. La liberté est un système de respect.

Il ne faudrait pas dire les grands mots, mais enfin le modernisme est un système de lâcheté. La liberté est un système de courage.

Le modernisme est la vertu des gens du monde. La liberté est la vertu du pauvre.

Je dois rendre cette justice à nos abonnés que dans ce gouvernement de la liberté ils nous sont demeurés admirablement fidèles. C'est leur honneur. Et c'est le nôtre. J'ai reproché souvent à nos abonnés de n'être point assez nombreux. Et cette année je le leur reproche au moins autant que jamais. Mais j'avoue que c'est un reproche qui va tout de même un peu plutôt à celui qui n'en est pas qu'à celui qui en est. Ceux qui en sont ont parfaitement compris, je veux dire qu'ils savaient d'avance aussi bien que nous ce que sont les mœurs de la véritable liberté.

Encore un mot que je n'aime pas, mais enfin la *vie* même requiert la liberté. Une revue n'est vivante que si elle mécontente chaque fois un bon cinquième de ses abonnés. La justice consiste seulement à ce que ce ne soient pas toujours les mêmes, qui soient dans le cinquième. Autrement, je veux dire quand on s'applique à ne mécontenter personne, on tombe dans le système de ces énormes revues qui perdent des millions, ou qui en gagnent, pour ne rien dire. Ou plutôt *à* ne rien dire.

Nos abonnés l'ont parfaitement compris, il faut leur faire cet honneur. Autant que nous ils ont le goût, le respect de la liberté. Ils nous l'ont montré par cette belle fidélité de quinze ans. Ils sont, autant que jamais, trop peu nombreux. Mais ceux qui y sont, y restent.

Par cette dure méthode, par cet unique système de recrutement ne se manifeste point un commun abaissement fondé sur un incessant échange de concessions mutuelles, que l'on se passe incessamment des uns aux autres, mais c'est ainsi que nos cahiers se sont peu à peu formés comme un lieu commun de tous ceux qui ne trichent pas. Nous sommes ici des catholiques qui ne trichent pas ; des protestants qui ne trichent pas ; des juifs qui ne trichent pas ; des libres penseurs qui ne trichent pas. C'est pour ça que nous sommes si peu de catholiques ; si peu de protestants ; si peu de juifs ; si peu de libres penseurs. Et en tout si peu de monde. Et nous avons contre nous les catholiques qui trichent ; les protestants qui trichent ; les juifs qui trichent ; les libres penseurs qui trichent ; les Lavisse de tous les partis ; les Laudet de tous les bords. Et ça fait beaucoup de monde. Outre que tous les tricheurs ont une sûreté pour se reconnaître entre eux et pour s'appuyer ; une sûreté infaillible ; une sûreté invincible ; pour se soutenir ; une sûreté inexpiable. Une sûreté d'instinct, une sûreté de race, le seul instinct qu'ils aient, qui n'est comparable qu'à la sûreté profonde avec laquelle les médiocres reconnaissent et appuient les médiocres. Mais au fond n'est-ce pas la même. Et ne sont-ils pas les mêmes. Si seulement nous les honnêtes gens nous étions fidèles à l'honnêteté comme la médiocrité est fidèle à la médiocrité.

Je ne comprends pas qu'il y ait une question des instituteurs. D'abord, si ils étaient restés des maîtres d'école tout ça ne serait pas arrivé. Qu'ils fassent donc l'école, il n'y a rien de plus beau au monde.

Qu'ils ne s'y trompent pas, ils ont le plus beau métier du monde. Eux seuls ont des élèves. (Eux et les professeurs de l'enseignement secondaire). Les autres ont des disciples. Les autres, c'est les professeurs de l'enseignement supérieur. Et c'est, hélas, l'écrivain.

Qu'on en fasse l'expérience, l'expérience est facile à faire. Que chacun s'examine attentivement. Que chacun regarde son être et redescende un peu dans sa mémoire. Qui sommes-nous. Sommes-nous l'étudiant innocent mais d'autant abusé qui suivait scrupuleusement les cours des Sorbonnards ? Non, nous ne sommes pas cette misère et nous ne sommes plus cette proie. Que tout homme ayant passé trente-cinq ans se regarde et se reconnaisse lui-même. Que tout homme voie ce qu'il est, qui il est, descende dans son être propre. Dans son être profond. Nous ne sommes pas ces purs jeunes hommes, innocents et fâcheusement enthousiastes, candides, aveugles, si naïvement pieux envers leurs maîtres, que leurs maîtres ont trompés. Nous sommes ces enfants d'avant douze ans, ces mêmes enfants, aussi purs, peut-être plus purs ; et nous sommes ces mêmes adolescents d'avant seize ans. Nous sommes les hommes de notre laborieuse enfance. Nons sommes les hommes de notre laborieuse adolescence. Nous ne sommes nullement les hommes de notre jeunesse abusée. C'est dire par contre que nous avons subi l'imprégnation de nos parents ; et de nos maîtres du premier degré ; et de nos maîtres du deuxième degré. Mais que nous n'avons subi aucune imprégnation de nos maîtres du troisième degré. D'ailleurs nos maîtres du troisième degré se souciaient bien de filiation et de paternité spirituelle et de régner sur les cœurs. Leur seul souci était par un jeu de mariages, de nominations, d'élections académiques et universitaires, d'intrigues, de bassesses, de trahisons, de délations et d'honneurs, de s'assurer, de perpétuer parmi eux un gouvernement temporel des esprits. Ils ont ce qu'ils voulaient. Et au delà de ce qu'ils espéraient. Qu'ils ne demandent pas au delà.

C'est dire par conséquent que le plus beau métier du monde, après le métier de parent, (et d'ailleurs c'est le métier le plus apparenté au métier de parent), c'est le métier de maître d'école et c'est le métier de professeur de lycée. Ou si vous préférez c'est le métier d'instituteur et c'est le métier de professeur de l'enseignement secondaire. Mais alors que les instituteurs se contentent donc de ce qu'il y a de plus beau. Et qu'ils ne cherchent point à leur tour à expliquer, à inventer, à exercer un gouvernement spirituel ; et un gouvernement temporel des esprits. Ce serait aspirer à descendre. C'est à ce jeu précisément que les curés ont perdu la France. Il n'est peut-être pas très indiqué que par le même jeu les instituteurs la perdent à leur tour. Il faut se faire à cette idée que nous sommes un peuple libre. Si les curés s'étaient astreints, et limités, à leur ministère, le peuple des paroisses serait encore serré autour d'eux. Tant que les instituteurs enseigneront à nos enfants la règle de trois, et surtout la preuve par neuf, ils seront des citoyens considérés.

Pourquoi surtout établir ou chercher à établir cette confusion que nous voyons partout, dans tous leurs congrès, dans leurs journaux et revues et revendications. Pourquoi mêler les questions d'argent et les questions de gouvernement. Serait-ce pour honorer les questions d'argent, en les mêlant aux questions de gouvernement. Mais l'argent est hautement honorable, on ne saurait trop le redire. Quand il est le prix et l'argent du pain quotidien. L'argent est plus honorable que le gouvernement, car on ne peut pas vivre sans argent, et on peut très bien vivre sans exercer un gouvernement. L'argent n'est point déshonorant, quand il est le salaire, et la rémunération et la paye, par conséquent quand il est le traitement. Quand il est pauvrement gagné. Il n'est déshonorant que quand il est l'argent des gens du monde. Il n'y a donc, dans les autres cas, je veux dire quand il n'est pas l'argent des gens du monde, aucune honte à en parler. Et à en parler comme tel. Il n'y a même que cela qui soit honorable. Et qui soit droit. Et qui soit décent. Il faut toujours parler d'argent comme d'argent. Que les instituteurs aient le droit de vivre, comme tout le monde, qui le nie, et nous le contesterons moins que personne, nous qui ne sommes pas seulement avec eux, nous qui sommes d'eux, nous qui avons ici publié les premiers l'admirable roman de Lavergne. Jean Coste a le droit de nourrir sa femme et ses enfants. Cela ne fait aucun doute. S'il y réussit aujourd'hui assez mal, ici encore il fait comme tout le monde. Il fait comme nous. Au moins il fait comme tous ceux qui travaillent. Il n'y a un peu d'aisance, dans le monde moderne, que pour ceux qui ne travaillent pas.

C'est donc ici une question très grave. Mais ce que je veux dire aujourd'hui, c'est que c'est vraiment une question de droit commun. C'est une question d'un certain malheur commun, d'une grande misère commune. C'est une question de la vie générale de la nation et de disponibilités budgétaires. Cette première question n'a rien de commun avec cette autre question de ce gouvernement spirituel que quelques instituteurs demandent à exercer parmi nous. Car c'est encore, ceci encore est une *revendication.*

Que de jeunes instituteurs, et même des plus vieux, aillent travailler dans les Facultés, c'est encore très bien. Je suis assuré qu'ils y fournissent d'excellent travail, et que cette collaboration donne dans les provinces les meilleurs résultats. Mais ce n'est point un secret non plus qu'à Paris le petit clan de la Sorbonne avait entrepris de s'appuyer sur les instituteurs quand il se proposa de ruiner en France l'enseignement secondaire et qu'un certain nombre d'instituteurs, (un très petit nombre), répondit à cet appel.

Ici encore je me permets de trouver que ce ne sont pas les instituteurs qui ont tort. Ce ne furent pas les instituteurs qui furent les plus coupables, ni même les véritables coupables. Dans toute démagogie celui qui en est la matière et l'objet et l'inerte instrument est moins coupable que celui qui en est l'inventeur et l'auteur. Et le premier moteur. Des grands pontifes, des hommes dans les honneurs sont venus dire aux maîtres d'école que le lycée ne sert à rien, qu'on n'apprend rien depuis le commencement de la sixième jusqu'à la fin de la philosophie. Je ne fais point un grief à ces instituteurs de l'avoir cru. Je fais un grief à ces professeurs, qui eux ont passé par la sixième et la philosophie, de l'avoir dit. Il ne s'agit point de se recruter des troupes à tout prix. Il faudrait tout de même ne pas trop tromper le monde.

Ceci m'amène à une singulière question, et que je m'étonne que l'on n'ait jamais posée. Pourquoi les maîtres d'école ne font-ils pas des études. Je me rappelle très bien comment ça se passait. Je me rappelle très bien le chemin que je suivais quand M. Naudy m'en retira un peu vivement. Les jeunes gens qui se proposaient de devenir maîtres d'école, ou plutôt les jeunes gens à qui on pensait pour en faire des maîtres d'école, pour les faire devenir maîtres d'école *faisaient* d'abord trois ans à l'École primaire supérieure, que l'on nommait alors, je l'ai dit, l'école professionnelle ; première année, deuxième année, troisième année ; pendant trois ans ils préparaient l'entrée à l'École Normale primaire. Ceux qui étaient reçus passaient ensuite trois ans dans cette École Normale primaire. On recommençait : première année ; deuxième année ; troisième année. En tout ça faisait six ans. Avec le temps qui pouvait se perdre entre les deux à la coupure ça faisait sensiblement précisément tout le temps qu'il faut pour faire des études, du commencement de la sixième à l'achèvement de la philosophie. Or ces enfants de paysans et ces enfants d'ouvriers, déjà triés fortement, qui se préparaient et qui se destinaient ou que l'on préparait et que l'on destinait à devenir instituteurs étaient dans la moyenne au moins aussi intelligents que les petits bourgeois qui entreprenaient un peu confusément le lycée. Et ils travaillaient au moins autant. Et quelques-uns travaillaient très bien. Ils se donnaient beaucoup plus de mal, ils fournissaient beaucoup plus de travail pour passer le brevet simple que nous pour passer l'examen de fin de quatrième, que nous ne passions pas, et pour passer le brevet supérieur que nous pour passer le bachot. Alors on se demande. Et il est si simple de se demander : Alors, à ce compte-là, pour ce prix-là, pour cette longueur de temps, pour tant de travail et pour tant de conduite on se demande à ce prix-là pourquoi on ne leur fait pas faire leurs études. Et pourquoi, au lieu de brevet supérieur, qui n'est rien, on ne leur donne pas au moins le bachot, qui n'est pas grand chose. Je ne vois pas en quoi savoir du latin et du grec les empêcherait d'enseigner du français, et même d'enseigner en français. Moi je ferais un bon maître d'école. On se demande si ce n'est pas la bourgeoisie française qui a fait exprès, craignant la concurrence, d'avoir des instituteurs qui n'eussent point fait leurs études. Car enfin il est au moins aussi difficile et il faut au moins autant de travail et autant de besogne pour entrer à l'École Normale de Saint-Cloud que pour entrer à l'École Normale de l'enseignement secondaire. (C'est la nôtre, mes enfants). Alors pourquoi s'y est-on pris de telle sorte que le bagage des uns ne fût qu'un fatras. Si c'est un calcul que la bourgeoisie a fait, comme il est probable, il faut avouer qu'elle en est bien récompensée aujourd'hui. De trouver constamment contre elle et sous elle cette sourde révolte d'un enseignement primaire qui précisément n'a pas fait ses études. Et une fois de plus il faut constater que le sabotage est venu d'en haut, de la bourgeoisie. Et qu'il est payé par un sabotage antagonique.

Tout ceci est déblayé, et m'adressant aux instituteurs eux-mêmes, et non plus à leurs programmes, qu'ils subissent, et non plus aux conditions que l'État leur a faites, qu'ils subissent, je me permettrai de leur dire : (Et je ne le dis naturellement qu'aux quelques-uns qui sont évidemment travaillés de cette tentation), je leur dis : Pourquoi voulez-vous exercer un gouvernement des esprits. Et comme tous les autres pourquoi voulez-vous exercer un gouvernement temporel des esprits. Pourquoi voulez-vous avoir une politique, et l'imposer. Pourquoi voulez-vous avoir une métaphysique, et l'imposer. Pourquoi voulez-vous avoir un système quelconque, et l'imposer.

Vous êtes faits pour apprendre à lire, à écrire et à compter. Apprenez-leur donc à lire, à écrire et à compter. Ce n'est pas seulement très utile. Ce n'est pas seulement très honorable. C'est la base de tout. *Il sait ses quatre règles*, disait-on de quelqu'un quand j'étais petit. Qu'ils nous apprennent donc nos quatre règles. Je ne veux pas jouer sur les mots, mais sans parler d'écrire ce serait déjà un grand progrès, (puisque nous sommes dans un système du progrès), que d'avoir, que d'être un peuple qui saurait lire et qui saurait compter. Et quand avec cela nos instituteurs emploieraient leur activité à sauver ce pays des deux fléaux qui le menacent constamment, il y en a là-dedans pour la vie d'un homme et beaucoup d'hommes voudraient pouvoir en dire autant. (Ces deux pestes que je veux dire sont naturellement la politique et l'alcoolisme, et au fond elles n'en font qu'une, et tant que les instituteurs revendiquent un point d'appui, un établissement contre la politique et les marchands de vin non seulement ils en ont cent fois le droit, mais ils ont cent fois raison et pour eux-mêmes et pour le pays). Mais ces règles de grande hygiène, ces pratiques d'hygiène générale vont de soi ; elles ne peuvent être que compromises, et peut-être complètement masquées, complètement oblitérées, complètement annulées par une prétention à un gouvernement des esprits.

Enseigner les éléments, apprendre à des enfants de bonne race ces vieilles vérités sur lesquelles tout le monde est d'accord : (et sur lesquelles est fondé le monde) : que Paris est la capitale de la France ; que Versailles est le chef-lieu du département de Seine-et-Oise. Pour les tout à fait savants pousser jusqu'à l'extraction de la racine carrée ; et peut-être de la racine cubique, quel sort plus enviable. Et n'est-ce point infiniment plus beau ; et plus grand ; et plus sage que de haranguer des hommes soûls. Parler du système métrique, qui est la raison même, et qui est si parfait. Parler aussi du système solaire, qui est une sorte de système métrique, avec des multiples et des sous-multiples, et qui est réellement si grand, des planètes, des satellites, de la voie lactée ; pour les plus savants de la rotation et de la révolution ; enfin tout ce que nous avons appris à l'école primaire ; (tout ce que nous savons). Être sûr que tout ce qu'on dit est vrai, que tout ce qu'on dit porte, que c'est bien entendu, que ça reste, quel heureux sort, et il n'y a rien au-dessus.

Faire de ces belles analyses logiques, et grammaticales, où tout retombait droit, où on savait tout, où on désarticulait complètement, où on épuisait une phrase, où il ne restait rien, où tout retombait juste. Et de ces beaux problèmes d'arithmétique où il fallait si soigneusement séparer les *calculs* du *raisonnement*, par une barre verticale, et où il y avait toujours des robinets qui coulaient pour emplir ou pour vider un bassin (et souvent les deux), (pour emplir et vider ensemble), (drôle d'occupation), (*après combien d'heures...*) ; et il y avait toujours des appartements à meubler. Et on multipliait le tapissier par le prix du mètre courant.

Langlois tel qu'on le parle. — Au moment où je viens d'indiquer, si mal, et si peu, ce que nous devons à nos maîtres de l'enseignement primaire, et ce que nous devons à nos maîtres de l'enseignement secondaire, il ne sera peut-être point hors de propos de marquer un peu ce que nous devons à nos maîtres de l'enseignement supérieur. Dans son numéro du 15 juillet 1911 (VIe Année, numéro 7, Deuxième Série) (eux aussi ils ont des séries), (Prix : 0,60), la *Revue Critique des Livres Nouveaux* publiait l'article suivant :

COMPTES RENDUS

CHARLES PÉGUY. — *Œuvres choisies*, 1900-1910. — Paris, Bernard Grasset, in-12, 414 pages, 3 francs 50.

Ce volume de morceaux choisis a été composé pour révéler au grand public un écrivain connu seulement, jusqu'à présent, de quelques fidèles. C'est, en quelque sorte, un prospectus.

Il y a, en frontispice, un portrait de l'auteur par Pierre Laurens. Je ne sais s'il est ressemblant. Mais il se dégage du recueil, formé par l'intéressé lui-même, une physionomie assez précise. La voici, telle qu'elle apparaît à un simple lecteur comme moi, qui n'a par ailleurs aucun moyen, et ne se soucie pas autrement, de vérifier si elle est exacte.

L'auteur qui se présente ici au public est un homme du peuple, avec de la sève, une sorte de ferveur violente dans l'habitude de sa pensée, une certaine verdeur d'expression, assez d'humour, peu de goût, pas du tout d'esprit (çà et là, des plaisanteries d'une incroyable lourdeur). Rien de vulgaire ; mais quelque chose de très âpre [1] et, en même temps, de geignard ; et aussi, à l'occasion, de roublard. Bref, un type dans le genre de Michelet, proportions gardées.

Ajoutons : un orgueil frémissant et sans bornes, qui ne paraît pas toujours pur de tout alliage d'envie — ce qui est très « peuple » aussi. Cet orgueil s'affirme de la façon la plus naïve. Les *Œuvres choisies* de Péguy commencent par des « portraits d'hommes » ; et ces hommes sont : Zola, Jaurès, Clemenceau, Renan, Bernard-Lazare, Péguy. Elles donnent fortement l'impression, d'un bout à l'autre, que, pour Péguy, ce que dit Péguy n'est pas rien.

Il s'exprime d'une étrange manière, qui dénonce tout de suite en lui l'écrivain que la longanimité bienveillante d'un public restreint, spécialement recruté et choisi, a gâté (au sens où l'on emploie ce mot en parlant des enfants). Il semble qu'il avait, dès l'origine, des tendances à surveiller : de la propension aux exposés discursifs, sans queue ni tête ; je ne sais quelles entraves dans le mécanisme de la pensée ; du goût pour l'allitération et la litanie, avec des symptômes d'écholalie, et pour des puérilités typographiques bien connues des psychiâtres. Ces infirmités sont de celles qui peuvent s'atténuer quand on les reconnaît pour ce qu'elles sont et qu'on s'impose à cet effet une discipline exacte. Mais il a été permis à l'éditeur des *Cahiers de la Quinzaine*, par l'indulgence d'un petit cercle admiratif, intimidé ou apitoyé, de se laisser aller sans contrôle, et même de prendre ses défauts pour des qualités et ses manies pour des dons. Il les a, en conséquence, cultivés comme son originalité propre. Le résultat ne se voit nulle part plus au clair que dans l'extravagante « Épître votive » à Ernest Psichari (numéro 35). Cependant « il faut essayer », comme dit plus loin l'auteur (page 297), « de nous remettre un peu à parler français ». C'est aussi mon avis. Disons donc nettement, en français, que cette Épître et plusieurs des morceaux qui la précèdent et qui la suivent sont du bafouillage tout pur.

Passons sur la forme. Car l'auteur se considère surtout, sans doute, comme un philosophe, un moraliste et un penseur. Il a été jadis dreyfusiste avec une ardeur profonde, ainsi, du reste, que beaucoup de ses contemporains, jeunes ou vieux, qui, quoiqu'ils aient aussi plus ou moins souffert pour cette cause (quelques-uns au point d'en mourir), n'en ont pas fait, depuis, tant d'embarras. Il a été dreyfusiste ; mais il ne saurait se consoler que l'affaire Dreyfus n'ait pas amené le règne de la

(1) Dont il a conscience : « Cette... âpreté paysanne... » (page 59). — (*Note de la* Revue Critique).

Propreté sur la terre, et, subsidiairement, la glorification person nelle de ses meilleurs combattants. Quoi, nous avons été soulevés par une telle vague d'enthousiasme, nous avons été si « grands », nous valions, « je le dis comme c'est, les hommes de la Révolution et de l'Empire », [1] nous valions des « hommes qui ont eu les plus hautes fortunes » (page 205) ; et voilà ce qui s'en est suivi : l'ignominie des jours présents et l'obscurité pour le juste. L'auteur est, à l'égard du Dreyfusisme triomphant, dans l'état d'esprit d'un chrétien des âges apostoliques qui aurait vu s'accomplir en quelques années, sans s'y associer, l'évolution que l'Église a parcourue en plusieurs siècles : de la lutte pour l'Idéal à l'adaptation aux iniquités de ce monde et au dédain de l'idéalisme obstiné. — Voilà, si je ne me trompe, le fond de la philosophie de M. Péguy. Car il parle souvent de « travailler » à autre chose ; mais il en revient toujours là.

Un chrétien des premiers âges, qui aurait vu Constantin et sa suite, se serait sans doute réfugié dans une métaphysique hautaine, la défense des classiques grecs et le culte des anciens héros. Il est donc naturel qu'un dreyfusiste intransigeant, amer et désappointé, se retire de même dans les *templa serena* d'un bergsonisme inaccessible au commun des « démocrates », rompe des lances en l'honneur des humanités traditionnelles contre les barbares du jour, et célèbre Jeanne d'Arc sous l'œil bienveillant de M. Maurice Barrès. D'autant plus que, en agissant de la sorte, on est sûr de ne pas rester isolé : on a pour soi, d'avance, l'applaudissement, l'appui moral et, au besoin, « temporel », du parti, toujours considérable, qui est irréductiblement opposé, pour les mêmes raisons que soi, et pour d'autres, à celui qui paraît au pinacle. — Voilà, il me semble, comment il se fait que M. Péguy, qui est, au fond, si primaire (par sa préoccupation persistante des choses d'école, sa roideur et sa demi-culture, verbale et sans substance), ait adopté d'instinct l'attitude qu'on lui voit ; et que cette attitude commence à lui valoir, avec la curiosité, les sympathies *a priori* du beau monde, si grossièrement méprisant, d'ordinaire, pour ceux de sa race. Le beau monde, c'est-à-dire les gens qui, s'ils avaient pu, il y a dix ans, soupçonner son existence, n'auraient pas été éloignés, avec leur brutalité sans nuances pour tout ce qui dépasse l'alignement, de le tenir pour un fou.

J'en ai dit assez, je crois, pour inviter à lire ce livre. C'était mon dessein. L'auteur n'est guère entré en contact pendant longtemps qu'avec des fidèles qui lui passaient tout, et qui

(1) Il y a bien : « et de l'Empire ». — (*Note de la* Revue Critique).

s'attachaient davantage à mesure qu'il les rudoyait avec plus de sans gêne (naguère aux États-Unis, le « prophète » Dowie — prophète quêteur, mystique, homme d'affaires, guérisseur d'âmes, « persécuté » et volontiers persécuteur — en usait de même avec ses dévôts). Si Jeanne d'Arc, qui a déjà fait de nos jours, d'une tout autre manière, la fortune de M. Thalamas, le met à la mode, il aura désormais un public qui l'approuvera sans le lire. Il est temps qu'il ait enfin — car il le mérite malgré tout — un public qui le lise sans l'approuver, ou plutôt en le jugeant. Qu'il soit donc signalé aux amateurs de personnalités d'exception. Dans le champ où elles poussent, il y a des individus de toutes sortes, plus ou moins agréables ou déplaisants. On y a découvert notamment, depuis quinze ans, la grâce exquise de Charles-Louis Philippe et l'étincelante fantaisie de Bernard Shaw. N'y passez pas, s'il vous plaît, sans jeter un coup d'œil sur les essais incohérents de Péguy.

Pons Daumelas.

L'article que l'on vient de lire est de M. Charles-Victor Langlois, professeur à la Sorbonne, et je pense directeur du Musée Pédagogique et autres. Aujourd'hui directeur des Archives Nationales. Pons d'Aumelas est un conseiller de Philippe le Bel à qui M. Langlois a consacré un petit travail (*Bibliothèque de l'École des Chartes*, tome LII, 1891). Cet article appelle quelques observations, mais comme il faut être scientifique je numéroterai mes observations, et pour être encore plus scientifique je les numéroterai avec des lettres. Les chiffres ne sont que de l'arithmétique. Les lettres sont de l'algèbre. M. Langlois sait ça. J'essaierai même de mettre des exposants, et des coefficients, et des indices. Mais je n'en réponds pas. Le plus beau fils du monde...

L. — *a*). — Il y a dans cet article de M. Langlois une partie de critique littéraire, si je puis parler ainsi. Ici rien à dire. La critique littéraire est libre en France, depuis la déclaration des droits de l'homme. M. Langlois sait ça. Nous autres écrivains notre métier n'est pas de répondre aux critiques. Je ne sais pas si nous appartenons entièrement aux critiques ; ou si nous ne leur appartenons pas du tout. Ce serait une question. Mais nous n'avons pas à leur répondre. Notre métier est d'établir des textes, non pas de commenter des commentaires. Notre métier est de donner des œuvres, non pas de critiquer les critiques. Autrement on tomberait dans les fractions de fractions. M. Langlois connaît certainement ça, les fractions de fractions.

L. — *b*). — Il y a dans l'article de M. Langlois quelque chose qui dépasse la critique littéraire. Je ne dis pas quelque chose qui la dépasse par en haut, je dis quelque chose qui la dépasse. Avec une obstination sournoise et aigre, et basse, avec des lâchetés constantes d'écriture, avec une hypocrisie laborieuse, avec un acharnement fatigué M. Langlois m'accuse proprement de vénalité. C'est pour faire ma fortune littéraire et pour gagner une fortune d'argent que je me suis publiquement déclaré catholique.

Il est évident que quand je me mettais le matin à ma table pour écrire le *mystère de la charité de Jeanne d'Arc*, ou plus récemment pour écrire la *tapisserie de sainte Geneviève*, ou plus récemment pour écrire la *présentation de la Beauce à Notre-Dame de Chartres* je me demande d'abord combien ça va me rapporter. On sent ça dans tout mon texte. Et il est évident que les vingt ans de peine et de production que j'ai derrière moi m'ont au moins assuré une grosse situation d'argent.

L. — *c*). — Eh bien sur ce point je suis en mesure de rassurer complètement M. Langlois. Si M. Langlois savait un mot d'histoire il saurait que depuis que le monde est monde les catholiques n'ont jamais soutenu leurs hommes. Si les catholiques avaient soutenu leurs hommes le gouvernement de la France ne serait point tombé aux mains de M. Langlois. Que M. Langlois me permette de le lui dire, les catholiques sont même remarquables par ce besoin qu'ils ont de ne pas soutenir leurs hommes. Rassurez-vous, monsieur Langlois, les catholiques mondains iront toujours à M. Laudet. Et l'argent des catholiques mondains ira toujours à M. Laudet. Écrire chrétien, en ce siècle, ce n'est pas prendre un brevet de pauvreté. C'est prendre un brevet de misère.

L. — *d*). — Que M. Langlois me permette de le lui dire respectueusement, dans la mesure où un pauvre a encore le droit de parler à un riche, il n'y a pas seulement une sorte d'indécence propre et d'indiscrétion, il n'y a pas seulement un manque de propos et un manque de goût, il n'y a pas seulement un décalage et une rupture de convenance, il y a une sorte de cruauté froide, et préméditée, il y a une sorte de basse dérision à ce qu'un homme qui a la situation de fortune de M. Langlois fasse une querelle d'argent à un homme qui a la situation de fortune que j'ai. M. Langlois a travaillé beaucoup, c'est entendu. Mais il faut bien qu'on le sache, c'est dans la production qu'il y a le plus de travail, c'est dans l'œuvre qu'il y a le plus de labeur et il y a plus de travail dans un conte de Tharaud et dans quatre vers de Porché que dans toute une vie d'érudition. M. Langlois a beaucoup travaillé, c'est entendu. Et il travaille peut-être encore. Mais enfin la République le paie un bon prix pour travailler. Et nous contribuables nous le payons un bon prix. Et en outre il *est bien* de chez lui. Il pousse le luxe jusqu'à se faire cambrioler pendant les vacances les châteaux qu'il a dans les provinces. Que M. Langlois me permette de l'espérer, ou du moins de me repaître de cette vaine imagination. Si j'avais mis à faire une carrière universitaire ce que j'ai mis d'activité dans les cahiers, je n'en serais peut-être pas où j'en suis envers les biens de fortune.

Pour me résumer d'un mot qui n'existait peut-être pas

sous Charles V, c'est une grossièreté, quand on a autant d'argent que M. Langlois, de chercher une querelle d'argent à un homme qui en a aussi peu que moi.

L. — *e*). — En outre, et M. Langlois me comprendra sans que j'insiste, (car je ne veux pas être grossier, moi) : nous demandons que les universitaires qui ont épousé dans la noblesse républicaine nous fichent au moins la paix, nous qui avons épousé comme nous avons voulu. Nous demandons que les coureurs et même que les amateurs de dots respectent au moins notre pauvreté. C'est entendu, monsieur Langlois ? et trouvez-vous à présent que je suis assez *geignard*, et assez *roublard ?*

L. — *f*). — Ici j'ouvre une parenthèse, monsieur Langlois, (vous voyez que je n'en ai pas perdu l'habitude), et je vous fais à mon tour une querelle particulière. Je veux parler de cette cérémonie grotesque que l'on a organisé en Sorbonne pour célébrer le demi-centenaire de l'entrée de M. Lavisse à l'École Normale Supérieure. Si le peuple français célébrait par des réjouissances extraordinaires la sortie définitive de M. Lavisse de l'École Normale Supérieure je comprendrais encore ça. Cette École pourrait peut-être encore se relever du traitement que M. Lavisse lui a fait subir. Mais fêter *l'entrée* de M. Lavisse à l'École Normale c'est fêter l'entrée du fossoyeur dans la maison. Une idée aussi saugrenue ne pouvait venir qu'à M. Langlois.

Je suis très embarrassé pour parler de M. Lavisse. Il m'a fait trop de mal pour en dire du mal. La langue française est ainsi faite que l'on peut cumuler le comble d'impuissance et le comble de puissance, et qu'un homme peut être à la fois un énorme impotent et un énorme potentat. Mais ce n'est pas à M. Lavisse que j'en ai aujourd'hui, c'est à M. Langlois ; (ou plutôt c'est M. Langlois qui s'est mis à en avoir à moi). Quand on adore l'idole, ce n'est point l'idole qui a tort, d'être adorée, c'est l'adorateur qui a tort, d'adorer. Quand M. Langlois fait les sept génuflexions devant M. Lavisse et l'entoure d'appareil, ce n'est pas M. Lavisse qui a tort, c'est M. Langlois. Car je vois votre nom, monsieur Langlois, dans le syndicat d'initiative de la cérémonie Lavisse. Et alors je demande : Qui trompe-t-on ?

S'il s'agit de fêter en M. Lavisse l'organisateur de la victoire, le Carnot de l'enseignement secondaire en France et de l'enseignement supérieur, l'homme aux quatorze armées, la plaisanterie est bonne évidemment mais le moment est peut-être mal choisi. Dire que l'École Normale est en bonne voie, ou qu'elle est saine, ou qu'elle se porte bien passerait partout aujourd'hui pour une affirmation hasardeuse. Tout le monde a fini par se rendre compte que M. Lavisse était peut-être excellent pour prononcer des discours de distribution de prix au Nouvion en Thiérache mais qu'à Paris en France cet homme n'a jamais semé que des ruines, comme on dit. Et répandu des ramollissements de la moelle épinière. A ce premier point de vue fêter par une cérémonie, et aussi solennelle, en Sorbonne, le demi-centenaire de l'entrée de M. Lavisse à l'École Normale Supérieure, c'était une véritable gageure. C'était porter un véritable défi à l'opinion publique. Tout le monde sait que sous le gouvernement de M. Lavisse l'École Normale achève de s'écrouler, qu'elle vit dans le plus grand désordre, s'il est permis de nommer cela vivre. Que M. Lavisse ait toujours été un organisateur du désastre, et que pour couronner sa carrière il ait enfin organisé le désastre de l'École Normale cela ne fait aucun doute pour personne et ce n'est pas cela qui est intéressant et je me reprocherais de m'attarder sur ce lieu commun.

C'est l'autre point qui est intéressant, et en lui-même et parce que c'est ce point qui intéresse directement M. Langlois. Si on ne fête pas en M. Lavisse l'administrateur et le fondateur et le réformateur et le gouverneur et le régulateur, l'homme temporel, c'est donc l'historien que l'on célèbre. Et c'est ici que je demande à M. Langlois : Qui trompe-t-on ? Car c'est ici que se produit un renversement bien singulier des situations. Je dirais même un renversement bien amusant. Mais j'ai peur que M. Langlois ne consente jamais à s'amuser avec moi.

C'est dans notre système en effet que M. Lavisse peut être un historien. Il est bon, il est mauvais, il est fort, il est faible, mais enfin nous nous pouvons admettre que M. Lavisse soit un historien. Et c'est M. Langlois au contraire qui a introduit dans le monde, (on voit que je le traite en grand seigneur), et qui est célèbre pour avoir introduit dans le monde un système de pensée, mettons une méthode, un système de méthode où M. Lavisse *ne peut pas* être historien. Pour nous M. Lavisse peut encore être un historien. Pour M. Langlois et pour les méthodes de M. Langlois et pour les disciples de M. Langlois et selon les méthodes de mesure de M. Langlois M. Lavisse ne peut être qu'un fade littéraire, ou littérateur, ou homme de lettres. Et alors, quand on voit M. Langlois saluer cérémonieusement et solennellement en Sorbonne M. Lavisse et l'introniser et le patroniser, alors on est conduit à se demander si ces grandes, ces fameuses méthodes, ces grandes souveraines, ces grandes impérieuses, ces grandes mademoiselles, qui ne s'inclinent pas devant le saint et devant le héros, ne s'inclineraient pas quelquefois devant les puissances temporelles. Et ici je ferme ma parenthèse.

L. — *g*). — Et il faut que je me résume. M'accuser de vénalité, c'est une sottise ; et une grossièreté. (D'une double vénalité, d'une vénalité de gloire et d'une vénalité d'argent). M'accuser de vénalité quand on est riche, c'est une indécence ; et une grossièreté. M'accuser de vénalité en des termes constamment tortueux et cauteleux et rampants c'est une bassesse ; et une lâcheté. Mais m'accuser de vénalité et signer Pons Daumelas quand on est M. Charles-Victor Langlois, je ne sais pas comment ça s'appelait sous Charles V, mais je sais que sous Poincaré ça s'appelle une pleutrerie.

L. — *h*). — Quand je reçus cet article par la figure, comme je ne pouvais raisonnablement pas m'en prendre à un conseiller du roi Charles V, (ma compétence bien connue s'arrête au règne de Charles *VII*), (en remontant), et comme ma lâcheté bien connue fait que je ne voulais pas me mettre mal avec cette puissance qu'est un conseiller du roi, je fis ce que je devais ; je m'en pris et je remontai directement au directeur M. Rudler. Il est de règle que le gérant couvre judiciairement et que le directeur couvre pour l'honneur. Et même pour la littérature. Qui ne se confondent pas toujours. Je m'en pris donc à M. Rudler, (c'était dans le *Laudet*), et lui adressai par écrit quelques paroles qui n'étaient point dénuées d'une certaine sévérité. C'est la règle que le directeur couvre les pseudonymes, quand ils ne se couvrent ou ne se découvrent pas eux-mêmes. Non seulement M. Langlois laissa M. Rudler payer pour lui. Non seulement M. Langlois laissa M. Rudler exposé à ma célèbre cruauté. Mais depuis plus de dix-huit mois que ça c'est passé, M. Langlois n'a jamais demandé à reprendre sa place, il ne s'est jamais resubstitué à M. Rudler, il n'a jamais cessé de laisser M. Rudler substitué à lui. De sorte qu'il est pleutre une première fois avec moi ; je veux dire envers moi ; et une deuxième fois avec M. Rudler. M. Rudler est chargé de recevoir des coups pour ses patrons. On les lui repaiera peut-être en avancements universitaires. Mais ces cotes mal taillées, mais ces transactions n'ont avec l'honnête homme que des rapports éloignés

L. — *i*). — M. Langlois escomptait que je ne saurais pas que c'était lui Pons Daumelas. En quoi cet infaillible historien se trompait. Et même du tout au tout. Si M. Langlois savait un mot d'histoire contemporaine il saurait que ma puissance est effrayante. Les feuilletons du *Matin*, *Gill* = *X*, Higgins and Co, ne donnent qu'une faible idée, monsieur Langlois, des aboutissements que j'ai dans tous les mondes.

L. — *j*). — L'intrépidité de ces beaux cavaliers est admirable. Les héros ni les saints ne leur en imposent pas. Alexandre et César, David et Charlemagne ne les font pas trembler. Mais ils tremblent devant M. Lavisse.

L. — *k*). — Ces impeccables historiens ne veulent pas qu'il y ait une chrétienté. Mais ils veulent bien qu'il y ait l'Institut.

L. — *l*). — Ils ne veulent pas qu'on dise la messe, mais ils veulent bien célébrer la cérémonie Lavisse.

L. — *m*). — Ils ne veulent pas qu'il y ait la vie spirituelle. Mais ils veulent bien qu'il y ait les diplômes.

L. — *n*). — Ces redoutables ne veulent pas qu'il y ait la communion des saints. Mais ils veulent bien qu'il y ait les promotions d'École Normale.

L. — *o*). — Ces terribles athées ne veulent pas qu'il y ait de bon Dieu. Mais ils veulent bien qu'il y ait M. Lavisse.

L. — *p*). — Ce fut une bien grande imprudence que de célébrer avec tant de fracas le demi-centenaire de l entrée de M. Lavisse à l'École Normale Supérieure. C'était inviter à un rapprochement bien simple. C'était inviter à comparer l'École Normale où M. Lavisse est entré à l'École Normale d'où M. Lavisse n est pas encore sorti. L'École Normale où M. Lavisse est entré était une École Normale Supérieure. De l'École Normale d'où M. Lavisse n'est pas encore sorti on a dit que c'était une auberge. Ceux qui savent ce qui s'y passe savent qu'il ne faudrait point s'arrêter à ce nom d'auberge, mais aller à un mot masculin, légèrement plus bref, beaucoup plus énergique.

L. — *q*). — Il faut aller un peu plus avant et dire un petit mot tout de même du fond de l'article et avouer que nos maîtres ne sont pas malins. Tant qu'ils travaillent dans ce que nous ne connaissons pas, ils nous paraissent des aigles. Quand ils travaillent dans ce que nous connaissons ils nous paraissent des ânes. Alors la prudence la plus élémentaire devrait leur conseiller de ne jamais parler que de ce que nous ne connaissons pas. Ainsi ils paraîtraient toujours des aigles. Ce doit être bien agréable, d'être un aigle. Non point que je veuille dire que si Charles V revenait il trouverait que M. Charles V-Langlois est un aigle. Et non point que je veuille dire que si M. Pons Daumelas revenait et s'il voulait me... m'engueuler et s'il voulait paraître un aigle il prendrait ce pseudonyme de Charles V-Langlois. Pour ne point se laisser reconnaître. Non, ce n'est pas cela que je veux dire. Je veux dire que tant que Charles V et Pons Daumelas ne sont pas là, M. Langlois est un aigle dans Charles V et dans Pons Daumelas. Quelle idée alors de s'en prendre à quelqu'un de vivant ; et qui est là. Restons un aigle, monsieur Langlois, comme disait Victor Hugo. Et travaillons dans les morts, comme le fait M. Lavisse.

L. — *r*). — Ce Charles V, ce Pons Daumelas sont beaucoup plus accommodants. Ils ne reviennent pas pour nous dire si c'est vrai, tout ça. C'est une bonne matière. Aucune confrontation à craindre. Monsieur Langlois, restez dans les matières où nous croyons que vous êtes un aigle.

L. — *s*). — Heureusement que moi-même je suis un bon élève de M. Langlois et que je sais traiter un document.

L'histoire se fait avec des documents. Car il reste un manque. A expliquer. Car il reste une marge, à combler. (Mettons une lacune). Car il reste un angle, un bâillement. Un défaut. Car toutes nos explications ne sont point *épuisantes* de la réalité de ce document. Il y a une faute. Et donc il y a une question, et bien que j'en sois l'humble matière il faut bien que j'avoue que c'est une question historique. Reprenons l'article de M. Langlois, puisque c'est notre document. Ni la méchanceté naturelle au plus éminent de nos bons maîtres, ni l'aigreur, ni la furie, ni la fureur ni l'âcreté ne suffisent à expliquer tout le ton de cet article. Elles ne suffisent particulièrement pas à expliquer un certain ton d'ébriété qui règne tout au long de cet article et qui se manifeste par un certain vacillement constant de la pensée, par une violence, inusitée, par une outrance maladive, par une exagération chronique de l'épithète. Il y a quelque chose. Il faut qu'il y ait une raison pour qu'un homme aussi naturellement pondéré, aussi naturellement équilibré, aussi naturellement mesuré que M. Langlois ait aussi constamment vacillé, si ces deux mots peuvent aller ensemble, tout le long de cet article. Il faut qu'il y ait une raison pour que cet homme ait à ce point constamment titubé. Et la science moderne se demandait anxieusement pourquoi cet homme avait cette fois titubé. Et c'était un grand problème historique. Et je vois bien que M. Langlois lui-même s'allume aujourd'hui sur ce problème historique. Et c'est encore moi qui vais satisfaire sa curiosité. La vôtre, messieurs. C'est encore moi qui ai trouvé la solution de ce grand problème historique. Et pourtant je n'en ferai point un travail pour la *Bibliothèque de l'École des Chartes*, ni même une communication à l'Académie des Inscriptions. Je suis résolu à tout garder pour les cahiers.

D'où venait cette ébriété. Heureusement que je suis un bon élève de M. Langlois. Quand j'étais petit M. Langlois m'a enseigné qu'il faut avant tout dater un document.

Il n'a pas perdu son temps, avec moi, M. Langlois. Dix-huit mois de recherches m'ont permis de dater le document que nous examinons. Ce document doit être attribué à la date du 15 juillet 1911. Par une coïncidence amusante, mais purement fortuite, et à laquelle un véritable savant ne saurait s'arrêter, c'est précisément la date qu'il y a et que tout le monde peut voir en haut à droite sur la première page de la couverture. Mais vous pensez bien que ce n'est pas là que je suis allé la prendre. Je suis trop malin. Ce ne serait pas scientifique.

Quinze *juillet 1911.* Je vois vos fronts qui s'éclairent. Oui, vous avez compris. Vous savez à présent d'où venait cette ébriété. Mais comment vais-je oser appliquer à un homme aussi hautement honorable que M. Langlois le mot qui de lui-même vient au bout de nos plumes. Il faut pourtant se résoudre à le dire. Il résulte des éminents travaux de M. Langlois sur la fondation de la République et sur le dernier tiers du dix-neuvième siècle, (après Jésus-Christ), que le **Quatorze** juillet est le jour de la Fête Nationale. Par conséquent, comment le dire, le lendemain **Quinze**, enfin il faut bien le dire, le lendemain quinze est le jour de la gueule de bois nationale. M. Langlois ne m'a pas seulement envoyé sur mon auguste figure un article de gueule de bois, mais cet article n'était point de gueule de bois ordinaire, et comme dit M. Laudet, hebdomadaire. M. Langlois m'a *envoyé* un article de gueule de bois nationale.

Dix-huit mois de recherches acharnées, dont on ferait une thèse, m'ont permis de reconstituer, jusque dans le plus humble détail, la journée précédente. Je sais, minute par seconde, tout ce que fit M. Langlois dans la journée du 14 juillet 1911 et pourquoi son article du 15 était si excité. Le matin du 14 M. Langlois, dont la fureur patriotique est bien connue, s'était violemment excité à acclamer nos vaillants petits troupiers à la revue de Longchamp. Tout le reste de la journée M. Langlois, dont la jovialité bien connue n'a d'égale que la violence de ses sentiments populaires, M. Langlois a passé toute son après-midi à danser avec des petites bonnes aux coins des carrefours. Et le soir il s'est attardé amicalement chez quelques mastroquets de défense républicaine. Et aussi vrai que je suis mûr pour aller à Charenton, par un effet de cette écholalie qui n'a même pas été vaincue, qui a même résisté à un emploi gradué des pilules Pink, aussi vrai M. Langlois le soir était *mûr*, tout court.

L. — *t*). — (Heureusement que nous sommes sur nos fins, car nous voici déjà à la lettre *t*, les lettres vont nous manquer, et quand il n'y a plus de lettres il n'y a plus d'algèbre, M. Langlois sait ça). — *t*). — Je demande enfin ce que devient la *méthode* dans tout ça. Car enfin il faut qu'il y ait une méthode ou qu'il n'y en ait pas. Quand j'étais petit la méthode consistait, et c'était celle de M. Langlois, la méthode nous enseignait qu'il ne faut point écrire un mot sur une question avant d'avoir épuisé et la documentation et la littérature de cette question. Ce n'est pas seulement la méthode de M. Langlois, c'est la méthode. M. Langlois n'en fut pas seulement le grand-prêtre, il en est l'innovateur, ou un innovateur, un introducteur, un inventeur. Alors et ici se pose une question. Quand nos maîtres ont inventé *la* méthode, quand ils l'ont introduite parmi nous, fut-il entendu qu'ils se réservaient, eux seuls, le droit de ne pas la suivre. La loi est faite pour tout le monde. Fut-il entendu que nos maîtres introduisaient la méthode pour que nous fussions forcés de la suivre et pour que eux ils ne fussent pas forcés de la suivre. Cette méthode était-elle un amusement pour nous embêter, ou était-elle une méthode. C'est-à-dire une discipline générale.

Car ici se pose, ici se place, ici se présente un retournement des situations tout à fait comparable à celui qui venait de se produire pour M. Lavisse, ou plutôt c'est le même retournement sous une autre forme. De même que pour nous, M. Lavisse *peut* être un historien mais que pour M. Langlois il ne *peut pas* être un historien, de même pour moi je puis être une quantité négligeable, mais pour M. Langlois je ne puis pas en être une.

Dans mon système je puis être négligeable, parce que je peux me considérer comme infime. Dans le système de M. Langlois nul ne peut me considérer comme négligeable, parce que dans le système de M. Langlois rien n'est infime.

Dans notre système, qui est un système d'ordre, de hiérarchie, un système des valeurs, un système de culture et d'humanité, dans notre système qui est un système si je puis dire de la réalité, dans notre système qui est un système de plusieurs plans, dans notre système qui admet, qui reconnaît des saints et des héros, et Dieu au faîte, et en bas des pécheurs de l'espèce ordinaire, comme nous, dans mon système je puis être méprisable, dans mon système je puis être négligeable, dans mon système je puis être infime. Je ne puis pas l'être dans le système de M. Langlois.

Dans mon système je puis me contenter de trois quarts de page et trouver que c'est encore beaucoup trop pour moi. Dans le système de M. Langlois je ne puis me contenter de trois quarts de page, parce que dans le système de M. Langlois rien ne peut se contenter de trois quarts de page.

Le système de M. Langlois est un système d'un seul plan. Dès lors sur ce plan il faut que je figure comme tout le monde et au même titre que tout le monde. Puisque c'est une carte, tous les pays sont sur la carte.

Le système de M. Langlois est un système égalitaire. Il ne peut me traiter inégalement dans cette égalité.

Le système de M. Langlois est un système démocratique. Il n'a pas le droit de me rejeter de son peuple.

Dans le système de M. Langlois il n'y a ni héros ni

saints ni Dieu : tout se vaut. Alors moi je vaux bien les autres.

Notre système est un système de la dignité ; (et de l'indignité) ; dans mon système je puis me déclarer indigne ; et il y aura toujours des pauvres parmi nous.

Mais dans le système de M. Langlois il n'a pas le droit qu'il y ait des pauvres parmi eux. Tout le monde a droit au même traitement. Et moi dans tout le monde. Tout le monde a droit à la même dignité. Et moi dans tout le monde.

M. Langlois peut me détester, M. Langlois peut me persécuter, M. Langlois ne peut pas me négliger.

M. Langlois peut m'en vouloir plus qu'à tout le monde : comme historien, dans son système, il ne peut pas me traiter autrement que tout le monde.

M. Langlois peut me haïr, il peut me mépriser, mais comme objet de son étude il ne peut pas me mépriser ; comme objet de son mépris il ne peut pas me mépriser ; comme étant devenu sa matière il ne peut pas me mépriser, il ne peut pas me négliger.

Aussitôt que M. Langlois, historien, parle de moi, je deviens matière historique, je suis revêtu de la dignité historique.

La méthode de M. Langlois consiste à soumettre à un certain même traitement, qui est le traitement historique, tout le monde également, tout le monde sans aucune exception. Nul ne peut s'en échapper par en haut, (les saints, les héros). Mais nul aussi ne peut s'en échapper par en bas ; comme indigne.

M. Langlois lui-même ne peut pas accorder de dispense. Dans le système de M. Langlois tout le monde, tout est soumis à la méthode historique. Si M. Langlois historien écrivait sur M. Langlois objet d'histoire, M. Langlois objet d'histoire serait soumis à la méthode historique. Tomberait sous le coup de la méthode historique. Nos maîtres ne peuvent s'accorder, même à eux-mêmes, les dispenses qu'il nous refusent.

M. Langlois traite les héros et les saints aussi mal que tout le monde, il est forcé de me traiter aussi bien que tout le monde.

Nous autres hélas nous avons le droit de faire des pirouettes. Pourvu que nous les réussissions. M. Langlois n'a pas le droit, parce qu'il a une robe.

Nous le ferons prisonnier dans sa dignité.

La méthode de M. Langlois est une méthode, elle est la méthode de la connaissance de la matière historique indéfinie par un épuisement d'un détail indéfini. Dans la méthode de M. Langlois on ne peut traiter une question, écrire un mot sur un objet (d'étude) avant d'avoir épuisé et la documentation et la littérature sur cette question et sur cet objet. Qu'est-ce que c'est alors que cet air de fantaisie que prend ce Pons Daumelas et ce genre cavalier et ce genre bel esprit et cet air de dire, parlant de mes *Œuvres choisies*, et en faisant le compte rendu dans une Revue Critique : Vous savez, je ne connais pas ce garçon-là. Je suis le simple lecteur, le monsieur qui passe. Je parle de son livre en amateur. M. Langlois n'a pas le droit d'être un passant, et un amateur. Il faut qu'il soit un insistant, et un historien.

Si sa chape d'historien lui pèse, ce n'est pas nous qui la lui avons mise.

Mais qu'il la quitte. Ou bien qu'il la garde. Qu'il soit Pons Daumelas. Ou qu'il soit M. Langlois. Qu'il ne soit pas les deux ensemble et dans le même temps. Qu'il ne joue pas, ensemble et dans le même temps, le vêtu et le dévêtu.

Tant qu'il est M. Langlois je réclame ma documentation et ma littérature. Je veux dire que j'exige qu'il ne parle de moi qu'après avoir épuisé la documentation et la littérature sur moi. Pourquoi faire en mon honneur, en ma faveur cette exception, de vouloir me traiter, moi seul, par une méthode directe. Non, non, qu'il reste fidèle à ses méthodes, même en moi. Je refuse cet excès d'honneur. Je refuse cette dignité d'indignité. J'ai droit à ma documentation et à ma littérature. Moi je ne suis rien. Mais moi objet de M. Langlois, moi objet historique, moi matière historique je suis autant que les autres. Ce n'est pas même nous qui ferons M. Langlois prisonnier. M. Langlois est prisonnier de M. Langlois. Il ne peut point se rendre libre, même envers cet objet infime, que je suis.

L. — *u*). — (Dépêchons-nous, mes enfants, nous n'avons plus que cinq lettres, sans compter celle-ci). *u*).

— Cette duplicité de M. Langlois, (je prends ce mot dans son sens étymologique), cette duplicité où M. Langlois est réduit, cette duplicité où M. Langlois est contraint éclate, comme toujours, dans la typographie. Car dans ce même numéro de cette même *Revue Critique* où M. Langlois, sous le nom de Pons Daumelas, me règle, dans ce même numéro, sur la couverture de ce même numéro M. Langlois figure comme patron et comme répondant sous son titre de professeur à la Sorbonne dans le petit appartement des *principaux rédacteurs*. Je nomme petit appartement des *principaux rédacteurs* ce large carré rectangulaire, (il va encore me quereller sur ce *carré rectangulaire*), fermé de quatre barres, où la *Revue Critique des Livres Nouveaux* nous donne le 15 de chaque mois, août et septembre exceptés, sur la première page de sa couverture, préalablement enfermés, la liste de ses principaux collaborateurs. Et alors parlons posément. Quand une revue s'appelle *Revue* CRITIQUE *des Livres Nouveaux*, quand elle met, quand elle présente constamment sur la première page de sa couverture le paquet de noms que la *Revue Critique* nous présente, qu'on ne le nie pas c'est pour donner par ces noms une garantie, pour lier un faisceau d'autorité scientifique. De sorte que M. Langlois, bien connu comme scientifique, et comme critique, et comme auteur et patron de la méthode scientifique, et comme gouverneur de la méthode scientifique, de sorte que M. Langlois, qui ne peut se mentir à lui-même, qui ne peut se dérober à la réputation qu'il a, qui ne peut se refuser à la réputation qu'il a si justement, à la réputation qu'il a acquise ; de sorte que M. Langlois sur la couverture authentique Pons Daumelas à l'intérieur ; M. Langlois sur la couverture garantit la méthode scientifique de Pons Daumelas à l'intérieur ; et le pamphlétaire Pons Daumelas à l'intérieur jouit de la garantie scientifique et de l'autorité de M. Langlois sur la couverture. Pons Daumelas pamphlétaire est revêtu de la dignité historique de M. Langlois, il est couvert par la dignité historique, (et par la dignité universitaire, et par la dignité d'État), de M. Langlois, sans qu'on sache que c'est le même homme. Et pourtant c'est le même homme. C'est ce cumul que je nomme une duplicité. Et même ce n'est pas une duplicite simple, si je puis dire. C'est plusieurs duplicités. Car c'est une duplicité littéraire, et encontre une duplicité scientifique ; et une duplicité sociale ; et une duplicité d'État ; et une duplicité universitaire. D'un côté, comme Pons Daumelas il est toujours pamphlétaire. De l'autre côté, il est ensemble et un *scientifique ;* et un *dynaste ;* et un puissant ; et un haut (ou un grand) universitaire (comme on voudra) ; et un haut ou un grand fonctionnaire ; et un homme puissant dans l'État ; et un homme qui a une situation de fortune.

Que nos maîtres se fassent pamphlétaires, c'est leur droit ; ils sont libres ; et je n'y vois pour ma part aucun inconvénient. Mais que, comme pamphlétaires, ils ne soient plus revêtus de l'autorité magistrale. Qu'ils soient des hommes comme nous. Des hommes libres. Libres de leur autorité même. Qu'ils soient des simples citoyens dans le pamphlet. Et comme le disait déjà le vieil Aristote qu'ils ne soient pas *ensemble et sous le même rapport* professeurs et pamphlétaires.

L. — *v*). — (Dépêchons-nous, mes enfants). — En d'autres termes je veux savoir si, quand je me trouve en présence de M. Pons Daumelas, pamphlétaire, et qu'il se met dans mes jambes je dois le traiter comme un camarade pamphlétaire ou l'appeler *Mousieur le Professeur.* Et *monsieur le Directeur.* Et je veux savoir si je puis distinguer entre le mépris que je puis avoir pour ce Pons Daumelas et le respect que je dois avoir pour M. Langlois.

L. — *w*). — En un mot nous ne voulons pas que nos maîtres jouent des deux mains, et à la fois sur les deux tables. Nous voulons que chaque homme joue une fois.

L. — *x*). — D'autant que M. Langlois, sous son propre nom, sait fort bien avoir une opinion *littéraire.* Ce qui fait presque trois rôles, et non plus seulement deux. M. Langlois historien, M. Langlois critique littéraire, et Pons Daumelas (M. Langlois) pamphlétaire. Cela ne fait qu'accroître la confusion.

Car M. Langlois lui-même et sous son nom a presque découvert un grand écrivain. Ou il a découvert presque un grand écrivain. Ce presque grand écrivain est un nommé Babut, qui a fait un livre évidemment énorme sur saint Martin, (celui de Tours). Dans cette même *Revue Critique,* numéro du 15 janvier 1913, M. Langlois écrit :

Les démonstrations dont ce livre est tramé...

Ce livre c'est le livre de M. Babut.

Les démonstrations dont ce livre est tramé sont d'une vigueur et d'une élégance rares. Qu'il y en ait, çà et là, d'un peu forcées, c'est possible ; mais ce n'est pas ici le lieu d'exposer quelques scrupules sur des détails sans gravité. Il vaut mieux constater, pour finir, le plaisir sans mélange que donne, d'un bout à l'autre, le style simple, discret, fort et plein qui contribue à faire de M. Babut un des meilleurs historiens de la génération nouvelle.

Ch.-V. Langlois.

On voit que M. Langlois sait louer. Ce serait une erreur de croire que M. Langlois ne sait pas louer. M. Langlois n'est pas toujours revêche. Je ne sais si le Babut dont il parle ici est celui que nous avons connu à l'École Normale. Celui que nous avons connu à l'École Normale était un grand oiseau sérieux, moraliste, binoculaire. Rien n'est secrètement roué comme ces raides. Celui-ci était déjà un grand protecteur. Celui-ci a démontré clair comme le jour que saint Martin était une sorte de douteux et de détestable paltoquet. Heureusement encore que M. Babut ne nous a pas démontré que saint Martin n'avait pas existé. Cette démonstration eût été tout aussi facile. Mais, moins raffinée, elle eût peut-être moins emporté le suffrage de M. Langlois. Le *travail*, on le sait, consiste à démontrer que les héros et les saints n'existent pas. Si j'avais *démontré* que Jeanne d'Arc est une gourgandine, M. Langlois trouverait que je suis un grand écrivain (1).

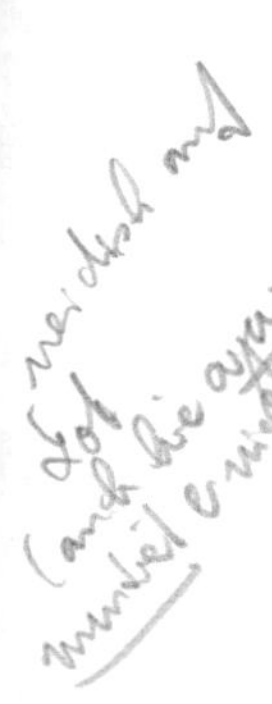

(1) *Cahiers de la Quinzaine*, sixième cahier de la quatorzième série, du 16 février 1913 *(l'argent)*.

L'ARGENT SUITE

M. Lanson tel qu'on le loue. — J'en dirai autant de M. Lanson. Dans ce même numéro de cette même Revue critique où M. Langlois trouve presque que M. Babut est un grand écrivain, dans le numéro du 15 janvier 1913 M. Rudler trouve naturellement que M. Lanson est tout à fait un très grand écrivain. Je n'y reviendrais pas, M. Rudler ayant tous les droits de trouver comme par hasard que M. Lanson est un très grand écrivain et par conséquent de le dire, si ce qu'il y a cette fois-ci d'intéressant, ce n'était sur quoi M. Rudler trouve cette fois-ci que M. Lanson est un très grand écrivain. Je lis dans ce numéro le compte rendu suivant, d'un livre de M. Lanson, par son disciple M. Rudler :

G. Lanson. — *Trois mois d'enseignement aux États-Unis.* Notes et impressions d'un professeur français. — Paris, Hachette, 1912, in-16, 298 pages, 3 fr. 50.

Trois mois, d'enseignement actif, d'observation personnelle intense, de contact à peu près journalier avec les étudiants et leurs maîtres, de conversation avec des informateurs sûrs et éminents, c'est assez pour voir beaucoup, et, selon toute apparence, pour voir juste, à condition d'avoir l'œil prompt et net, l'esprit aigu, la pensée en éveil, l'habitude des méthodes exactes, et l'amour puissant du vrai. De son bref séjour aux États-Unis, M. Lanson a tiré un livre vif, fin, précis, probe, et singulièrement riche. La couleur y est sobre, volontairement, mais délicate et sûre ; la ligne nette, et comme gravée.

Je ne sais pas si vous êtes comme moi. Il me paraît un peu raide qu'un disciple écrive de son maître publiquement en de tels termes. Car enfin, si on parle en ces termes de M. Lanson, en quels termes parlera-t-on d'un écrivain. Je ne sais pas si c'est que j'ai des idées de l'ancien temps. Évidemment je suis réactionnaire. Mais enfin autrefois il y avait une certaine pudeur, une certaine décence qui faisait que jamais un élève n'aurait parlé comme cela de son maître. Et même aujourd'hui, quand on lit ces phrases de M. Rudler sur M. Lanson tout le monde est gêné. Le lecteur est gêné. M. Lanson est gêné. Il n'y a que M. Rudler qui n'est pas gêné. C'est peut-être que M. Rudler n'est pas facile à gêner. Mais ce n'est pas cette gêne qui aujourd'hui nous intéresse.

Il est certain que c'est par ces procédés que M. Rudler a rendu M. Lanson si antipathique. Mais nous n'avons pas à défendre M. Lanson contre les procédés de M. Rudler. M. Lanson est assez grand pour se défendre tout seul. Ce n'est point là que je veux en revenir. Mais achevons cet article :

Les premiers chapitres nous donnent des images de la nature, de l'âme et de la vie américaines. Voici l'entrée de New-York, le pays, la ville, d'autres villes et leur campagne, quelques parties du Canada, différents types d'hommes et de femmes, quelques traits saillants du caractère et de l'esprit nationaux, quelques formes de la vie ; car toute généralisation hâtive a trop de chances d'être fausse. — Le gros de l'ouvrage décrit le régime de l'enseignement, Collèges, Universités, Cours de jeunes filles, Bibliothèques, etc., etc. — Une dernière partie, non la moins curieuse, comprend un tableau de la France d'aujourd'hui. Nisard, Taine, Brunetière se sont tour à tour essayés à donner le leur ; il serait piquant de leur comparer celui de M. Lanson.

En étudiant les institutions américaines pour elles-mêmes, avec la curiosité désintéressée et la sympathie qu'elles méritent, M. Lanson n'a jamais oublié notre pays. La France est partout dans son livre, au premier plan ou dans le lointain, ni dénigrée ni surfaite, sans optimisme de commande, sans le pessimisme national ; ce n'est pas au moment où l'étranger réapprend le chemin de nos Universités et se remet à estimer notre culture qu'il siérait à personne de la déprécier, à ceux-là surtout qui en ont rétabli le prestige. Un excellent patriotisme, ferme et délicat, anime ces pages. Aux forces et faiblesses de l'Amérique font pendant, tant dans l'ordre matériel que dans l'ordre moral, nos faiblesses et nos forces. M. Lanson indique ce que chacun des deux peuples peut apprendre de l'autre, par où ils peuvent se compléter, ce qu'on nous demande, à quels vains espoirs il nous faut renoncer, quel champ reste ouvert à notre activité ; en particulier, une enquête et des tableaux précis montrent que nous sommes loin d'avoir conquis à notre langue sa place possible et légitime. De cette confrontation lucide et pratique des deux civilisations pourrait et devrait sortir tout un programme d'effort fécond.

A l'enseignement moral que les États-Unis nous offrent si nous avons besoin d'en profiter — autorité toujours compétente et agissante, discipline volontaire et active, puissance de réalisation, coopération des volontés pour obtenir d'une machine exactement conçue et parfaitement réglée le maximum de rendement — ils ajoutent un service d'un autre genre, inattendu. C'est de *dépassionner* nos batailles. L'Amérique connaît les mêmes crises, aborde les mêmes problèmes que nous. Elle les traite et les résout dans un esprit différent. N'ayant ni notre passé ni nos partis, elle n'a pas nos partis pris et nos violences. Elle nous enseigne la plus grande relativité de toutes choses, le sang-froid, les justes détachements. Regardons non de Sirius, lointain et démodé, mais de New-York : que de querelles vont s'apaiser, d'antinomies disparaître ! Avec sa supériorité dialectique, M. Lanson nous en donne quelques exemples frappants, dans des pages dont on peut penser qu'elles ne doivent rien à l'Amérique de leur naturelle équité.

G. RUDLER.

Il ne s'agit même pas d'expliquer ce que c'est que *l'Amérique de leur naturelle équité.* Car ceci c'est du Rudler ; et ce n'est plus du Lanson. *L'Amérique de leur naturelle équité,* c'est une Amérique qu'il faudra que je découvre. En réalité cet article de M. Rudler est criblé de fautes de français. C'est faire une faute de français, monsieur Rudler, que d'écrire : « *Une dernière partie, non la moins curieuse, comprend un tableau de la France d'aujourd'hui. Nisard, Taine, Brunetière se sont tour à tour essayés à donner le leur ; il serait piquant* [1] de LEUR *comparer* CELUI *de M. Lan-*

(1) M. Rudler *piquant,* ou M. Rudler *piqué.* Non.

son. » Car il faut, monsieur Rudler, ou bien comparer M. Lanson à MM. Nisard, Taine et Brunetière, ou bien comparer le *tableau* donné par M. Lanson aux *tableaux* donnés par MM. Nisard, Taine et Brunetière. Mais il ne faut point comparer un *auteur* à trois *tableaux* ni un *tableau* à trois *auteurs*. Sans compter que *leur* comparer, en lui-même, et je ne sais pourquoi, est extrêmement douteux ; et que voilà une de ces formes qu'un écrivain n'emploie jamais ; sans savoir pourquoi. Mais il ne s'agit peut-être pas de demander de l'écrivain et de la race à M. Rudler.

Que dirai-je de *Sirius, lointain et démodé.* Quelle vulgarité. Et cet emploi de *antinomies* est bien hasardeux et risque bien d'être impropre et purement littéraire. Et pareillement cette *supériorité dialectique*, même quand c'est celle de M. Lanson. La dialectique est une science très particulière et M. Rudler n'a pas l'air de s'en douter. Mais ici encore je demande ce que je demandais pour M. Langlois. Je demande : Qui trompe-t-on. Je demande : Qu'est-ce que la méthode. Et y a-t-il une méthode ou n'y en a-t-il pas. Et pour qui est faite la méthode. Et si nos maîtres sont lassés de la méthode, qu'au moins ils le disent.

C'est nous autres imbéciles, c'est nous écrivains, prosateurs, poètes, chroniqueurs, (et peut-être philosophes), moralistes, publicistes, journalistes, essayistes, pamphlétaires, portraitistes et animaliers, c'est nous qui avons le droit d'aller passer trois mois en Amérique et d'en revenir avec un trois cinquante et de porter 298 pages chez Hachette, si Hachette veut. Mais M. Lanson est un *scientifique*. M. Lanson suit la méthode. M. Lanson n'a pas le droit. M. Lanson n'aura le droit d'écrire *un mot* sur l'Amérique que quand il aura épuisé la documentation et la littérature sur l'Amérique depuis le commencement des Incas et même avant, depuis toujours, (car chacun sait que l'Amérique du Nord tient au Mexique et, par l'Amérique Centrale, à l'Amérique du Sud). C'est nous autres comédiens qui avons le droit d'aller trois mois en Amérique et de regarder ; et de voir, et de rapporter, et de parler, et de conter. M. Lanson est tenu de dépouiller auparavant et d'épuiser toute la documentation et toute la littérature sur l'Amérique. Autrement M. Lanson n'est plus scientifique, M. Lanson ne suit plus la méthode, M. Lanson fait ce que M. Lanson nomme *un livre superficiel.*

Ou si nos maîtres en ont assez de la méthode, si ce mariage leur pèse, s'ils veulent se dépouiller de la méthode, s'ils veulent s'en évader, s'ils veulent fuir de la méthode, premièrement qu'ils nous avertissent, deuxièmement qu'ils ne nous veulent pas mal de mort pour nous en être évadés dans la liberté de nos vingt-cinq ans.

Car si M. Lanson a le droit de parler de l'Amérique sur une saisie directe, j'ai peut-être le droit, moi, de parler de Corneille et de *Polyeucte* sur une saisie directe et sans avoir appris et enseigné toute l'histoire du théâtre français depuis Adam et Ève et le paradis terrestre.

Si une seule fois un seul de nos maîtres fait un livre sur un *sujet* sans avoir épuisé la documentation et la littérature du sujet, mais alors nous aussi nous avons le droit de faire un livre ; et tous nos livres passent par cet exemple qu'il nous ont une fois donné.

Tant qu'ils restent dans leur système, qui est un système monoplan, tant que tous les objets d'étude sans aucune exception sont exactement sur le même plan, qui est le plan du détail indéfini, tant que tous les objets d'étude, exactement également, sans aucune exception, requièrent l'épuisement de la documentation et de la littérature, tout va bien, (je veux dire tout va bien dans leur système), et, si l'on veut, nous n'avons rien à dire. Mais qu'un seul sujet échappe ; qu'un seul sujet ait réussi à s'évader ; qu'un seul sujet ait été essayé par une saisie directe ; qu'un seul sujet ait été dérobé à la méthode de l'épuisement indéfini du détail ; qu'un seul sujet ait été abordé sans que l'opérateur ait effectué l'épuisement de la documentation et de la littérature ; qu'un seul sujet ait été élu ; qu'un seul sujet ait fait la matière, ait été l'objet d'un choix, aussitôt par cet unique choix tout le choix passe, et tout le système du choix, qui est le nôtre. Tant qu'ils tiennent la rampe, ils peuvent monter leur escalier. (Leur escalier peut ne mener à rien, mais cela c'est une autre question). Dès qu'ils lâchent la rampe, il faut, ou qu'ils tombent, ou qu'ils volent. Ils n'ont pas le droit de sauter une marche. Une seule infidélité anéantit la foi. Qu'ils fassent, qu'ils donnent un seul exemple contre eux, et aussitôt nous passons. Nous passons tous et nous passons touts ; *omnes ac toti.* Si on fait un seul choix, toute l'horizontalité se rompt. S'ils admettent une seule valeur, tout le système des valeurs remonte. S'ils choisissent une fois, nous choisissons toujours. Si sur leur océan de plomb ils font émerger une seule vague tout le système des valeurs remonte ; et la hiérarchie ; et l'ordre ; et la dignité ; et le génie ; et le héros ; et le saint ; et Dieu.

M. Rudler s'en est parfaitement aperçu. M. Rudler n'est pas aussi bête que M. Lanson le concède. Que l'on relise à présent l'article de M. Rudler. Cet article n'est qu'une apologie. Cet article n'est qu'une justification. Il est tout à fait évident que M. Rudler a fort bien vu la difficulté. M. Rudler a fort bien vu qu'il s'agissait au fond d'excuser. Il a fort bien vu qu'il s'agissait de *justifier* M. Lanson d'avoir écrit un livre sur l'Amérique après un séjour de trois mois en Amérique. Et il s'en est tiré en faisant intervenir, pour s'en tirer il a fait intervenir, pour faire la différence, pour faire le manque il a fait jouer, il a fait intervenir le génie bien connu de M. Lanson. Mais ici je l'arrête. S'il laisse passer une seule exception, il n'a plus cette horizontale règle ; s'il laisse monter une seule éminence, il n'a plus cette plaine rase ; s'il laisse monter un seul clocher, fût-ce un clocher laïque, il n'a plus cette *morne plaine,* qui est tout son système. S'il accepte, s'il enseigne que le génie subvient à un seul défaut, bouche un seul manque, il abdique ; il renonce à cet épuisement par le détail indéfini des causes secondes, qui était tout son système, il se désiste de cette horizontalité intégrale, qui est sa barre.

Il crée ainsi une situation dans une topographie mentale qui est tout à fait la situation où M. Langlois nous mettait sur le propos de M. Lavisse. La situation de M. Lanson envers M. Rudler, (et envers M. Lanson), est exactement ce qu'était la situation de M. Lavisse envers M. Langlois. Pour nous M. Lavisse pouvait être un historien. Pour M. Langlois M. Lavisse ne pouvait pas être un historien. Pareillement pour nous M. Lanson peut avoir du génie, (si nous voulons, telle est notre puissance). Mais ni pour M. Rudler ni pour M. Lanson M. Lanson ne peut avoir du génie, c'est-à-dire précisément ce qui permet de faire un livre par saisie directe sur un voyage de trois mois et même de moins, parce que s'il y a seulement un génie qui monte à l'horizon toute cette plaine rase de la science est dénivelée. S'il passe un seul génie, fût-ce le génie de M. Lanson, par cette brèche d'autres génies passeront peut-être. Si l'on reconnaît à M. Lanson un génie, qui lui permette d'opérer cette merveille, d'écrire un livre sur l'Amérique après un voyage de trois mois, (où peut-être il avait autre chose à faire que de regarder), qui sait, nous serons peut-être forcés de reconnaître un génie à un homme comme Racine, et à un homme comme Corneille. Par où un génie a passé, il en passera peut-être d'autres. Si on dénivelle pour M. Lanson, il faudra peut-être déniveler pour Corneille ; et tout le système d'horizontalité tombe. S'il y a jaillissement, s'il y a une source le désert est arrosé. Et s'il y a le génie toute la graduation revient ; et les petits et les grands ; et les petits et les grands dans la sainteté ; et les clients et les patrons ; et les pécheurs et les saints. Et l'arrosement de la grâce. *Rorate, caeli, desuper.*

Ainsi nous, nous pouvons accorder à M. Lanson de faire un livre sur l'Amérique après un séjour de trois mois. Mais ni M. Lanson ni M. Rudler ne peuvent l'accorder à M. Lanson. Et on le sent très bien dans l'article de M. Rudler. M. Lanson avait fait ce livre. M. Rudler voulut, une fois de plus, faire plaisir à son ancien maître. Comment faire plaisir à un ancien maître, sinon en publiant un compte rendu élogieux d'un livre de lui. Mais tout fait voir que M. Rudler a fort bien senti le coup. Il a fort bien vu la difficulté. Je soupçonne M. Rudler d'être honnête. Il lance des pavés, *mais* il est un ours. Pour tout dire je soupçonne que M. Rudler est resté l'honnête garçon que nous avons connu quand il y a vingt-deux ans il était notre aîné de quelques années. Le monde est plein d'honnêtes gens. On les reconnaît à ce qu'ils font les mauvais coups avec plus de maladresse. Il est hors de doute que quand M. Rudler s'est trouvé en face du livre de M. Lanson il fut fort embarrassé, car il est honnête, et qu'il sentit fort bien que non seulement ce livre échappait à la méthode mais qu'il avait été obtenu par un procédé diamétralement contraire à ce que M. Lanson n'a jamais cessé d'enseigner à tout le monde, particulièrement par conséquent à ce que M. Lanson avait enseigné à lui M. Rudler, subséquemment à ce que d'après M. Lanson M. Rudler n'a jamais cessé d'enseigner à tout le monde. M. Rudler a fort bien senti cette contrariété ; et ce retournement. Tout son article est au fond un article d'excuse, un article pour pallier. Et il ne s'en tire que par le coup d'œil de l'aigle il ne s'en tire que par l'échappatoire du génie. Mais si M. Rudler admet, enseigne *qu'il faut* du génie pour M. Lanson, j'ai peut-être le droit d'admettre *qu'il faut* du génie pour Corneille. Et alors je redemande : Qui trompe-t-on ? Nos maîtres ont-ils inventé une méthode pour nous la mettre dans les jambes et eux-mêmes s'y soustraire aussi souvent qu'il leur plairait. Mais pour faire entendre ce qui va suivre il faut que j'emprunte moi-même la méthode, il faut que j'aie recours aux ressources que nous offre la biographie.

Avant de donner cette suite à Plutarque je veux toutefois retenir cette phrase de M. Rudler, ou plutôt ces deux phrases de M. Rudler. J'ai bien le droit de traiter un article de M. Rudler comme un texte. M. Rudler écrit : « *Trois mois, d'enseignement actif...* » Mais ici il faut peser tous les mots ; et nous irons peut-être à trois ou quatre phrases, et on verra très bien que M. Rudler a fort bien vu la difficulté : « TROIS MOIS, *d'enseignement* ACTIF, *d'observation* PERSONNELLE INTENSE, *de* CONTACT A PEU PRÈS JOURNALIER *avec les étudiants et leurs maîtres, de conversation avec des* INFORMATEURS SÛRS ET ÉMINENTS, C'EST ASSEZ POUR VOIR BEAUCOUP, ET , SELON TOUTE APPARENCE, POUR VOIR JUSTE, A CONDITION D'AVOIR L'ŒIL PROMPT ET NET, *l'esprit aigu, la pensée en éveil,* L'HABITUDE DES MÉTHODES EXACTES, *et l'amour puissant du vrai. De son* BREF *séjour aux États-Unis, M. Lanson a tiré un livre vif, fin, précis, probe, et singulièrement riche...* »

Dans cette lèche extraordinaire apparaît très nettement une secrète inquiétude. Elle perce dans tous les mots. Cette affirmation presque violente du : *C'est assez* répond à une incertitude intérieure ou plutôt à la conviction du contraire. Le *selon toute apparence* est une réserve d'une conscience timorée. Le *à condition* est une contre-garantie et une contre-assurance, et nous avertit que nous n'aurions tout de même pas le droit d'en faire autant, parce que nous ne sommes pas capables d'un tel tour de force, parce que nous n'avons pas *l'œil prompt et net, l'esprit aigu, la pensée en éveil, l'habitude des méthodes exactes, et l'amour puissant du vrai.* C'est M. Lanson qui a tout cela.

Mais qu'est-ce que *l'habitude des méthodes exactes.* Vous jouez sur les mots, monsieur Rudler. La méthode, monsieur Rudler, l'invention moderne, la nouveauté moderne, ce n'est point l'exactitude, c'est l'épuisement du détail indéfini, c'est l'épuisement de la documentation et de la littérature sur un sujet, et même sur tous les sujets. L'exactitude avait été inventée par les Grecs, monsieur Rudler. Non point tout à fait par les Grecs qui se battent avec les Turcs, mais par les anciens Grecs. Vous avez certainement entendu parler des anciens Grecs, monsieur Rudler, au cours de vos études d'enseignement *secondaire*, au cours de vos *humanités*, quand vous faisiez vos *classes*. Vous savez, Homère, Hésiode ; Eschyle, Sophocle ; Démosthène ; Platon, Aristote ; Plotin ; les Ioniens, les Eléates ; Thalès et Pythagore ; Épicure, Marc-Aurèle, tous ces imbéciles qui ne savaient pas ce que c'est qu'une œuvre littéraire, parce qu'ils n'avaient pas nos *méthodes*.

Je soupçonne, monsieur Rudler, que vous ne savez pas ce que c'est que l'*exactitude*. Vous parlez mou, monsieur Rudler, et vous parlez vulgaire. L'exactitude n'est ni la vérité ni la réalité. L'exactitude, c'est l'ἀκρίβεια. C'est la perfection du discernement. Quand on dit des mathématiques qu'elles sont des sciences exactes, ou plutôt qu'elles sont *les* sciences exactes, on ne veut pas dire qu'elles soient vraies ; ni qu'elles soient réelles. On veut dire qu'elles sont les sciences exactes. On veut dire qu'elles poussent au maximum et au parfait la connaissance ou au moins l'étude du point de discernement. Mais vous êtes libre, monsieur Rudler, de ne pas être philosophe. La méthode dispense certainement de la philosophie

C'est encore une contre-assurance que prend M. Rudler et une contre-garantie quand il écrit : « *car toute généralisation hâtive a trop de chances d'être fausse.* »

Supplément aux Vies parallèles. — *Vies parallèles de M. Lanson et de M. Andler.* — Dans notre génération qui vit l'avènement de la méthode, deux hommes comptaient et furent les introducteurs de la méthode. Ou plutôt les auteurs, les instaurateurs de la méthode. *Instauratio magna.* Ces deux hommes n'étaient pas M. Lanson et M. Langlois. Ces deux hommes n'étaient pas M. Andler et M. Lanson. Ces deux hommes étaient M. Andler et M. Langlois. Je ne dis pas qu'ils étaient de notre génération. Ils étaient *dans* notre génération, en ce sens que ils étaient juste assez au-dessus de notre génération pour agir immédiatement *dans* notre génération. Ces deux hommes furent les véritables auteurs et de la méthode et de l'avènement et du règne de la méthode parmi nous. Non point que je confonde ces deux hommes, ni même que je les appareille. M. Langlois était une tête historique. M. Andler était une tête presque universelle, je le dis sans ironie et ce n'est pas du tout le moment d'avoir envie de rire.

Je ne reparlerai plus de M. Langlois. L'homme qui est aujourd'hui directeur des Archives Nationales s'est fait une fois pamphlétaire pour mon usage personnel. C'est un grand honneur que l'on m'a fait. M. Langlois était la tête historique. Rien de moins. Rien de plus. Tout ce qui est pensée, être, lui est toujours demeuré étranger. M. Andler était un tout autre homme. Il n'était pas seulement une tête historique, il était une tête philosophique. Ses idées peuvent ne pas être les nôtres. Sa pensée peut ne pas être la nôtre. Sa méthode peut ne pas être la nôtre. Son système peut ne pas être le nôtre. Il n'en est pas moins vrai qu'il promettait, qu'il annonçait un homme d'une très grande valeur. Tous ceux qui ont connu Andler jeune savent quelles espérances il donnait, comme il était à l'aise dans la pensée, comme la pensée était sa matière, son milieu naturel, son climat. Ceci donné je vais pouvoir me faire entendre et entrer dans mon parallèle de M. Lanson et de M. Andler.

On peut être opposé, on peut être diamétralement contraire aux idées de M. Andler, à la pensée de M. Andler, à la méthode de M. Andler, au système de M. Andler, il faut convenir qu'au moins il a suivi sa ligne, et que c'est une vie tout d'une pièce. M. Andler nous a enseigné qu'on n'a pas le droit de traiter un sujet, ni même d'en parler, tant qu'on n'a pas épuisé la documentation et la littérature de ce sujet. C'est une question de savoir si on épuise jamais, et si c'est opportun, et si c'est même possible, et si c'est décent, et si c'est urgent, et si c'est utile. Cela se plaide. Mais au moins voilà un homme qui suit les enseignements qu'il donne. M. Andler ne nous donnera pas un Gœthe avant d'avoir épuisé la littérature et la documentation sur Gœthe. Il ne nous donnera pas son Nietzsche avant d'avoir épuisé la littérature et la documentation sur Nietzsche. Que la conséquence soit que nous ne verrons jamais de Gœthe et que nous ne verrons peut-être jamais de Nietzsche, c'est une autre question, c'est une autre affaire, c'est un débat. Qu'il faille le regretter, c'est notre sentiment, mais c'est un débat. Qu'on puisse, qu'on doive regretter que tant de promesses n'aient pas été tenues, qu'on puisse, qu'on doive en vouloir à une méthode aussi ingrate et aussi stérilisante, qu'on en soit venu même à haïr cette méthode, qu'on ne lui pardonne pas de nous avoir tant fait perdre, cela c'est notre propre situation. Mais enfin ici on a affaire à un homme constant.

Tout autre est la situation, tout autre est la carrière de M. Lanson. M. Lanson est comme Raphaël, (1) il a plusieurs manières. Trois. Jusqu'à quarante ans, on l'oublie trop, M. Lanson a été un professeur de l'enseignement secondaire, qui ne demandait qu'à sortir de l'enseignement secondaire. Pensait-il à en sortir par l'enseignement supérieur, pensait-il à en sortir par l'administration, c'est-à-dire en devenant lui aussi inspecteur général, c'est un de ces points d'histoire qui demeureront éternellement controversés. Ce qu'il y a de certain c'est qu'il faisait de l'enseignement secondaire avec la pensée ailleurs, avec la

(1) Sanzio. Mais Raphaël est mort plus jeune.

sourde convoitise d'être ailleurs. C'est une mauvaise condition pour faire de l'enseignement secondaire. C'est une mauvaise condition pour faire de tout. Ce fut sa première manière. Ce qu'il faut en retenir c'est que jusqu'à quarante ans il fut un professeur de l'enseignement secondaire. Il fut peut-être un mauvais professeur de l'enseignement secondaire, mais il fut un professeur de l'enseignement secondaire. Ce grand amour de la méthode ne devait venir qu'à quarante ans. Il eut la patience d'attendre jusqu'à quarante ans pour sacrifier à la méthode. Il était professeur de rhétorique A quand il fut nommé à l'École Normale Supérieure. Je ne sais pas si ce n'était pas pour suppléer Brunetière et je ne sais pas s'il n'y fut pas appelé par Brunetière. Mais c'est un point qu'il faudrait éclaircir. Dès l'enseignement secondaire il avait cette tare qui est pour moi inexpiable et qui à vrai dire dans mon système de comptabilité est la seule qui compte : il n'aimait pas ses élèves. Il était déjà cet ambitieux aigre, inquiet, doucereux. Quand de cette rhétorique il fut nommé à l'École Normale il fit naturellement sa dernière classe. *La dernière classe*, ce n'est pas seulement un conte de Daudet. Il faisait sa dernière classe, il allait faire son premier cours. Qui de nous n'a senti le frémissement de ce passage de l'enseignement secondaire à l'enseignement supérieur. Qui de nous ne se rappelle, comme élève, comme ancien élève, cet avènement de la dernière classe au premier cours. Nous croyions que l'enseignement supérieur était encore l'enseignement secondaire mais qu'il n'était plus secondaire. Nous croyions que c'était l'enseignement secondaire continué, accru, plus haut, plus grand, épuré, plus humain, plus mûr, plus homme. Ils se vantent assez que ce n'est pas cela. Et on nous fit assez voir que ce n'est pas cela. Mais si cet avènement, (et aussi cet achèvement, et cet exil, et ce jour de départ), est si saisissant pour un élève et pour un jeune homme, quel ne doit-il pas être pour le maître et pour l'homme, quand c'est vraiment la dernière fois que l'on fait de l'un et quand c'est vraiment pour la dernière fois que l'on entre dans l'autre, quand il ne s'agit plus de couper six ou sept ans de quatre ou cinq ans mais quinze ou vingt ans de vingt ou trente ans et quand un homme se dit : Je fais ceci pour la dernière fois ; et j'entre dans ceci qui sera ma résidence dernière. Il faut croire qu'il y a des hommes pour qui les âges n'existent pas, qui n'entendent pas couler le temps, succéder le jour, et pour qui ces nobles reposoirs d'une longue existence ne sont jamais que les marches d'un escalier. Ils gravissent toujours. Et jamais ils ne résident. Il faut avoir une nature bien ingrate, et une bien pauvre âme, (s'il est encore permis de se servir ici et pour un tel sujet de ce beau nom d'âme), pour ne pas sentir, dans ces moments solennels, le temps irréversible, pour ne pas au moins enregistrer la date qui se marque. M. Lanson fit sa dernière classe. Il adressa à ses élèves une espèce d'allocution, d'un tel ton, leur disant qu'ils pensaient bien qu'il était bien content de les quitter pour aller à l'École Normale, que ces gamins en furent tellement blessés qu'aujourd'hui encore, à bientôt vingt ans de distance, ils ne peuvent m'en parler sans se mettre en colère tout d'un coup du sentiment qu'ils eurent de se trouver en face d'un homme mal élevé.

La deuxième carrière de M. Lanson, sa carrière dans l'enseignement supérieur est trop célèbre pour que j'y insiste. Elle est même plus que célèbre, elle est connue. Et il est juste qu'elle soit connue, car elle est typique. Mais alors, si elle est un type, il faudrait, pour la présenter dans toute sa valeur, en faire, et tout au long, un exemple éminent dans un dialogue. J'étais justement à l'École Normale quand M. Lanson y vint enseigner. Je me rappelle encore comme si j'y étais ces longues et ponctuelles et sérieuses leçons sur l'*histoire du théâtre* français, qui nous plongèrent dans une stupeur d'admiration. Je le dis sans ironie aucune. Je n'ai pas envie de rire ; et on peut m'en croire. Ça, c'était du travail. Il avait lu, il connaissait tout ce qui s'était publié ou joué ou l'un ou l'autre ou l'un et l'autre de théâtre en France ou en français jusqu'à Corneille. Et des leçons d'une composition et d'une succession admirables. Un tissu d'un serré. Tout se tenait. Il savait tout. Et on savait tout. Si celui-ci avait fait une *Iphigénie*, c'était parce qu'il était petit-neveu de l'oncle de celui-ci qui en avait ébauché une, et il avait justement trouvé cette ébauche dans les papiers de son beau-frère. Une fois ça s'expliquait par les auteurs, une fois par les comédiens, une fois par les gazettes, et une fois par les tréteaux. Tantôt c'était la faute à la cour, et tantôt c'était la faute à la ville. Tantôt c'était la faute aux gens du roi, (et peut-être au roi lui-même), et tantôt c'était la faute aux bourgeois du Marais. Il y avait aussi l'Église, et l'évêque, qui avaient affaire aux comédiens. Enfin c'était parfait. L'histoire du théâtre français était connue, percée, taraudée. C'était une histoire qui se déroulait comme un fil. L'événement avait les deux bras attachés le long du corps et les jambes en long et les deux poignets bien liés et les deux chevilles bien ligotées.

Il arriva une catastrophe. Ce fut Corneille. Nous allions notre petit bonhomme de chemin tout au long de ce long sentier de l'histoire du théâtre français. Nous aussi nous faisions nos pauvres petits pas l'un après l'autre. Mais si lentement qu'on aille on finit toujours par arriver. Nous arrivâmes en ce pays que l'on nomme Corneille. Comment nous nous cassâmes le nez au pied de cette falaise, voilà ce qu'il faudrait arriver à montrer dans des *Confessions*. Comme un malade qui sent venir la crise et qui se dit que cette fois ce n'est certainement pas cela ; et que ce n'est certainement rien ; (et il sait bien le contraire) ; (et il sait bien que c'est cela) ; et il s'encourage ; et il essaye de penser à autre chose ; vainement ; ainsi nous nous encouragions et nous essayions de nous faire croire que ce Corneille n'était peut-être pas Corneille ; qui sait ;

cette capitale qui se levait à l'horizon, cette capitale sur laquelle nous débouchions, ce n'était peut-être pas la capitale Corneille. Peut-être qu'en essayant de le prendre comme un autre en effet il serait comme un autre, en effet nous le ferions comme un autre. Qui n'a pas connu la douceur de M. Lanson ignore ce que c'est que du vinaigre sucré ; et du fiel en confiture. J'ai encore dans l'oreille la douceur avec laquelle M. Lanson commença de parler de Corneille ; essaya de parler de Corneille. Tout le monde comprenait bien que si Corneille se fâchait, ce serait lui Corneille qui serait dans son tort ; qui aurait mauvais caractère ; qui se serait mis dans son tort. La douceur de M. Lanson était désarmante. Il prononça d'abord ce nom de Corneille sans colère apparente, sans ressentiment, avec la même tendresse, aussi patiemment qu'il avait publié tous les autres noms. C'était bien le même chapelet. Pourquoi fallut-il que ce grain fut si gros. On sentait presque que M. Lanson faisait des avances à Corneille Il ne demandait pas mieux que d'expliquer Corneille, et de l'épuiser, par le même enfilement des causes secondes D'autant plus que ce sacré bonhomme, (c'est Corneille que je veux dire), faisait d'abord semblant de se laisser faire, le vieux Normand, (le jeune Normand). Fallait-il qu'il fût roué, et comme Normand, et comme avocat. (Moi aussi, je les manœuvre, les causes secondes). Lui aussi il avait fait semblant de prendre la suite. Lui aussi il avait semé notre chemin de ces premières pièces qui font semblant de prendre la suite. Lui aussi il avait fait semblant de vouloir entrer en série. Lui aussi il avait fait semblant de ne penser qu'à une chose quand il travaillait, qui était de bien entrer à sa place dans une bonne histoire bien faite du théâtre français. Vous savez, ces premières pièces, qui viennent en suivant, qui s'intercalent bien à leur place dans l'histoire du théâtre français ; et qui ne donnaient pas à penser que leur auteur tournerait si mal ; et en faveur de qui les professeurs pardonnent tant de choses à Corneille, sans toutefois aller jusqu'à lui par-donner *le Cid* et *Polyeucte* ; ces premières pièces qui s'étaient mises à la queue leu leu. Pourquoi fallut-il qu'à ce seul nom de Corneille tout s'évanouît de ce qui avait précédé. Pourquoi fallut-il qu'à ce seul nom de Corneille tout à coup un vent de libération souffla sur nous. Ainsi c'était Corneille. Cette fois on y était. On savait de quoi on parlait. Alors c'était lui, Corneille. On essaya bien de quereller encore *le Cid,* en appelant au secours Guilhem de Castro. Mais tout le monde avait compris que celui qui comprend le mieux *le Cid,* c'est celui qui prend *le Cid* au ras du texte ; dans l'abrasement du texte ; dans le dérasement du sol ; et surtout celui qui *ne sait pas* l'histoire du théâtre français.

Un point d'épreuve aussi grave et sans doute plus tragique dans la deuxième carrière de M. Lanson fut son reniement de Brunetière. Dans cet océan d'ingratitude qu'est le monde moderne je ne connais, et on ne connaît peut-être pas un deuxième exemple d'une telle ingratitude ; d'une telle turpitude ; d'une telle vilenie. Mais c'est toute une grave histoire, et il ne faudra la conter que dans le grave reculement de la vieillesse.

J'ai commencé un *Brunetière* il y a quelques années, quand il vivait. Je ne pourrai l'achever, et le publier, que quand dix ou quinze ans auront passé sur la mort de ce stoïcien.

Ils devaient tout à Brunetière. Et un seul lui demeura fidèle. Je ne sais pas si dans toute l'histoire de ce monde moderne, qui sue l'ingratitude, et dont l'ingratitude est la charte et le naturel produit, il existe une seule histoire, un deuxième exemple d'une aussi générale et aussi turpide ingratitude. Ils étaient toute une génération, toute une promotion, tout un banc qui avaient été formés par Brunatière, qui devaient tout à Brunetière, qui sans Brunetière n'existaient pas. Le seul Bédier lui demeura fidèle.

Ce fut une joyeuse histoire, si elle n'avait pas été aussi tragique, et si la mort n'avait pas déjà plané sur ce grand stoïcien, que ce jour, que cette fois que l'on entreprit de nous faire croire que Brunetière *n'était pas capable d'enseigner l'histoire de la littérature française au Collège de France*, et où pour cette chaire qui était je crois la chaire d'éloquence française un homme osa se porter contre Brunetière ; et passa. Il en a vu d'autres, depuis, le Collège de France ; et sa vertu fut soumise à de plus dures épreuves. Mais dans ce temps-là il était encore un peu puceau.

Les jeunes gens d'aujourd'hui, mon cher Agathon, ne connaissent déjà plus toutes ces histoires. Oui, on entreprit de nous faire croire que, dans ce temps-là, dans cette génération-là, (ou plutôt dans ces générations-là, dans les aînés et les cadets de ce temps-là), il n'y avait certainement qu'un homme qui ne savait pas l'histoire de la littérature française et qui était incapable de l'enseigner. Et cet homme qui ne savait pas l'histoire de la littérature française et qui était incapable de l'enseigner c'était naturellement Brunetière. Et nous vîmes cette honte, que tout le monde officiel fit semblant de le croire et répandit ce bruit et M. Lanson était déjà du monde officiel. Mais il y eut une deuxième, ou une première question Brunetière, enfin une autre question Brunetière. Ce fut ce tour de passe-passe incroyable par lequel on mit Brunetière à la porte de l'École Normale Supérieure, où il était maître de conférences, et tout ce qu'il y avait de plus légitimement, de plus régulièrement, de plus organiquement, de plus réglementairement, de plus statutairement maître de conférences. Ce fut une assez bonne histoire, mon cher Massis. Car on fit à l'École Normale, uniquement pour faire sauter Brunetière, le coup de la création discontinue. On ne savait pas que le gouvernement de ce temps-là était si cartésien. Je m'explique. Il y avait l'ancienne École Normale, qui était l'École Normale Supérieure. Il s'agissait de la faire continuer en cette École Normale Inférieure, en cette nouvelle École Normale que nous connaissons. Et en outre, (car il n'y a pas de petits bénéfices), il s'agissait dans l'opération de semer Brunetière. Voici comment on procéda. Ce fut une assez bonne comédie, si tant d'injustice, et tant d'ingratitude, et les premières avancées de la mort ne l'avaient rendue aussi tragique. On avait naturellement traité avec tout le personnel de l'École Normale, fonctionnaires et maîtres de conférences, et il faut rendre cette justice au personnel de l'École Normale qu'il ne se préoccupa pas du tout de savoir ce qu'allait devenir l'École Normale mais qu'il se préoccupa vivement de ce qu'allait devenir le personnel de l'École Normale. Il fut entendu que le personnel de la nouvelle École Normale, introduit en Sorbonne de quelque façon, aurait une situation personnelle, si je puis dire, au moins égale à son ancienne situation ; et généralement avantagée ; et plus d'avenir. Dès lors la réforme devenait excellente. Et comme on dit viable. Le tout s'effectuait sous la grosse présidence morale, (pour ainsi parler), et bientôt effective de M. Lavisse. C'est tout dire. Ce nom seul était une bonne garantie de trahison. Mais il fallait toujours éliminer ce Brunetière. Et c'est ici que l'on fit le coup de la création discontinue. On ne transporta pas l'École Normale en Sorbonne. Non. Il eût fallu y transporter Brunetière. Non, mes enfants, on supprima l'École Normale ; on annula, on *annihila* l'École Normale. Ne pâlissez point, mes enfants, on devait la rétablir quelques instants après.

Vous pensez bien, si on ne l'avait pas rétablie, l'ayant supprimée, nous ne la verrions pas aujourd'hui.

Mais dans l'intervalle, dans la coupure entre sa suppression et son rétablissement elle était passée par un temps de néant et dans ce néant on avait perdu Brunetière.

Je ne sais pas si je me fais bien comprendre. On n'avait

pas transporté l'École Normale en Sorbonne ; on n'avait pas modifié l'École Normale : c'eût été encore la *continuer*, au sens philosophique de ce mot. On la plongea dans un néant absolu, dans un néant métaphysique. *Ex nihilo ad nihilum.* Puis de ce néant absolu, de ce néant métaphysique par une création absolue, par une création métaphysique on la recréa nouvelle et comme nous la connaissons. Mais dans cette coupure de néant métaphysique ce malheureux Brunetière était tombé. On avait plongé l'École Normale dans le néant, on l'en avait retirée. On l'y avait plongée toute avec Brunetière, on l'en retira toute sans Brunetière. C'était de sa faute s'il était resté dans le froid intersidéral. Et comme il s'était trouvé ou il devait se trouver quelqu'un pour se présenter contre Brunetière au Collège de France il se trouva aussi quelqu'un, peut-être un ancien élève de Brunetière, pour se faire alors créer par une création adventice, par une création supplémentaire, et complémentaire, et en somme pour prendre la place de Brunetière dans la nouvelle École Normale.

Le parti intellectuel fut très fier de cette invention. S'il y avait eu quelque honneur dans le personnel de l'École Normale, (Mais on ne voit pas bien ce que l'honneur serait allé faire sous la présidence de M. Lavisse) ces maîtres de conférence n'eussent point souffert qu'une telle iniquité fût commise à l'égard de Brunetière et dans la personne de Brunetière. On avait été bien content, quelques années auparavant, de faire appel à Brunetière et à la gloire incontestée de Brunetière pour donner de l'éclat à l'ancienne École Normale. La plus simple décence demandait qu'on le gardât, (puisqu'on l'avait demandé), à présent qu'on avait changé de politique. Il y a un tel manque à la plus élémentaire décence à demander à un homme de venir illustrer une maison et ensuite à manœuvrer sournoisement pour éliminer cet homme. C'est tellement donner et retenir. Mais je vais plus loin. Quand même

M. Brunetière n'eût pas été l'homme qu'il était, quand même M. Brunetière n'eût pas été Brunetière, quand même il n'eût pas illustré la maison, quand même on ne l'eût pas demandé, quand même on ne l'eût pas appelé, même pour un homme ordinaire, même pour un maître de conférences ordinaires c'est toujours une honte qu'un corps abandonne l'un des siens. Ces professeurs qui ont montré tant de fois de l'esprit de corps quand il s'agissait d'exercer ou d'installer un gouvernement spirituel, et un gouvernement temporel des esprits, pouvaient peut-être montrer un peu d'esprit de corps cette fois aussi, cette unique fois où par un tour de passe-passe on avait résolu de faire sauter un des leurs. Il est évident qu'ils ne devaient point se prêter à cette procédure, qui était une procédure d'escamotage. Il leur était facile de saisir l'opinion : et l'opinion, seulement avertie, seulement éveillée, n'eût pas laissé faire. Il faut avouer que ces bourgeois et que ces fonctionnaires et que ces grands intellectuels et que ces socialistes patentés manquèrent singulièrement, cette fois, de syndicalisme. Il y a quelque chose de honteux à ce qu'une compagnie laisse tomber un de ses membres ; quand même ce ne serait pas Brunetière ; quand même c'eût été le plus ordinaire maître de conférences. Mais il y a une double honte à le laisser tomber par un aussi sournois escamotage. Le seul Bédier lui demeura fidèle.

M. Lanson était un des nourrissons de Brunetière : et l'un de ceux qui devaient le plus à M. Brunetière ; et l'un de ceux qui devaient tout à Brunetière. Il ne faudrait pas croire que M. Lanson est une nature ingrate. Aussi longtemps que M. Brunetière fut puissant M. Lanson ne cacha point aux populations attardées l'admiration, le culte, la reconnaissance qu'il avait pour M. Brunetière. Mais quand l'astre de M. Brunetière commença de baisser dans les ciels intellectuels et dans les ciels politiques, et quand ce grand critique et ce grand historien fut entré dans cette pénombre, dans cette grande solitude stoïcienne de souffrance et d'héroïsme qui fit à ses fins et à sa mort comme une auréole et comme une retraite M. Lanson ne cacha point aux peuples qu'il venait de s'apercevoir que ce Brunetière n'était pas précisément un critique et un écrivain de défense républicaine. La vérité avant tout.

Je ne dirai pas que M. Lanson avait fait sa fortune comme réactionnaire. C'est un mot dont je me méfie ; et que je n'aime pas employer. Mais je suis forcé de dire que M. Lanson avait fait une première fortune dans le personnage de ce que M. Lanson nommerait aujourd'hui un réactionnaire. Ce n'est pas moi, c'est lui, s'il faisait un retour, qui se nommerait ainsi. Et aussitôt qu'il fallut, c'est-à-dire un peu après que le danger eut achevé de disparaître, il refit sa fortune, ou il fit une deuxième fortune, dans la défense républicaine. Peu m'importe après cela que l'homme soit fort ou qu'il ne soit pas fort. Qu'est-ce que ça fait, d'être fort. Pour moi rien ne compte à côté de cette basse et de cette sournoise ingratitude, et de ce reniement d'un maître devenu malheureux. Qu'importe les habiletés ; et les réussites des habiletés. Qu'importe l'avancement temporel. Qu'importe qu'un homme fasse ou ne fasse pas une grande carrière. Qu'importe l'œuvre même, (j'entends pour ceux qui font des œuvres). C'est dans l'envie et l'ingratitude que se mesure un être. Tout disparaît devant ces recroisements d'ingratitude et devant cette renégation d'un maître et d'un père devenu malheureux. Qu'importe après ça le talent et les ambitions couronnés.

Ce reniement de Brunetière était d'autant plus sot, et cette méconnaissance, qu'on ne saurait trop le redire, Brunetière était un des leurs. C'est ce que j'avais essayé de marquer dans ce *Brunetière* que je ne suis pas près de donner. Seulement il était honnête ; et c'est cela qui les gênait.

On ne peut même pas dire, ce serait une mauvaise

défense mais enfin ce serait une défense, ils ne peuvent même pas dire qu'en combattant sournoisement Brunetière, en évinçant sournoisement Brunetière ils combattaient, ils évinçaient un adversaire et un ennemi. Ils reniaient leur auteur et leur père. Brunetière était un homme de chez eux, un homme d'eux ; ou plutôt et plus exactement encore eux étaient des hommes de Brunetière. C'est ce que j'avais montré dans ce travail, et ce qu'il était facile de montrer. Ce grand chrétien, ce grand catholique, et surtout ce grand stoïcien était originairement et au fond et resta toujours un homme de la mentalité scientifique. Car enfin c'est lui, avec son évolution des genres, qui avait inventé de mettre le génie en histoire naturelle. Or ce n'est pas seulement cela qui est faux, c'est cela qui est dangereux. Il y a des parentés profondes entre le génie et la grâce. Elles, (le génie et la grâce), elles n'ont point seulement le même mode, le même imprévu incalculable, et le même jaillissement. Elles ont la même origine, étant de deux créations, étant deux créations fort apparentées. Elles ont deux sources apparentées et ce même mode de sourcement et de ressourcement. Elles ont cette même gratuité. Elles ont ce même découlement. Elles ont ce même arbitraire. Elles ont ce même poussement. Elles ont dans l'humanité, et quelquefois dans l'homme, ce même battement d'intermittence. Elles ont le même coup de portée. Je l'ai dit souvent, leurs querelles sont la même, ou du moins ce sont des querelles fort conjointes. Quand on met le génie en histoire naturelle, conjointement on met la sainteté en histoire naturelle. Et on entre dans le royaume des malacologies.

Quand donc ils combattaient, quand ils évinçaient sournoisement Brunetière, ils n'avaient pas même cette excuse de combattre et d'évincer sournoisement un adversaire et un ennemi. Ni un ennemi de leurs idées, ni un ennemi de leurs personnes. Ils combattaient leur propre père, et leur propre auteur, et l'homme de leur bord qui avait plus de talent qu'eux. C'est dire que c'était de l'envie sous sa forme la plus pure. Combattre un ennemi, même un ennemi intellectuel, ce peut être grand. *Combattre un ennemi pour le salut de tous.* Mais eux ils combattent les amis aussi, et quelquefois les amis surtout, quand il s'agit de leur propre avancement.

Or il est évident qu'aujourd'hui et même déjà depuis quelques années, (cette formule, ou enfin cette syntaxe est un peu allemande, mais M. Lanson me la pardonnera), M. Lanson ne se contente plus de cette deuxième double carrière qu'il faisait dans la science et dans l'enseignement supérieur. (Car ces deux-ci, qui vont si souvent socialement ensemble, sont encore deux). Après cette première carrière qu'il fournit jusqu'à quarante ans dans l'enseignement secondaire, après cette deuxième double carrière qu'il fournit jusqu'à cinquante-cinq ans dans la science et dans l'enseignement supérieur, M. Lanson est évidemment résolu à tâter d'une troisième carrière. Après vingt ans d'enseignement secondaire, après quinze ans de science et d'enseignement supérieur, il a commencé il y a deux ou trois ans une carrière de journaliste, et de publiciste, et de chroniqueur, et de critique ; et d'écrivain pour le monde ; et pour tout le monde.

Il en est libre. Tout le monde est libre. Mais ici nous arrivons à ce peu que je voulais dire. Nous arrivons à un deuxième cas Langlois, à un deuxième cas Lavisse. Ou plutôt nous revenons au même cas Langlois, au même cas Lavisse sous une nouvelle forme. Et comme nous avons eu à défendre M. Lavisse contre M. Langlois, tout ainsi nous avons à présent à défendre M. Lanson et contre M. Lanson et contre M. Rudler. Mais ici il faut que j'ouvre une parenthèse.

Si j'étais professeur en Sorbonne et par conséquent si j'étais résolu comme tout le monde à voter pour M. Lanson aux prochaines élections décanales, je ne serais pas très fier de ce que fait M. Lanson depuis quelques années. Et il n'est pas besoin d'écouter aux doubles portes pour savoir qu'un certain nombre de professeurs de la Sorbonne, futurs électeurs de M. Lanson, en effet ne sont pas très fiers de ce que fait M. Lanson depuis quelques années. Je m'explique.

Las de l'enseignement secondaire M. Lanson s'était fait de science et d'enseignement supérieur. Las de science et d'enseignement supérieur M. Lanson s'est mis depuis quelques ans à faire un peu de tous les métiers. Ses activités sont débordantes. Il s'est fait conférencier, il s'est fait journaliste, il s'est fait exportateur. On se demanderait quand ces hommes-là travaillent, si l'on ne savait qu'ils sont tous comme Napoléon.

Entre nouveaux métiers, (et entre autres métiers de surcroît), M. Lanson s'est fait, M. Lanson a entrepris deux métiers qui ne sont point des sinécures et qui emplissent généralement chacun leur homme. M. Lanson les a pris tous les deux. Il s'est fait chroniqueur dramatique. Et il s'est fait chroniqueur littéraire. Deux fois par mois il rend compte du théâtre dans la *Grande Revue*. Toutes les semaines il rend compte de la littérature dans le *Matin*.

De ce qu'il fait dans la *Grande Revue* je n'ai rien encore à dire ici, je veux dire dans cette parenthèse. Non seulement la *Grande Revue* est une maison fort honorable, mais M. Lanson y tient la place qu'il y doit avoir. Il y tient une rubrique, régulière, à sa place, et il la tient fort honorablement, et cette rubrique est elle-même à sa place, et considérée. Je ne vois vraiment rien là qui puisse choquer la Sorbonne.

Je n'en dirai pas autant de ce qui s'est passé au *Matin*. Quand le *Matin* nous eut annoncé un peu pompeusement qu'il allait s'attacher M. Lanson, nous comprîmes tous que M. Lanson allait créer dans le *Matin* une rubrique littéraire, un feuilleton tout entier comme tous les grands feuilletons des journaux. C'était une tentative qui promettait d'être intéressante. Et nous sommes si peu mauvais que nous nous promettions de la suivre avec intérêt. Introduire dans un journal d'énorme tirage et de très grand public, ou plutôt de tout le public, un feuilleton littéraire. Je crois que ce ne serait pas impossible. Quel ne fut pas notre étonnement quand nous trouvâmes en quatrième, ou en cinquième page du *Matin*, ou en sixième, ou en septième, ou en huitième, parce qu'il n'y en a pas de neuvième, ces espèces de crottes de bique perdues dans les *communiqués* des petits théâtres et dans les annonces des couturiers et dans les insertions payantes des éditeurs. Il y a là un sans-gêne, une confusion blessante, si M. Lanson pouvait être blessé, et qui a certainement beaucoup blessé la Sorbonne. Il y a là une volonté de relégation. Moi-même, et on sait si je n'aime pas M. Lanson, et peut-être la Sorbonne, je suis blessé, et pour lui, et pour elle, quand je le vois mêlé aux divettes et aux couturiers, et assimilé aux divettes et aux couturiers. Et qu'il s'y essaye à faire quelques maigres grâces. Ils ont eu beau faire, et ajouter les politiques aux politiques, et les dérogations aux dérogations, et les déchéances aux déchéances, nous avons gardé malgré tout une certaine idée de ce que c'est que la Sorbonne et de ce que c'est qu'un professeur en Sorbonne. Nous avons gardé dans la tête une certaine résonnance, une certaine mémoire de résonnance de ce que c'est qu'un professeur (et bientôt le doyen) à la Faculté des Lettres de l'Université de Paris. Nous sommes blessés qu'un homme qui a ces titres (ou qui va l'avoir), et qui a un aussi gros volume universitaire, et qui nous représente tout de même en un certain sens, qui est en un certain sens et réellement notre mandataire envers le grand public, notre représentant, notre avoué envers le gros public, envers le commun public, et d'autant que lui-même, y allant, avec son titre, solennellement, annoncé comme tel, allant dans ce journal, sous tout son titre, s'y est officiellement constitué le représentant des lettres et de l'Université. Alors nous

nous sentons blessés, qu'il se laisse ainsi traiter, dans ce grand journal que nous lisons tous les matins, et qu'en lui il nous laisse ainsi traiter, (car il a beau faire, dans ce journal il est tout de même un ambassadeur des royaumes spirituels), et même qu'en lui il laisse ainsi traiter la Sorbonne.

Il y a des représentations involontaires ; et fatales ; et naturelles. Il y a des délégations inconscientes. Il y a des responsabilités qui sont dans le fait. Quelles que soient nos divergences dans les républiques intellectuelles, quelles que soient entre nous nos contrariétés mêmes, il est évident qu'en face d'un certain grand public, et en face d'un journal comme le *Matin* nous sommes tous solidaires, nous sommes tous du même métier, je ne suis pas suspect dans ce que je vais dire : nous sommes tous des intellectuels et M. Lanson est et s'est fait et il est en fait le représentant de nous intellectuels dans ce journal. Or, par le ministère, par le mécanisme de cette représentation nous y sommes vraiment trop maltraités. Sous cette figure, sous cette signature on nous y manque un peu trop de respect. Je sais qu'un assez grand nombre de professeurs de la Faculté des Lettres de l'Université de Paris sont extrêmement blessés non pas tant de ce que leur collègue et bientôt leur doyen se soit fait journaliste que de ce qu'il se soit fait petit journaliste et de ce qu'il ne se soit pas fait respecter comme journaliste. Il y a en Sorbonne un certain nombre de professeurs, et c'est presque la majorité, qui travaillent. Naturellement ce n'est pas ceux que l'on connaît ; ce n'est pas ceux qui font du bruit ; mais enfin ce sont ceux qui sont, et qui font la Sorbonne. Ils ne sont pas seulement sourdement mécontents, ils sont extrêmement blessés que leur collègue et bientôt leur doyen, que leur représentant soit traité comme un petit garçon au vu de tout le monde dans un aussi grand journal. Ils ne sont pas tous des Andler. Il n'y en a qu'un. Mais, à défaut de son talent, à défaut de sa valeur, tous ont cette honnêteté propre de

Andler. Ils travaillent comme lui, chacun à sa mesure Leur méthode est bonne, ou elle est mauvaise, c'est une tout autre question, que nous avons traitée, sur laquelle nous reviendrons peut-être. C'est affaire à eux, et c'est affaire entre eux. S'ils n'aboutissent point, ou s'ils aboutissent à des résultats fort éloignés de ce qu'ils croient, et fort inférieurs à ce qu'ils croient, c'est une question de méthode, au moins ils sont fidèles à leur méthode. Au premier degré ils sont scandalisés que leur collègue et bientôt leur doyen se soit fait journaliste. Mais au deuxième degré ils sont blessés que, s'étant fait journaliste, il se soit laissé traiter à ce point comme un petit garçon et avec tant de désinvolture. Il est vrai que depuis quelque temps on lui a fait un rez de chaussée. Mais ce rez de chaussée plein de fioritures typographiques art nouveau, plein d'enjolivement *modern style*, au bas de la grande page du samedi de la femme, ou d'une autre pareille, est lui-même l'objet, et comme la résidence, d'une perpétuelle injure typographique. Il y a là-dedans une dérision, un mépris du spirituel, insoutenable. Et un mépris typographique, le pire de tous, de ce que c'est qu'un professeur, et un critique, et même de ce que c'est qu'un article de journal. Et ce qui fait surtout mauvais effet, c'est qu'on lui mette au bas de son article, et dans les mêmes colonnes, les annonces payées des éditeurs. Nous nous sentons tous bernés par ce sans-gêne, par ce qu'il a de commun, de grossier, par ce sans façon, par cette manière de traiter, et encontre par cette manière de se laisser traiter. On nous fait injure à nous tous, à tous qui en un certain sens et en face du grand public, sommes du même métier, à nous tous qui sommes du spirituel, à la Sorbonne et à nous ensemble, et c'est à quoi on ne s'attendait pas.

Je ferme ici cette parenthèse. C'est assez avoir défendu l'honneur de la Sorbonne. J'en ouvre une aussitôt. En citant tous ces noms je m'aperçois, et ceci est tout à fait caractéristique de la situation actuelle, que toutes les sections n'ont pas des patrons en Sorbonne, et il est très intéressant de voir quelles sont les sections qui ont des patrons et quelles sont celles qui n'en ont pas. Les patrons valent ce qu'ils valent, mais au moins ils sont les patrons. Ils sont ce qu'ils sont. Nous pouvons les aimer. Nous pouvons ne pas les aimer. Mais il est déjà très notable qu'il y en ait, et c'est une plus grande misère encore que dans des sections il n'y en ait même pas. Ils valent ce qu'ils valent, mais dans cette énumération que nous établissions peu à peu on peut dire que Lanson, comme il est, est le patron du français, que Lavisse, (comme il est), est le patron de l'histoire, que Brunot est le patron de la grammaire, et eminemment que Andler est le patron de l'allemand, et déjà on en voit pousser un petit qui sera le patron de l'anglais. Et il y a d'autres disciplines au contraire qui n'ont pas de patrons. Et la reine de toutes les disciplines n'a pas de patron en Sorbonne. C'est un fait extrêmement remarquable que la philosophie ne soit pas représentée dans l'assemblée des dieux, que la philosophie n'ait pas de patron en Sorbonne. Car il est évident que M. Durkheim n'est point un patron *de la* philosophie, mais un patron *contre* la philosophie. Rien ne trahit mieux, rien ne saurait mieux exprimer cette aversion, et non pas seulement cette indigence, cette terreur que la Sorbonne a actuellement de tout ce qui est de la pensée. Et je la ferme, (ma parenthèse).

Ici je découvre que je suis bien embarrassé. Pour mon algèbre. Dans un précédent cahier j'avais innocemment nommé *L* M. Langlois. (Parce qu'il ne m'était pas inconnu). (Il m'était même donné). Et à son *L* je lui avais mis des indices littéraux. Mais si je désigne par *L* et même par *La* M. Langlois, comment désigner M. Lanson ; et comment désigner M. Lavisse. Voilà de grandes complications. Il faut certainement qu'il y ait là une loi sociologique. Pour que tous ceux de nos maîtres qui forcent notre attention commencent par *La*. Voilà encore un sujet, monsieur Durkheim, pour une thèse complémentaire.

Ici nous aboutissons à tout ce que je voulais dire. Ici nous retrouvons, ici apparaît le même retournement des situations qui apparaissait dans le cas de M. Lavisse (et de M. Langlois) exposé au jugement de M. Langlois. De même que pour nous M. Lavisse *peut* être un historien et qu'il ne *peut pas* en être un pour M. Langlois, de même que pour nous M. Langlois *peut* être un pamphlétaire, et qu'il ne *peut pas* en être un pour M. Langlois, tout ainsi pour nous M. Lanson a parfaitement le droit de faire une troisième carrière, et nous la lui souhaitons bonne, mais il n'en a pas le droit pour M. Lanson et pour M. Rudler.

Il faut ici que nous défendions M. Lanson contre M. Lanson et contre M. Rudler.

Nous nous voulons bien que M. Lanson fasse une troisième carrière. C'est M. Lanson deuxième carrière, c'est M. Rudler qui ne veut pas.

Nous nous voulons bien que M. Lanson soit chroniqueur et critique dramatique et littéraire. C'est M. Lanson scientifique, et c'est M. Rudler qui ne veut pas.

Car M. Lanson, quand il fait toutes les quinzaines sa chronique dramatique et toutes les semaines sa chronique littéraire, il fait comme tout le monde, M. Lanson : il n'a point épuisé toute la littérature et toute la documentation sur chacune de ces pièces et sur tout ce théâtre ni sur chacun de ces livres et sur toute cette littérature. Il fait comme tout le monde, il fait ce qu'il peut. Je ne dis pas que ce soit mal. Mais c'est nous qui ne disons pas que ce soit mal. *Sa* méthode dit que c'est mal ; et que ce n'est pas ça du tout.

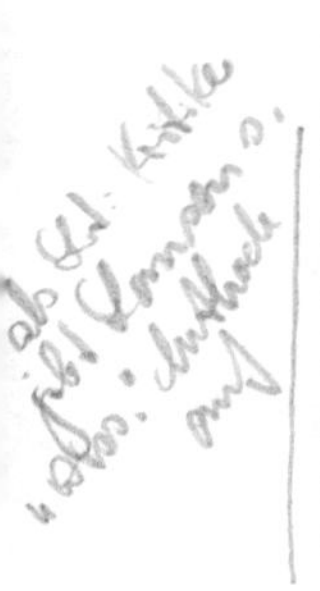

M. Lanson n'épuise pas la littérature et la documentation de tout ça. Il va voir jouer les pièces. C'est déjà fort honnête. Tout le monde ne pourrait pas en dire autant. Il lit évidemment ces volumes dont il parle. Enfin il lit comme on lit pour un compte rendu. C'est bien. C'est honnête. Mais c'est tout ce qu'il y a de plus étranger à ce que l'on nous a nommé la méthode.

Qu'il y ait une autre compétence que celle qui résulterait de la méthode d'épuisement, qui le nie, c'est notre thèse même, mais c'est M. Lanson qui le nie. C'est M. Rudler qui le nie. Que M. Lanson puisse avoir acquis cette compétence, moi je veux bien. C'est eux qui ne veulent pas. Ou plutôt ils voudraient bien peut-être. Mais ils ne peuvent pas bien vouloir. Que la réflexion, les propos, le commerce, la méditation et tout un certain climat intellectuel, (et une simple bonne lecture des textes), fassent plus qu'un épuisement de documentation et qu'un épuisement de littérature que d'ailleurs on n'atteint, que d'ailleurs on n'obtient jamais, c'est cela qui est notre thèse, et nous voulons bien que M. Lanson en bénéficie. Mais c'est M. Lanson, et M. Rudler qui le lui défendent.

Nous voulons bien que M. Lanson travaille en honnête homme et en homme de bonne compagnie. C'est M. Lanson, c'est M. Rudler qui veulent le forcer à travailler en scientifique.

Seulement, et c'est toujours le cas Langlois, si M. Lanson vient parmi nous, qu'il y soit le bienvenu, mais qu'il soit comme nous. S'il fait comme nous, qu'il soit comme nous. S'il est entendu qu'il n'y a qu'un Français de plus en France, tout le monde s'en réjouira. Mais s'il vient parmi nous qu'il soit un homme comme nous S'il vient dans cette libre cité, qu'il y soit un simple citoyen. S'il vient dans cette confraternité, qu'il y soit notre confrère.

Nous serons d'autant plus heureux de le recevoir que nous voyons bien qu'il a déjà beaucoup gagné, comme confrère, sur ce qu'il était comme scientifique. Il faut le dire : il est devenu gentil. Il est notamment devenu très gentil envers tous les membres de l'Académie française. Qu'ils fassent du théâtre, qu'ils fassent des romans, ils trouvent le critique dramatique et le critique littéraire également bienveillant. Corneille n'avait pas toujours trouvé bienveillant le deuxième M. Lanson. M. Rostand,

M. Donnay trouveront toujours bienveillant le troisième M. Lanson.

Il est évident que, de deuxième, M. Lanson s'est beaucoup amendé pour devenir troisième. On dit toujours du mal du public. Et qu'il est frivole. C'est entendu. Mais, comme il est, il nous sauve tout de même, car il impose à ceux qui l'affrontent une certaine tenue de bonne compagnie, une certaine bonne volonté, et la première des vertus, une certaine bonne humeur. Depuis que M. Lanson affronte le véritable public il est beaucoup plus devenu un homme de compagnie. Il est beaucoup plus agréable à lire et en outre voici qu'il prend peu à peu le souci d'intérêts communs, d'intérêts généraux qui, ci-devant, lui échappaient.

Car c'est encore un bénéfice de cet accès au public, de cette allocution directe au grand public qu'on aperçoit directement aussi, brusquement, presque brutalement ces grandes nécessités, ces impérieux besoins, ces intérêts généraux auxquels le *scientifique* dans son cabinet peut demeurer indifférent. Le troisième M. Lanson, celui des chroniques dramatiques et des chroniques littéraires, est beaucoup plus partisan de la culture, et du latin, que ne l'était le deuxième, et surtout il est beaucoup plus patriote. Nous ne pouvons que l'en féliciter.

Tout ce que nous demandons, et c'est bien simple, et il sera le premier je pense à nous l'accorder, puisque, pour devenir écrivain, il a été forcé de renoncer à la méthode scientifique, comme tout le monde, tout ce que nous demandons c'est que dans le même temps on n'essaie pas de nous faire croire qu'il est devenu écrivain en gardant la méthode scientifique et par le ministère de la méthode scientifique, et ainsi que généralement on peut devenir écrivain en gardant la méthode scientifique et par le ministère de la méthode scientifique.

Que nous ayons un nouveau confrère, qui ne s'en réjouirait. Tout ce que je demande, c'est de n'être pas forcé de l'appeler : *monsieur le doyen.*

Et tout ce que nous demandons, c'est qu'il vienne chez nous comme un autre et qu'il ne s'y transporte point en bloc avec cette séquelle de jeunes gens qui le traitent comme un supérieur universitaire. En lettres il y a peut-être des maîtres et il y a certainement des patrons. Il n'y a pas de supérieurs universitaires.

Cette *Revue critique des Livres Nouveaux* met sur sa couverture le paquet de noms suivant et dans la disposition suivante :

PRINCIPAUX RÉDACTEURS :

MM. Charles Andler, professeur à la Sorbonne. — L. Blaringhem, chargé de cours à la Sorbonne. — Camille Bloch, inspecteur général des Archives et des Bibliothèques. — E.-Ch. Babut, professeur à l'Université de Montpellier. — E. Brucker, professeur au Lycée de Versailles. — Raoul Blanchard, professeur à l'Université de Grenoble. — J. Bury, professeur au Lycée de Lyon. — L. Cazamian, maître de Conférences à la Sorbonne. — A. Cahen, inspecteur de l'Académie de Paris. — L. Gallois, professeur à la Sorbonne. — L. Houllevigne, professeur à l'Université d'Aix-Marseille. — Ch.-V. Langlois, professeur à la Sorbonne. — G. Lanson, professeur à la Sorbonne. — J. Marsan, professeur à l'Université de Toulouse. — D. Mornet, professeur au Lycée Carnot. — Dr J. Philippe. — E. Pottier, membre de l'Institut. — S. Reinach, membre de l'Institut. — G. Renard, professeur au Collège de France. — Ch. Seignobos, professeur à la Sorbonne. — etc.

Quand une revue met sur la première page de sa couverture un tel paquet de noms, ainsi présentés, c'est évidemment qu'elle veut créer une impression d'un faisceau de garanties. Tout ce que nous demandons, c'est que ce faisceau et cette impression et ces garanties n'accompagnent pas chacun de ces noms dans les plus libres aventures. Tout ce que nous demandons c'est que cet appareil n'accompagne pas chacun de ces auteurs dans toutes ses manifestations. Et quand M. Lanson fait en trois mois un livre sur l'Amérique, tout ce que nous demandons c'est que dans cette revue M. Rudler n'essaie pas de nous faire croire que c'est encore de la méthode.

Si M. Lanson a le droit de voir l'Amérique au lieu d'épuiser la littérature et la documentation sur l'Amérique, j'ai le droit de lire Corneille et de lire *Polyeucte*, au lieu d'épuiser la littérature et la documentation sur Corneille et sur *Polyeucte*.

Si M. Lanson a le droit de traiter directement l'Amérique, j'ai le droit de traiter directement Corneille et *Polyeucte*.

Si M. Lanson a le droit de découvrir l'Amérique, j'ai le droit de découvrir Corneille et *Polyeucte*.

Ce sera lui et nous à nos risques et péril. Mais le risques et péril est de règle dans notre méthode.

§. — J'ai fait beaucoup de métiers. Il est certain qu'il y a une méchanceté propre, dont on n'a aucune idée ailleurs, que l'on ne peut pas même imaginer ailleurs, qui fleurit dans un certain monde de la Sorbonne. On ne la trouve point dans le peuple, on ne la trouve point dans le reste de la bourgeoisie. On ne la trouve ni chez les paysans, ni chez les ouvriers, ni chez les journalistes, ni chez les politiciens. On ne la trouve ni chez les typos ni chez les maîtres imprimeurs. On ne la trouve ni chez les éditeurs ni chez les libraires. On ne la trouve point chez les commerçants ; ni chez les industriels. On ne la trouve que chez les docteurs. Depuis que M. Lanson fait un métier de droit commun, depuis qu'il s'adresse à un public de droit commun il est notoire qu'il s'est déjà beaucoup dépouillé de la méchanceté professorale.

§. — Je repense à la méthode de M. Langlois et de M. Babut. Tout ce qu'il leur faut, c'est qu'il n'y ait pas des héros et des saints. Modernes, ils sont également contraires à la grandeur païenne et à la grandeur chrétienne. Tout ce qu'ils demandent c'est que les deux grandeurs antiques, la grandeur païenne et la grandeur chrétienne, la grandeur héroïque et la grandeur de sainteté soient également diminuées, soient également atteintes, soient également rendues suspectes. C'est la grandeur même qui les blesse ; qui leur fait mal. S'ils étaient sincères, ils nous désagrégeraient nos héros et nos saints, c'est entendu, mais ils nous découvriraient d'autres grandeurs ; que nous peut-être nous ne soupçonnons pas. Et ils nous découvriraient même des héros et des saints que nous-mêmes nous ne soupçonnons peut-être pas. Mais il n'y a pas de danger. C'est la grandeur même qu'ils ne peuvent pas supporter. Ils veulent bien retirer toujours à l'idée que nous avons de l'homme et du monde et jamais ajouter. Ils désagrègent les grandeurs qu'il y a. Mais il n'y a pas de danger qu'ils nous découvrent des grandeurs que nous ne connaissons pas. Ils veulent bien que l'homme et l'humanité perdent toujours, mais ils ne veulent pas qu'elle gagne jamais. Comment se fait-il, depuis le temps qu'ils travaillent, qu'ils n'aient jamais trouvé un héros ni un saint que nous eussions oublié de chômer.

S'ils étaient sincères, s'ils travaillaient pour ainsi dire aveuglément, sans une arrière-pensée d'iniquité et de dénivellation, il arriverait fatalement, par le jeu automatique de la loi des grands nombres, que également tantôt ils découvriraient que nous nous sommes trompés, (dans leur système), en ce sens que nous aurions pris pour des héros et pour des saints des hommes qui ne l'étaient pas, et tantôt ils découvriraient que nous nous sommes trompés, (toujours dans leur système), en ce sens contraire qu'il y aurait eu des héros et des saints que nous n'aurions pas connus. Je me place ici dans leur système. On sait assez qu'il n'est pas le nôtre. Mais ce que je veux démontrer ici, c'est que dans leur système même ils ne sont pas sincères, dans leur système même ils ne tiennent que l'une des deux parties, celle qui répond à leur instinct, à leur goût de bassesse.

Voici ce que je dis : Leur système est un système de constante revision de tous les procès d'héroïsme et de tous les procès de sainteté par une méthode qui est la méthode de l'épuisement indéfini du détail historique. Que leur méthode puisse aboutir, et qu'elle-même elle saisisse la réalité, et qu'elle-même elle donne des résultats épuisants, nous avons assez dit que nous ne le pensons pas. Mais ce n'est pas aujourd'hui la question. Ce n'est pas aujourd'hui le débat. Je les poursuis au second degré. Je les poursuis chez eux, dans leur propre système. Je dis que chez eux et dans leur propre système ils se mentent à eux-mêmes (et qu'ainsi à nous ils nous mentent au deuxième degré), je dis que chez eux et dans leur propre système ils ne tiennent le coup que d'un côté, ils ne font que l'une des deux parties ; et qu'ils négligent constamment la contre-partie ; et qu'ils savent bien pourquoi.

Si chez eux dans leur système ils étaient constants, si chez eux dans leur système ils étaient sincères avec eux-mêmes le hasard ne jouerait pas toujours dans le même sens, la loi des grands nombres ne jouerait pas toujours dans le même sens. Tantôt ils nous démoliraient un héros ou un saint. Et tantôt ils nous découvriraient, ils nous institueraient héros ou saint quelque inconnu. Le hasard jouerait dans les deux sens. La loi des grands nombres jouerait dans les deux sens. Tantôt ils nous diminueraient ceux-ci. Mais tantôt ils nous exalteraient ceux-là. Nous perdrions d'un côté. Mais nous gagnerions de l'autre. Il y aurait des balancements. Or ce qu'ils veulent, c'est que nous perdions toujours et que nous ne gagnions jamais. Nous, c'est-à-dire l'homme, le monde, l'humanité ; la création. Ou encore : le prix, la valeur, la hiérarchie. Ou encore : le sacré.

M. Babut, M. Langlois veulent bien démolir saint Martin. Mais comment se fait-il que dans tous leurs immenses travaux ils n'aient jamais trouvé, par contre, un saint que nous ne connaissions pas.

Ils veulent bien diminuer saint Martin, (le diminuer de sainteté). Comment se fait-il que dans tous leurs immenses travaux ils n'aient jamais été conduits à augmenter personne. Comment se fait-il, eux qui connaissent tout le monde, qu'ils ne se soient jamais trouvés mis sur le chemin de quelque accroissement.

La querelle des saints et la querelle des héros envers eux est la même querelle. (Et c'est aussi la querelle du génie). C'est la querelle de la race et de la grâce. Et c'est la querelle même de la grandeur.

C'est contre eux et leur monde moderne la querelle ensemble de la sainteté et de l'héroïsme ; la querelle ensemble de la communion et de la cité.

Pour eux leur système est d'une désagrégation constante. Ils travaillent toujours dans le même sens, qui est le sens de la diminution. Tout ce que l'humanité perd, c'est autant de gagné pour eux. Tout ce que l'humanité laisse aller, c'est autant qu'ils mettent dans leurs greniers. Tout ce que la dignité perd, c'est autant de gagné pour leur indignité. Ils jouent tout le temps à qui perd gagne, mais ils sont deux de jeu. Car tout ce que l'humanité perd, (par leurs soins), c'est eux qui le gagnent.

Tout ce qu'ils veulent c'est qu'on perde de la valeur. C'est une décantation perpétuelle. C'est un abrasement continu. Ils sont comme les eaux. Ils opèrent une érosion continuelle. Tout ce qui dépasse ils ne sont occupés qu'à le déraser. Et de leur marais ils ne font naturellement rien sortir.

Toujours on perd et jamais on ne gagne. Toujours ils prennent et jamais ils ne rendent. Toujours ils en ôtent et jamais ils n'en remettent. Ils ont créé une sorte d'irréversibilité spéciale, d'irréversibilité à leur usage. Par eux le monde descend et ne remonte jamais. La quantité absolue de matière morale, la quantité absolue de valeur, la quantité absolue de dignité diminue toujours et ne reçoit jamais aucun accroissement.

Le mécanisme est simple ; et ils ont beau jeu. Comme ce sont dans l'histoire les héros et les saints, (et les génies), qui ont possession d'état, ils sont comme des montagnes toutes prêtes devant ces perpétuelles déprédations. Les héros et les saints (et les génies) sont comme de grandes belles citadelles sans armes devant ces perpétuelles incursions. Ils sont des grands beaux êtres sans défense. Tout occupés à produire ils ne gardent rien de leur force pour assurer leur propre sécurité. Ils n'ont aucun goût à plaider leur propre grandeur. Ils y seraient maladroits. Ils ne veulent point dépenser de leur grandeur à plaider leur propre grandeur. Ils sont là sur leur base, inébranlables, apparemment inertes, et les autres montent, et font ce qu'ils veulent.

Toutes les pluies du monde n'ajouteront point un millimètre (de hauteur) à une montagne ; mais des pluies peu importantes peuvent lui enlever par la cime des mètres et des mètres de hauteur.

Les eaux ne peuvent point accroître une grandeur. Mais les moindres eaux peuvent déliter.

Nulles gloses ne peuvent accroître un texte. Mais les moindres gloses peuvent déliter dans les populations l'intelligence des textes.

Nuls commentaires ne peuvent accroître une vie. Mais les moindres commentaires peuvent déliter dans les peuples l'intelligence d'une grande vie.

Leur *travail* va toujours dans le même sens. Ils se sont faits les archivistes du monde, mais c'est pour dilapider les archives. Ils se sont faits les trésoriers du monde ; mais c'est pour dilapider le trésor. Ils se sont faits les comptables de l'humanité. Mais c'est pour augmenter continuellement le *doit* et pour diminuer frauduleusement les avoirs.

§. — Ils espèrent qu'à force de déliter tout ce qu'il y a de grand ils réussiront peut-être, ils finiront peut-être par réussir à tout ramener à leur plat niveau. Et qui sait, c'est peut-être eux qui finiraient par paraître grands. Tout ce que perdent les héros et les saints, (et les génies), ce sont les docteurs qui le gagnent. Les docteurs ne sont intéressés qu'à la diminution du monde. Tout ce qui est perdu pour le texte est gagné pour la glose. Tout ce qui est perdu pour cette belle pierre de taille est gagné pour le commentaire et pour le commentateur.

Mercredi 19 *février* 1913. — J'ouvre le *Matin* de ce matin. Je finis par y apercevoir le Lanson de cette semaine. Qui le reconnaîtrait dans cette page extraordinaire. C'est une des quatrième, ou sixième, ou cinquième pages, enfin une page sacrifiée. Et alors une page tout à fait hurluberlu. C'est un grand tableau en art nouveau de l'homme fatal et de la famme fatale. Et il y a là surtout une femme fatale qui tient un tiers ou un quart de la page, (en photographie), et qui ne vient pas de l'Académie des Inscriptions. Dans tous ces hommes fataux, dans toutes ces femmes fatales je demande si c'est là la place d'un doyen. D'autant que son feuilleton tout enrubanné d'art nouveau fait corps dans cette page et est typographié exactement dans le même ton. Et pour ce feuilleton même quel titre extraordinaire, courant au-dessus en caractères *art nouveau : Mouvement littéraire, les idées d'hier et de demain.* Tout cela en lettres parfaitement disloquées.

Mouvement littéraire, les idées d'hier et de demain. Je demande si c'est là un titre *scientifique*. Et à quoi çà ressemble. Et de qui est ce titre. S'il est de M. Lanson, comment a-t-il pu inventer un titre aussi plein de battage. Mais s'il est du *Matin* comment M. Lanson a-t-il pu se le laisser imposer. Comment ne se respecte-t-il pas lui-même. Ou comment ne se fait-il pas respecter.

§. — L'étonnement, dans ce petit monde, que l'on ose parler de M. Langlois, de M. Lanson, de M. Lavisse, est cocasse, mais il est sans bornes. Comment, on ose parler d'eux. Comment, on ose les traiter comme tout le monde. Ils veulent bien, eux, parler de tout le monde. Mais ils ne veulent pas qu'on parle d'eux. Babut veut bien qu'on parle de saint Martin, mais il ne veut pas que l'on parle de Babut.

§. — Et alors ils se réfugient dans le respect, ce qui est assez comique. Ces êtres dont la carrière entière est fondée sur l'irrespect, ces êtres à qui l'irrespect a rapporté des fortunes, ils appellent le respect au secours. Ces êtres qui ont fait toute leur carrière en bafouant plus ou moins sournoisement les héros, et les saints, et les génies, ils veulent que l'on ne respecte qu'une seule chose ; et que ce soit précisément leur irrespect.

§. — Tout ce qui est perdu pour saint Martin est au fond gagné pour Babut. Mais après ils ne veulent plus que rien soit perdu pour Babut.

§. — Ils veulent bien dévaliser tout le monde. Mais ils ne veulent pas qu'on les dévalise.

§. — Ils veulent bien parler des grands hommes comme si c'étaient des petits garçons. Mais eux ils veulent qu'on les traite comme des hommes considérables.

§. — Ils veulent bien déliter tout ce qui est debout. Mais eux, qui sont temporellement debout, ils ne veulent pas qu'on les délite.

§. — Ils veulent bien diminuer toute grandeur. Mais eux, qui ont les grandeurs temporelles, ils ne veulent pas qu'on les diminue.

§. — Ils veulent bien que l'on commente tout. Mais ils ne veulent pas que l'on commente le commentaire Ils veulent bien que l'on critique tout. Mais ils ne veulent pas que l'on critique la critique. Ils ne veulent pas que l'on écrive le *pamphlet des pamphlets.*

§. — Et ils ne veulent pas que l'on fasse l'histoire des historiens. Ils veulent bien épuiser l'indéfinité du détail historique. Mais ils ne veulent pas, eux, entrer en ligne de compte dans cette indéfinité du détail historique. Ils ne veulent pas être dans le rang historique. Ils sont comme si les médecins ne voulaient pas être malades et mourir.

§. — Nous, nous pouvons les négliger. Et nous ne nous en priverons peut-être pas. Mais eux, dans leur système, ils ne peuvent pas se négliger. Ni même souffrir qu'on les néglige. S'ils étaient constants avec eux-mêmes, s'ils demeuraient dans leur système, c'est eux qui demanderaient à entrer, à rester en ligne de compte, c'est eux qui nous requerraient de les considérer en ligne de compte historique, de commenter leurs commentaires, de critiquer leurs critiques. De déliter leurs délitements.

Mais ils veulent bien que tout le monde soit enfermé dans leur système, excepté eux. Ils veulent bien que tout le monde soit soumis à leur méthode, excepté eux, et les résultats de leur méthode.

Eux seuls ils veulent être infaillibles ; et établir temporellement des résultats éternels.

§. — Rien ne serait acquis, excepté ce qu'ils obtiennent.

§. — Dans notre système, qui est un système de dignité, (et ainsi d'indignité), dans notre système qui est un système de valeur nous pouvons les négliger. Nous pouvons trouver, nous pouvons déclarer qu'ils sont trop petits pour toucher cette armure. Mais eux, les malheureux, dans leur système, qui est un système monoplan, ils ne peuvent même pas se trouver trop petits ; pour nous échapper. Il faut qu'ils nous requièrent de nous occuper d'eux. *Ils sont condamnés à se traiter, et à se laisser traiter, et à se faire traiter aussi mal que de simples grands hommes.*

§. — Non, disent-ils, faisant les modestes. Nous nous occupons gracieusement des héros, des saints, des hommes de génie. Mais ne vous occupez pas de nous. — Serviteurs. Dans leur système il faut qu'ils soient du même tissu (historique) que les grands hommes. Ils n'ont pas le droit d'être petits. Ils n'ont pas le droit de se dérober comme petits. Nul n'est petit dans leur système. Dans leur système il faut qu'ils soient traités et qu'ils se laissent traiter et qu'ils se fassent traiter comme les grands hommes et que ce soient eux-mêmes qui nous en requièrent. Et puis enfin, s'ils sont si petits, quand il s'agit d'être attaqués, d'être commentés, d'être critiqués, pourquoi se sont-ils fait de si grosses places dans l'État.

Pourquoi se sont-ils fait, à eux et à leurs critiques, (je veux dire aux critiques qu'ils font), et à leurs commentaires, de si grosses places temporelles, de si grosses places officielles.

§. — Ils veulent bien être gros pour émarger au budget, pour émarger aux honneurs, pour peser de toute leur grosse masse sur les gloires acquises, sur les réputations faites. Mais ensuite ils veulent être petits pour ne pas être exposés.

§. — Sans même aller jusqu'aux héros et aux saints, dans notre système nous avons le droit de ne pas traiter M. Langlois comme les Estienne et M. Lavisse comme

Colbert. Mais dans le système de M. Langlois il faut que nous les traitions tous sur le même plan.

§. — Pendant trente ans ils se sont mis sur le pied de ruiner tout ce qui était debout en France et la France elle-même. Et aujourd'hui nous n'aurions pas le droit de ruiner cette ruine. Nous n'aurions pas le droit de corroder cette corrosion, d'éroder cette érosion.

Ils ont bien voulu pendant trente ans, depuis trente ans déniveler Dieu, l'Église, la France, l'armée, les mœurs, les lois ; et nous aujourd'hui nous n'aurions pas le droit de déniveler M. Lavisse.

§. — Pendant trente ans, depuis trente ans ils ne sont occupés que déliter tout ce qui a de la grandeur en France. Et nous nous n'aurions pas le droit de nous occuper de leur petitesse.

§. — Trente ans durant ils ont bien voulu essayer de mettre en déliquescence tout ce qui était la force et le nerf de ce peuple. Ils ont tout tenté. Et nous nous n'aurions pas le droit de signaler seulement leur propre déliquescence.

§. — Et j'ajoute que leur surprise n'est pas feinte. Ils sont très réellement scandalisés que l'on ose parler de M. Lavisse. Ils veulent bien qu'on parle de Dieu, des Évangiles, de la foi, de la France. Ils veulent bien qu'on parle (on sait comment) des héros et des saints, et des hommes de génie. Mais oser dire un mot de Lavisse : ils lèvent les bras au ciel.

§. — D'abord ils n'ont pas le droit de lever les bras au ciel. Ce geste est un geste suranné, une survivance des anciennes superstitions. Je signale, (comme je le dois) cette survivance à M. Durkheim. C'est une survivance purement sociologique. On ne me verra jamais manquer à un des devoirs que j'ai envers M. Durkheim. On ne me verra jamais manquer à faire mon rapport à M. Durkheim.

§. — Un tout jeune professeur, à peine sorti de Normale, m'écrit sur le cas Lavisse pour me recommander la charité chrétienne et le pardon des injures. Mon jeune camarade j'ai de la charité chrétienne pour les victimes. Je n'en ai pas dans la même opération, je n'en ai pas dans le même temps et sous le même rapport pour les bourreaux.

Vous vous récriez que ce nom de bourreaux est peut-être un peu bien gros pour nos hommes ; que particulièrement ce nom de bourreau est peut-être un peu bien gros pour M. Lavisse. Mais, mon jeune camarade, il y a des bourreaux mous. Il n'y a pas seulement des bourreaux de torture, mon jeune et cher camarade. La misère aussi est un tourment, nous l'avons assez dit ; et c'est malheureusement assez vrai. M. Lavisse évidemment ne verse pas le sang. Mais il répand la ruine, mais il verse la mollesse ; et la honte ; et le ramollissement ; et le commun relâchement ; et la commune et la basse misère. Sans compter que le sang est tout de même au bout. Car si M. Lavisse et la génération de M. Lavisse avaient réussi à faire de la France ce qu'ils voulaient, c'est-à-dire des gens comme eux, des mous comme eux, et si profitant de cette universelle lâcheté et de cette commune mollesse et de cette commune bassesse huit cent mille Allemands nous étaient entrés dedans, il y aurait peut-être eu du sang versé, mon jeune camarade.

§. — C'est une erreur que de croire qu'un homme est inoffensif parce qu'il est apparemment un homme de cabinet. Les plus grands désastres, et par suite les plus grands tourments peuvent se préparer dans le silence du cabinet. Celui qui démoralise un peuple peut être, est même certainement l'auteur direct et la cause épuisante des désastres qui peuvent arriver à ce peuple. Si M. Lavisse et si la génération de M. Lavisse avait réussi à faire de la France une basse et molle proie, eussions-nous dû penser, mon jeune camarade, eussions-nous dû continuer à penser que M. Lavisse est un inoffensif homme de bureau, un innocent pédagogue.

§. — Je n'aime pas, mon jeune camarade, et pour dire le vrai je ne veux rien savoir d'une charité chrétienne qui serait une capitulation perpétuelle devant les puissants de ce monde. Je ne veux rien savoir d'une charité chrétienne qui serait une capitulation constante (du spirituel) devant les puissances temporelles. Je ne veux rien savoir d'une charité chrétienne qui serait une capitulation constante devant les princes, et les riches, et les puissances d'argent. Je ne veux rien savoir d'une charité chrétienne qui serait un constant abandonnement du pauvre et de l'opprimé. Je ne reconnais qu'une charité chrétienne, mon jeune camarade, et c'est celle qui procède directement de Jésus, (Évangiles, *passim*, ou plutôt *ubique*) : c'est la constante communion, et spirituelle, *et temporelle*, avec le pauvre, avec le faible, avec l'opprimé.

§. — Il ne s'agit point ici du pardon des injures, mon jeune camarade, parce qu'il ne s'agit point ici d'injures. Le pardon de l'injure ne joue que quand l'injure joue. Il ne s'agit pas ici de l'injure, il s'agit d'une guerre que nous soutenons. Tout cela ce sont des faits de guerre, mon jeune camarade. Purement et simplement. Ni plus ; ni moins. Vous avez certainement appris au régiment ce que c'est que la guerre et l'état de guerre ; et le fait de guerre. Je vous ai vu en jeune officier. Vous avez fait deux ans, je pense, dont six mois de sous-lieutenant de réserve. Vous savez votre *théorie*. Vous savez donc ce que c'est que la guerre ; et un fait de guerre. Tout cela, mon jeune camarade, c'est la guerre et ce sont des faits de guerre. C'est même une guerre de libération. J'avoue que c'est une des guerres de la liberté. C'est la vieille résistance à l'oppression. Il s'agit de ne pas se laisser écraser, et de ne pas laisser écraser ce pays, et de ne pas laisser écraser ce peuple sous la plus basse tyrannie spirituelle et même intellectuelle et même mentale qui ait jamais voulu s'exercer par les moyens de force et notamment par les moyens d'un gouvernement temporel. Mon jeune camarade m'accordera peut-être que si la France était aujourd'hui proportions gardées exactement dans l'état où est actuellement l'École Normale nous ne serions peut-être pas frais. Et qu'il y aurait peut-être longtemps que les Prussiens seraient à Suresnes. Et cela, mon cher camarade, ne se fût point accompli peut-être sans quelque trouble et sans effusion de sang.

§. — A moins que vous appliquiez à ces guerres spirituelles, les plus précieuses, les plus poignantes de toutes, (et qui engagent tant les guerres temporelles, qui sont tant les racines des guerres temporelles), à moins que vous leur appliquiez le sophisme pacifique au moment même où tout le monde y renonce en matière diplomatique et militaire. Au moment même où on y renonce universellement en commerce international. S'il s'agit de désarmement, que messieurs les Allemands commencent. Que M. Lavisse cesse d'occuper ce poste d'où il peut organiser le désastre. Nous ne demandons pas même qu'il renonce à tous ses honneurs. Nous demandons seulement qu'il renonce à son commandement, à ce commandement. Qu'ensuite on le comble d'honneurs, si on veut, tout ce que nous demandons, c'est que le plus indigne ne soit pas mis, et laissé, à la tête, et qu'ensuite on ne le remplace pas par un pareil à lui.

§. — Que ces messieurs commencent. Mais occuper une situation comme celle de directeur de l'École Normale quand on est M. Lavisse et qu'on a fait de l'École Normale ce qu'il en a fait, ce n'est pas seulement un défi, ce n'est pas seulement une gageure, c'est un fait de guerre constant. C'est une situation de fait, c'est un état durable qui se décompose à chaque instant en faits de guerre, en instants de guerre incessamment renouvelés. Occuper une telle situation, par cela même, en cela même, et quand même on ne ferait rien de plus, quand même on ne ferait rien de particulier, c'est faire à chaque instant une certaine guerre. Occuper une telle situation d'État. Exercer je puis le dire une telle magistrature. Être à la tête. Tenir un tel commandement, et spirituel, et temporel. Occuper ce point précis de commandement sur tous les jeunes gens qui viennent, à mesure que ces vagues arrivent. C'est là un fait constant, c'est là un acte constant qui se décompose instantanément en une multitude d'agressions. Par cela seul qu'il est là, il nous attaque ; et constamment. Par cela seul qu'il est là, il nous fait du mal ; et constamment. Quand même il ne lèverait pas le petit doigt, (et en effet cet effort doit lui coûter beaucoup), quand même il ne nous chercherait pas constamment il nous cherche, puisqu'il est là.

§. — D'ailleurs il nous cherche. Qu'est-ce que c'est que cette cérémonie de la Sorbonne où faisant le modeste il a reçu dans son auguste face les congratulations les plus flatulentes. Quel exemple pour la jeunesse que cette apothéose du désastre, que ce couronnement de toutes les désorganisations.

§. — Et vous savez très bien, mon cher camarade, tout ce qui se fait, et tout ce qui se tente, à l'École Normale, contre la France, sous le couvert de M. Lavisse.

§. — Mais comme il est dit que tout ce qui vient de cet homme et que tout ce qui s'adresse à cet homme sera faussé, il faut bien que nous constations que cette cérémonie même fut faussée dans son principe, étant faussée dans son appareil. On y fit en effet venir M. Poincaré, pour donner et à la cérémonie et au jubilaire l'éclat d'une haute manifestation nationale. Et aussi pour couvrir et M. Lavisse et la Sorbonne de la haute autorité d'un homme qui était déjà sensiblement plus qu'un président de la République ordinaire. Je veux dire plus qu'un président ordinaire de la République. M. Poincaré vint à cette dernière. Ce fut évidemment d'une grande habileté, de la part de M. Lavisse et de la part de la Sorbonne. Car ayant parasité tant de mouvements, ils parasitaient en outre, ils parasitaient aussi, ils parasitaient alors le mouvement unanime qui s'est produit contre eux. Ayant profité de tout ils profitaient encore et pour couronner du mouvement profond qui s'est produit contre eux. Et il faut avouer que pour un dernier coup ce fut un coup suprême ; et un fort beau coup de politique. Et un beau coup de jeu.

§. — Je m'explique. Nous avons peut-être encore le droit de nous expliquer. Ni cette habileté ne nous déconcertera. Ni tant de couverture et l'autorité d'un si grand personnage ne nous fera reculer. S'il suffisait d'inviter M. Poincaré à une cérémonie pour qu'elle devînt sacrée, et pour qu'elle fût soustraite à l'analyse, beaucoup de cérémonies seraient aujourd'hui sacrées, et nous n'aurions pas même le droit de parler des petits cochons du Concours agricole.

§. — Nous oserons donc parler. Nous oserons donc prononcer ce nom même. Quand donc M. Lavisse et la Sorbonne appelait M. Poincaré en Sorbonne pour apporter à la cérémonie Lavisse une consécration qu'elle ne pouvait recevoir de nulle part ailleurs, je dis que c'était un beau coup de politique. Car la politique qui a fait élire M. Poincaré est diamétralement la contraire de la politique qui avait prolongé M. Lavisse pendant ces cinquante ans.

Cette cérémonie Lavisse, comme par hasard, tomba juste le premier dimanche qui suivit le mercredi ou le vendredi de l'élection présidentielle. M. Poincaré était dans toute la jeunesse, dans toute la ferveur des tou-premiers jours de la désignation de sa présidence.

La question n'est pas de savoir si M. Poincaré fut l'élève de M. Lavisse et si M. Lavisse reçut M. Poincaré à l'Académie. La question est que le mouvement d'énergie nationale qui porta M. Poincaré à la présidence de la République était diamétralement le contraire du mouvement, ou du repos d'abandonnement national et de désorganisation générale qui fit durer M. Lavisse tout le long de sa prudente carrière. Il n'y a aucun doute sur ce point. M. Poincaré est venu au pouvoir et y reste par un mouvement populaire profond, par un ressaut continué d'énergie nationale qui est bien tout ce que l'on peut imaginer de plus diamétralement contraire au mouvement intellectuel et jauressiste de capitulation, d'abandonnement, de désorganisation qui a constamment fait grossir M. Lavisse pendant les cinquante ans de gonflement de sa fructueuse carrière. Eh bien je dis que faire apporter dans une cérémonie solennelle, pour le couronnement d'une si auguste carrière, précisément le plus haut résultat, la plus haute conséquence, la plus haute poussée, le plus haut aboutissement du dégoût que l'on a soi-même soulevé, je rends les armes et je dis que ça c'est un beau coup de retournement.

§. — Car ce que l'on reproche à M. Lavisse ce n'est point d'être d'un certain parti, c'est d'avoir successivement et en même temps trahi tous les partis. C'est de n'avoir jamais été au fond que du parti de la capitulation, et de l'abandonnement, et de la lâcheté, et de la désorganisation. Au fond, si l'on veut, il était peut-être plutôt bonapartiste, et il avait pour l'être des raisons qui pour tout autre eussent été honorables. Cela ne l'a pas empêché de soutirer de la République tout ce qu'elle peut conférer d'honneurs. Je dis *honneurs* au pluriel. Autrement, au singulier, appliqué à M. Lavisse, ce mot ferait un mot rayé nul.

§. — M. Poincaré d'ailleurs a été rapidement récompensé de ce qu'il avait fait pour la Sorbonne en allant en Sorbonne assister et malgré lui présider au cinquantenaire de M. Lavisse. Quatre semaines ne s'étaient pas écoulées que de cette même Sorbonne sortait, comme d'habitude, le premier et le plus dangereux mouvement dirigé non pas seulement contre la présidence de M. Poincaré mais contre le service de trois ans, et ainsi, comme d'habitude, contre la France, et aussi, comme d'habitude, contre la République.

§. — Je ne veux point entrer incidemment dans un aussi gros débat que celui de la loi militaire. Mes sentiments sont assez connus. Et mes répulsions et mes inquiétudes. Je veux seulement démonter, et en quelques mots un certain mécanisme de la domination du parti intellectuel.

§. — Nous sommes faits ici pour aller aux points précis, aux articulations des mécanismes. Pour les grands courants et pour les généralités les quotidiens suffisent Nous sommes tenus ici à dire quelque chose, et à ne pas parler de n'importe quoi. Tout le secret de l'invention, de l'intrusion, de la domination du parti intellectuel est dans la liaison extrêmement suspecte de Herr et de Lavisse

§. — Je ne parlerai de Herr qu'avec une extrême réserve. Il fut un des maîtres de notre jeunesse, certainement le plus pur et le plus confident. Et il y a dans l'apprentissage une telle vertu que je me rappellerai toute ma vie que c'est Herr qui m'a appris à corriger des épreuves. Ce que j'en puis dire, et ce que m'accorderont tous ceux qui le connaissent, amis, ennemis, partisans, adversaires, c'est qu'il est un fanatique et essentiellement, *einseitig*, un unilatéral. Et d'autre part Lavisse est le type même du faible et du double et du fourbe et du bilatéral.

§. — Que Herr ait des liaisons avec d'autres fanatiques, avec d'autres unilatéraux, c'est tout à fait son droit, je puis le dire. Mais j'ai aussi le droit de dire qu'il n'y a rien de si suspect qu'une aussi longue et, il faut le dire, une aussi fidèle liaison que celle qui s'est établie entre ce fanatique et ce faible, entre cet unilatéral et ce bilatéral.

§. — Tout le secret de l'invention et de l'intrusion et de la domination du parti intellectuel est là, dans cette singulière liaison. Tant que Herr travaille dans le fanatisme et dans l'unilatéralité, c'est son droit, pour ainsi dire. Enfin c'est son droit au moins au premier degré. Mais quand Herr gouverne sous le nom de Lavisse, alors je suis forcé de m'inscrire en faux, parce qu'à eux deux, ils jouent double. La Sorbonne et l'École Normale, sous la figure et sous le nom de M. Lavisse, appellent M. Poincaré en Sorbonne et se font revêtir de toutes les grandeurs officielles et pendant ce temps la même Sorbonne et la même École Normale, sous l'action de M. Herr, se font une fois de plus le foyer du parti allemand.

§. — C'est cette dualité qui nous pèse. C'est cette dualité que nous ne supporterons pas, que nous ne laisserons pas conjointe. Nous voulons bien, (au premier degré), nous voulons bien être combattus par M. Herr, nous voulons bien être gouvernés par M. Lavisse. Nous ne voulons pas être combattus par M. Herr sous le nom de M. Lavisse. Nous ne voulons pas être gouvernés par M. Herr sous le nom de M. Lavisse.

§. — Il y a là une dualité insupportable, une duplicité que nous ne supporterons pas. Herr est un homme qui ne peut pas voir un soldat. C'est une maladie, c'est une idée fixe. C'est une phobie, une *psychose.* Et il va falloir encore que M. Dumas s'en occupe. M. Lavisse au contraire se fait entourer de soldats. Alors pourquoi sont-ils conjoints.

§. — Tout le problème est là. Là est le nœud de la difficulté. Quand Herr voit un soldat, il souffre. Quand il en voit deux, il est malade. Et si ces deux soldats sont seulement commandés par un caporal, il souffre le martyre, car il a reconnu l'effroyable autorité militaire. Et il vous dira que c'est une autorité de commandement. L'armée prussienne est peut-être leur adversaire, mais l'armée française est certainement leur ennemie. Ils n'ont qu'une idée, c'est de lui arracher des victimes. Les victimes c'est nous ; c'est vous, c'est moi ; c'est l'excellent troupier de deuxième classe. Ils connaissent l'effroyable tyrannie militaire. Quand il voit des soldats danser avec des petites bonnes, il souffre un autre martyre. Car c'est évidemment une contamination du civil par le militaire. Mais les petites bonnes ne peuvent pas danser uniquement avec M. Langlois et uniquement le soir du 14 juillet. Et M. Langlois ne peut pas valser uniquement avec moi. M. Lavisse au contraire adore les soldats. Il a conduit sa carrière de telle sorte qu'à son enterrement il aura un nombre incalculable de batteries de 75. Alors pourquoi M. Herr forme-t-il un couple avec M. Lavisse.

§. — Là est le danger. Là est le pernicieux. Si le virus de Herr était réservé pour l'usage externe, il serait inof fensif. Mais M. Lavisse est la seringue, qui introduit ce virus dans le tissu même de l'enseignement de l'État.

§. — Tant que le fanatisme est le fanatisme, il n'y a rien à dire, enfin il n'y a rien à dire au premier degré. Et même au deuxième degré il peut être respectable. Mais quand le fanatisme, demeurant intérieurement le même, demeurant le même en son contenu, se glisse sous le mode opportuniste et libéral, et sous le volume opportuniste et libéral, alors il peut être dangereux, alors il peut pénétrer dans l'organisme.

§. — Et en outre c'est toujours ce que je nomme fausser le jeu; jouer double, jouer des deux mains.
Jouer sur les deux tables.

§. — Je prends naturellement ce mot de couple au sens où je pense qu'on l'emploie dans les sciences de la mécanique. Ces deux hommes sont tout ce qu'il y a de plus contraire l'un à l'autre. L'un est fanatique et l'autre est censément un libéral. L'un est censément un socialiste et l'autre est réellement un bourgeois. Et même un gros bourgeois. Et un gros fonctionnaire. Et un gros personnage. L'un est un anarchiste et l'autre est dans tous les honneurs. Mais sous le couvert et sous le volume du bourgeois, du libéral, du gros fonctionnaire, du gros libérâtre, du gros personnage, c'est toujours l'anarchiste qui se propage et c'est toujours l'anarchiste qui fait son chemin.

§. — L'anarchie a le droit. Enfin je veux dire qu'elle a le droit au premier degré. Mais ce qui n'a pas le droit, ce que nous ne voulons pas, c'est que l'anarchie veuille nous gouverner revêtue des autorités de l'État.

§. — C'est tout le cas de la Sorbonne, j'entends de la Sorbonne actuelle, et c'est toute l'affaire de la Sorbonne actuelle et de la Nouvelle École Normale. Quand la Sorbonne actuelle et quand la nouvelle École Normale ont commencé une action soudaine, à la fois éclatante et sournoise contre le service de trois ans, il faut bien faire attention. C'est toujours le même double jeu. Ils ne nous ont pas dit seulement, ils n'entendaient pas seulement nous dire qu'ils étaient contre le service de trois ans, (eux qui en même temps et par ailleurs étaient professeurs en Sorbonne et dans la nouvelle École Normale ou qui enfin étaient du personnel de ces deux maisons). Non, ils procédèrent avec un ensemble, ils firent une manifestation, ils y mirent tout un appareil qui disait : Attention, nous sommes un corps et nous agissons en corps. Nous sommes le gardien des intérêts intellectuels et le conservatoire de la pensée française. C'est à ce titre et avec cette solennité que nous entrons tous en jeu, que nous nous engageons en corps contre la loi de trois ans. Ainsi ils retournent contre l'État, contre la République, contre la France, l'autorité même et le temporel qu'ils tiennent de la République, de la France, de l'État. C'est toujours exactement ce même double jeu. Ce sont toujours des anarchistes de gouvernement. Ils sont contre l'État, ils se déclarent en corps contre l'Etat, ils s'insurgent en corps contre l'Etat, mais cette déclaration même, mais cette insurrection même, ils ne la font que comme corps de l'État, et au titre d'un corps de l'État. Ce sont des anarchistes d'État. Ils patronnent, ils intronisent, ils introduisent, ils créent l'anarchie, mais pour cela ils mettent des drôles d'habillements, des habillements d'État, des toges, des toques, des simarres, des déguisements, des mascarades, et sur l'épaule des machins en poil de lapin que je ne sais même pas le nom.

§. — La Sorbonne a horreur des soldats, c'est entendu, (à moins peut-être que ce soient des soldats allemands). Mais quand elle se déplace, ou quand madame reçoit, et quand madame fait ses cérémonies, elle ne déplace pas seulement le gouvernement, elle déplace aussi des gardes républicains à cheval français, ou si on préfère des gardes républicains français à cheval, ou si on préfère des gardes français républicains à cheval, ou si on préfère des Français gardes républicains à cheval, ou si on préfère des Français à cheval gardes républicains. Et il faut sortir les gants à crispin.

§. — Il y a en Sorbonne (actuelle) et dans la nouvelle École Normale un noyau de gens qui ne veulent pas du nationalisme, à moins qu'il ne soit allemand ; et du militarisme, à moins qu'il ne soit allemand ; et du capitalisme, à moins qu'il ne soit allemand ; et de l'impérialisme, à moins qu'il ne soit allemand ; et du colonialisme, à moins qu'il ne soit allemand. Nous demandons seulement que ces gens et que ce noyau ne fassent point un corps de l'État français.

Ce n'est peut-être pas trop demander.

§. — Et quand ils passent dans les rues dans leurs processions premièrement qu'ils ne m'empêchent point de passer, (moi l'homme en veste, et qui vais à mes affaires), avec leurs escortes *d'honneur*, et leurs cérémonies et leurs cortèges et *leurs soldats* et leur service d'ordre Et deuxièmement, s'ils sont anarchistes, qu'ils ne se fassent point régir par le décret de Messidor, et surtout par le décret de Messidor modifié. Je suis extrêmement humilié, moi, de ne pas être régi par le décret de Messidor. Tous les droits que le décret de Messidor me confère, et encore c'est par prétérition, c'est d'être arrêté dans les rues par les haies de soldats, quand il faut laisser passer la Sorbonne.

§. — Ils sont anarchistes, mais ils veulent bien être, tant qu'ils peuvent, dans la Légion d'honneur. Et aussi haut qu'ils y peuvent monter.

§. — Ils sont anarchistes, mais ils ne laissent rien tomber des prérogatives que l'État leur confère. Et notamment celle, (évidemment négligeable), de passer tous les mois à la caisse.

A notre caisse.

§. — Ils ne sont pas seulement anarchistes de gouvernement, ils sont anarchistes de trésorerie.

§. — Ils ne sont pas seulement anarchistes de trésorerie, ils sont anarchistes de magistrature. Au nom de l'État ils délivrent des diplômes qui commandent presque toutes les carrières et notamment pour ainsi dire toutes les carrières libérales. Ces anarchistes font que par un décret d'État un homme est ou n'est pas exposé ou condamné à mourir ou à ne pas mourir de faim.

§. — Ces anarchistes sont gros fonctionnaires.

§. — Et ils ne se dévêtent jamais de leur autorité, de leurs honneurs, de leurs cérémonies, de leur magistrature, de leurs fonctions. Il faut voir dans une compagnie comme ils regardent celui qui n'est pas universitaire, fonctionnaire, décoré.

§. — Et ils n'en ont pas encore assez. Il faut voir ce qu'ils font pour ajouter à tous ces commandements spirituels et temporels ce que donne de commandement spirituel et temporel un fauteuil à l'Institut, dans n'importe laquelle des sections. Tout disparaît alors, les plus grands intérêts, tout n'est rien, tout n'est plus devant une élection académique.

§. — Les sections de l'Institut, voilà leur patrie, leur foyer, leur drapeau. La France ne compte pas, mais ce fut une grande question de savoir si M. Séaille ou Séailles

serait ou ne serait pas de l'Académie des Sciences Morales.
Ça c'était une affaire, et une affaire d'État.

§. — Ils sont anarchistes, mais ils veulent bien entrer dans les gros mariages d'argent, dans les gros mariages bourgeois, dans les gros mariages des dynasties universitaires, dans les gros mariages de défense républicaine. Et ils ont fait de la Sorbonne une pépinière de gendres.

§. — *Sur la fourberie de M. Lavisse.* — M. Lavisse naturellement n'a pas signé le manifeste des professeurs contre la loi de trois ans. Pour ces sortes de manifestations c'est, dans le couple, Herr qui fonctionne. Mais il a donné une *interview* au *Temps* ou une consultation ou enfin il s'en est laissé prendre une. Cette *interview* est pleine des protestations, des déclarations familières au personnage. Libérales, patriotiques, tant qu'on en veut. Démocratiques, nationalistes, tout ce qu'on veut. Volumineusement équilibrées. On connaît le bonhomme. Mais qu'est-ce qu'il y a de ferme dans cette interview, dans ces déclarations. C'est uniquement ceci, et en queue d'article, comme toujours, qu'il faut encore retrancher un an à l'enseignement secondaire, qu'il faut encore prendre un an à et sur l'enseignement secondaire, qu'il faut encore diminuer, tronquer, décapiter d'un an l'enseignement secondaire ; le seul enseignement où actuellement on apprenne quelque chose, le seul enseignement où on donne encore et où on reçoive encore de la culture. C'est bien pour cela qu'ils lui en veulent tant. Et que depuis quinze ans ils font tout ce qu'ils peuvent, plus ou moins brutalement, plus ou moins sournoisement, pour le mettre à rien. Pour le démembrer. On reconnaît là leur veille haine de l'enseignement secondaire. Pour toutes ces raisons et ensemble parce qu'il est encore un peu libre, parce qu'il leur échappe encore grandement, parce que des jeunes gens libres y écoutent encore des maîtres libres.

§. — Ces grands anarchistes, qui ne connaissent absolument point les rangs sociaux, il faut voir dans une compagnie comme ils ignorent leur propre rang ; et comme ils regardent l'homme qui n'est pas en place, qui n'est pas riche, qui n'est pas universitaire, qui n'est pas fonctionnaire, qui n'est pas dans le gouvernement ; l'écrivain.

§. — Tel est le point de mécanisme, telle est exactement l'articulation. Quand on connaît d'autre part la liaison de Herr et de Jaurès, quand on connaît bien tout ce petit monde, grandement dangereux, car il est dangereux précisément à la façon d'un virus, on sait que tous ces mouvements procèdent de Herr et de son entourage immédiat. Ils sont donc, dans leur même origine, dans leur point d'origine en liaison avec Lavisse. Articulés sur lui. Or nous voulons bien, enfin nous voulons bien au premier degré, avoir en face de nous des anarchistes qui soient des hommes libres, des anarchistes qui soient de simples citoyens. Mais nous ne voulons pas, ni au premier ni au deuxième degré, avoir au-dessus de nous des anarchistes qui nous oppriment logés dans les plus gros moyens de gouvernement et même logés dans les plus gros hommes de gouvernement.

§. — J'ai eu tort de trouver que cette liaison de Herr et de Lavisse était suspecte. Elle est singulière, mais elle n'est pas suspecte. Elle est singulière au point de vue droiture, et pour une âme simple, et pour une saine géographie des parties, et pour une saine topographie des esprits. Mais elle s'explique très bien par la psychologie la plus usuelle de la faiblesse. Herr a découvert il y a vingt-cinq ans que son patron était un gros faible. Depuis ce temps-là il le domine. Rien n'est plus simple. Herr qui a des grands bras, des grandes mains, un grand front, des grandes oreilles, une grosse tête en a imposé à Lavisse, s'est emparé de Lavisse, qui n'est que gros.

Disons-le, Lavisse l'aime entre tous *pour sa grande bravoure et pour sa haute taille.* En outre Lavisse, qui ne sait rien, a été médusé par cette espèce de polybioetbibliographie de Herr et de son école. Je me trompe, je veux dire *polybioundbibliographie.*

§. — Il ne fait aucun doute que la Sorbonne, dans cette manifestation contre le service de trois ans, a voulu se présenter aux peuples comme le *corps pensant,* comme le réceptacle et comme le tabernacle du travail et de la pensée. Elle a voulu se présenter comme le coffret et comme le temple. Et comme étant responsable de la pensée éternelle. Eux qui méprisent tant le sacré, et qui se sont constitués contre le sacré, ils savent que la pensée est sacrée, et ils veulent s'installer dans ce sacré, et ils veulent représenter ce sacré, et ils veulent nous gouverner au nom de ce sacré. Comme si tous les laboratoires de pensée n'étaient pas en dehors d'eux et comme si eux ils n'étaient pas contre tous les laboratoires de pensée. Comme si tout ce qui se pense dans ce pays, ne se pensait pas en dehors d'eux. Et contre eux. Comme si tout ce qui s'élabore de pensée en France ne s'élaborait pas en dehors d'eux (et contre eux) et sous leur surveillance et sous leur malveillance inquiète, et aigre, et sournoise. Loin d'être les auteurs, et les fabricateurs de la pensée, ils n'en sont même pas ce qu'ils pourraient en être, les dépositaires, les conservateurs, les archivistes, les chambres d'enregistrement. Ils n'en sont que les fossoyeurs, et même des fossoyeurs qui ne sont même pas gais, contrairement aux usages de cette noble corporation. Alors ce n'est même pas la peine d'être des fossoyeurs. Et ils se donnent des airs de succomber sous le faix, et d'être les prêtres et les mages de la pensée, et d'être écrasés sous le poids de leur front, et de plier sous la charge, sous cette effrayante responsabilité d'être les représentants et les chargés de pouvoir et les fondés de pouvoir de la pensée. Comme si dans ce grand

Paris, dans ce laboratoire de pensée unique au monde c'étaient eux qui *faisaient* la pensée. Tout se fait en dehors d'eux, et ils sont contre tout ce qui se fait et ils surveillent jalousement et ils gourmandent tout ce qui se fait.

§. — Dans ce grand Paris qui est la plus merveilleuse ruche, dans ce grand Paris où tout le monde travaille, eux seuls ne font rien, que de regarder les autres travailler. Et encore ils regardent mal, ils ne savent pas même regarder.

§. — Ils veulent se faire le conservatoire de la pensée, le laboratoire de la pensée, les chargés des intérêts de la pensée. Qu'ils aillent donc au *Secret* seulement. Il y a plus de *pensée* dans quatre mots de M. Bernstein que dans quatre-vingts cours de Sorbonne.

§. — Évidemment l'homme de quarante ans qui secoue l'homme de soixante-dix ans a l'air de se rebeller contre son père. Mais tout ce que j'en dirais ne vaudrait pas ce mot admirable et incroyablement profond et ensemble si intelligent d'Ernest Psichari, et je me rassure entièrement sur ce mot d'Ernest Psichari et qu'on y fasse attention c'est un mot d'un grand écrivain et tout ce que je pourrais dire n'est plus rien à côté : *Nangès, qui songeait à son jeune disciple Maurice Vincent, ne put s'empêcher de lui reparler du fils de l'instituteur* QUI AVAIT PRIS LE PARTI DE SES PÈRES CONTRE SON PÈRE.

§. — *Qui avait pris le parti de ses pères contre son père,* tout est là, tout est dit, et tel est le programme et la dure destinée de notre génération.

§. — Mais c'est aussi ce qui nous justifie, et ce qui nous authentique, et ce qui nous fait rentrer dans la nature, et dans l'ordre et la loi. C'est nous ainsi qui sommes l'autorité la plus ancienne et la plus légitime, c'est nous qui sommes la tradition, c'est nous qui sommes la continuité, c'est nous qui sommes les pères, véritablement, puisque c'est nous qui sommes la race, puisque c'est nous qui sommes les grands-pères et les aïeux. C'est nous qui sommes la plus haute autorité. C'est nous qui sommes le plus vieux droit. Nous leur passons par-dessus la tête. Un tel mot éclaire tout. C'est nous qui sommes leur pères. Et ils sont de bien mauvais fils.

§. — M. Lavisse a donc fait appeler les trois chefs de section (ou les six) et leur a demandé, enfin les a dissuadés, (eux représentant tous leurs camarades), (qui d'ailleurs n'en avaient pas tous envie), (et il s'en faut), de signer en corps et officiellement cette protestation contre le service de trois ans qui a pris naissance, qui est partie de la Sorbonne et de la Nouvelle École Normale et qui a fait long feu, s'il est encore permis d'employer cette expression militaire. C'est toujours la même duplicité. M. Lavisse ne signe pas et ne veut pas qu'on signe cette pétition. Mais il en est l'auteur éminent, il en est l'auteur au deuxième degré, car il est l'auteur, il est l'endosseur, il est le représentant et réel et responsable et devant le public et devant le pouvoir de cette nouvelle sorte d'École Normale d'où ensuite le manifeste est naturellement sorti.

§. — Quand on connaît d'autre part la liaison de Herr avec Jaurès, et toute la réalité de ce monde-là, on sait qu'il n'est que rigoureusement vrai de dire, et que c'est la réalité même que Lavisse est en liaison constante avec Jaurès. Et quand on connaît son caractère c'est dire dans le même temps qu'il est aux ordres de Jaurès.

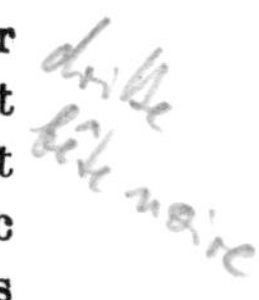

§. — Je suis confus de m'attarder aussi longtemps sur M. Lavisse et sur le cas de M. Lavisse. Mais il est très représentatif. Il représente toute une génération, et tout un système de gouvernement. Il ne s'agit pas de se perdre dans des généralités. Il faut prendre le plus beau cas, le plus représentatif, le plus éminent, et l'analyser jusqu'à en crever. Nous aussi nous pouvons tenter une analyse épuisante. En outre et je l'ai dit il est situé au point d'articulation même du danger que nous ne cesserons pas de courir.

§. — Si on ne savait pas à quel point la Sorbonne ne sait pas un mot d'histoire, (et où l'aurait-elle apprise, l'histoire ne s'apprend pas dans les cabinets de travail), on serait stupéfait de voir avec quelle légèreté ils nient l'œuvre du soldat français. Comme si la quantité de terre temporelle où on parle français n'était pas mesurée d'abord, et n'était pas incessamment mesurée par le soldat. Et comme si leur propre enseignement et leur propre rayonnement, pour ainsi parler, n'était pas mesuré d'abord n'était pas constamment mesuré par la quantité de terre temporelle où on parle français. Comme si ce n'était pas César qui avait déterminé la quantité de terre où le monde serait intellectuellement et spirituellement romain.

§. — *Un Auguste aisément peut faire des Virgiles.* Non, mais c'est un Auguste, un César qui *fait* la quantité de terre temporelle où un Virgile se fait entendre, où un Virgile n'est pas mort, où un Virgile peut espérer une temporelle immortalité spirituelle. Car c'est un Auguste, (et c'est un Octave), et c'est un César qui *fait* la quantité de terre romaine, et la quantité de terre latine, et la quantité de terre virgilienne. L'armature militaire est le berceau temporel où les mœurs et les lois et les arts et la religion même et le langage et la race peuvent ensuite, mais ensuite seulement, et alors seulement, se coucher pour grandir.

§. — Il y a un temporel. Et le temporel est essentiellement militaire. Quand on dit que les forces des puissances sont uniquement financières, premièrement on se trompe, car elles ne sont pas uniquement financières, et il s'en faut, deuxièmement il faut s'entendre, car quand on dit que les forces des puissances sont financières, on entend l'argent même comme une puissance militaire, comme une munition de guerre, comme une puissance que l'on mobilise.

§. — C'est la légion romaine et c'est le soldat et c'est enfin César qui a fait la quantité du monde où a sonné la déclinaison latine, et la conjugaison, et Nisus et Euryale, et la descente aux enfers. Et en outre ils ont porté la déclinaison grecque, et la conjugaison, et cet immense trésor. Et, *au fond*, ils n'ont point porté la déclinaison juive, et la conjugaison, mais ils ont porté le tabernacle et le Dieu d'Israël.

§. — Il n'y a rien à faire à cela. Et il n'y a rien à dire. Le soldat mesure la quantité de terre où on parle une langue, où règnent des mœurs, un esprit, une âme, un culte, une race. Le soldat mesure la quantité de terre où une âme peut respirer. Le soldat mesure la quantité de terre où un peuple ne meurt pas. C'est le soldat qui mesure le préau de la prison temporelle. C'est le soldat qui mesure la quantité de terre où un langage, où une âme fleurit. C'est le soldat qui mesure le berceau temporel. C'est le soldat qui mesure la quantité de terre temporelle, qui est *la même* que la terre spirituelle et que la terre intellectuelle. Le légionnaire, le lourd soldat a mesuré la terre à ce que l'on nomme si improprement la douceur virgilienne et qui est une mélancolie d'une qualité sans fond.

§. — Il faut aller plus loin. Non seulement c'est le soldat romain qui a porté la voûte romaine et qui a mesuré la quantité de terre, mais il a porté le temple et il n'a pas seulement mesuré la terre pour la mélancolie virgilienne, il a mesuré la terre pour les deux seuls grands héritages de l'homme ; pour la philosophie et pour la foi ; pour la sagesse et pour la foi ; pour le monde antique et pour le monde chrétien ; pour Platon et pour les prophètes ; pour la pensée et pour la foi ; pour l'idée et pour Dieu.

§. — Le soldat romain a mesuré la terre et séparé les peuples en deux. Il y a ceux qui en ont été et ceux qui n'en ont pas été et éternellement il y aura ceux qui en ont été et ceux qui n'en ont pas été. Ce qui fait que Virgile est dans Racine et dans Hugo, et Homère dans Racine, et le virgilien dans le racinien, non point comme un étranger appris, mais comme un frère et comme un père, ce n'est point Virgile même, c'est le soldat romain qui l'a fait.

§. — Mais il n'a pas fait seulement les langues romanes, et la terre mesurée aux langues romanes ; il n'a pas fait seulement les peuples romans, et la terre mesurée aux peuples romans ; il n'a pas fait seulement la romanie et la romanité et le monde romain et le monde latin. En dedans ils portaient le monde grec. C'est-à-dire la première moitié du monde antique. Et la pensée antique ne se fût point insérée dans le monde et elle n'eût point commandé la pensée de tout le monde si le soldat romain n'eût point procédé à cette insertion temporelle, si le soldat romain n'eût point mesuré la terre, si le monde romain n'eût point procédé à cette sorte de greffe unique au monde, unique dans l'histoire du monde, où Rome fournit la force et les Grecs la pensée, où Rome fournit l'ordre, et les Grecs l'invention, où Rome fournit l'empire et les Grecs l'idée, où Rome fournit la terre et les Grecs le point de source, où Rome fournit la matière et le temporel et les Grecs le spirituel et même ce que l'on pourrait nommer la matière spirituelle. Où Rome fournit le sauvageon, et les Grecs le point de culture.

§. — Il faut aller plus loin. C'est un des plus grands mystères mystiques, — on me permettra de joindre ces deux mots, — que la nécessité de Rome dans la destination temporelle de Dieu. Il fallait qu'il y eût la voûte et l'empire et la tortue et le *vallum* pour que le monde chrétien prît cette forme temporelle qu'il devait recevoir et garder. C'est la *forme* de radoub. C'est le berceau extérieur, le berceau de bois, le berceau antérieur, qui épouse les formes du navire, et d'où le navire sera lancé. Il fallut le préfet pour qu'il y eût l'évêque. C'est certainement un des plus grands mystères du monde, et c'en est peut-être le plus grand, que cette inquiétante, que cette mystérieuse place laissée au temporel dans le mécanisme total et ainsi dans le gouvernement, dans le sort du spirituel. Quelle ne faut-il pas que soit cette importance, quelle ne faut-il pas que soit cette gravité pour que la plus grande création spirituelle qu'il y ait jamais eue dans le monde ait été ainsi versée dans un moule temporel que le soldat avait préalablement établi.

§. — Non seulement Virgile, non seulement le monde grec ont été versés dans cette figure de la terre que le soldat romain avait préalablement établie, mais les apôtres mêmes y ont été versés.

§. — Non seulement la spiritualité latine, non seulement le monde latin a dû prendre la forme du monde romain, mais tout le monde grec a dû prendre la forme du monde romain ; et le monde chrétien a dû prendre la forme du monde romain. Et l'autre moitié du monde antique, les prophètes, pour une très grande part, et peut-être pour tout, a été forcée de prendre la forme du monde romain.

§. — Tout a été forcé de se revêtir du manteau romain. Et ainsi en un certain sens tout a été forcé de se revêtir du manteau militaire.

§. — C'est une destination incroyable. C'était déjà une première destination incroyable que la destination de Rome dans la force et de la force romane dans la force du monde et de Rome temporelle dans le monde temporel. C'était déjà avoir fourni une belle carrière. Mais ce qui est infiniment plus saisissant, c'est la destination de Rome temporelle dans le monde spirituel, je veux dire c'est ce besoin incroyable du temporel qui a été laissé au spirituel, cette incapacité, absolue, du spirituel à se passer du temporel. Il fallait que la cité antique fût le berceau temporel de la cité de Dieu, il fallait que l'empire fût le monde et le berceau temporel de la chrétienté. Et non seulement cela mais il fallait que la plus grande création spirituelle qui ait jamais eu lieu dans le monde subît constamment non seulement cet appui mais cette sorte de retardement propre, de frottement qui est la marque du temporel, du moule temporel, du lit temporel, du berceau temporel. Cette sorte d'irréversibilité qui a gagné le spirituel parce que lui-même glisse mais frotte dans l'irréversibilité du temporel. De sorte que le temporel a une irréversibilité propre et empreignante et que le spirituel en reçoit une irréversibilité empreinte. Et que le spirituel enfin est comme un fleuve qui glisse mais frotte dans son propre lit, comme un fleuve qui coule mais tout de même frotte au fond et aux bords.

§. — Une seule exception se présenterait peut-être, si l'on ne savait que cette exception ne signifie jamais rien, parce que c'est un peuple qui est toujours et en tout une exception. Les Juifs depuis la dispersion paraissent présenter un exemple, et le seul, d'une race spirituelle poursuivie, prolongée, poussée sans le soutien d'une armature temporelle et particulièrement militaire, sans le soutien d'un État et particulièrement d'une armée.

§. — Il est peut-être vrai. Que la race d'Israël ait poursuivi sa destination sans armature et particulièrement sans armature militaire. Et que depuis la dispersion nul soldat n'ait mesuré la terre à l'esprit de cette race. Mais premièrement l'effrayante marque et l'effrayante destination spirituelle de cette race et je dirai son effrayante marque et son effrayante destination théologique est telle qu'on en chercherait vainement une autre qui lui soit comparable même de loin. Cette dévoration d'inquiétude et cette vocation de trouble et cette élection d'infortune. Il y a quelque chose de si évidemment unique dans la destination du peuple d'Israël qu'il ne serait point étonnant qu'il eût poussé jusqu'à n'avoir point besoin d'un berceau temporel et pour dire le mot jusqu'à ce que son esprit n'eût pas besoin d'un corps. Mais quand on les connaît bien, et quand on les voit pousser parmi les peuples, et de génération en génération, leur fatal entêtement, leur obstination d'une intarissable inquiétude, et leur inépuisement d'une infortune intarissable, on sait qu'il ne faut jamais conclure d'eux à aucun autre, car nul autre peuple ne porte aussi évidemment une marque, et en ceci particulièrement, je veux dire dans la référence du spirituel au temporel, il ne faudrait peut-être pas conclure d'eux à aucun autre.

§. — Toutefois et deuxièmement il y aurait lieu d'examiner si ces témoins du dehors n'ont pas bénéficié en quelque sorte de la chrétienté temporelle et de Rome temporelle et de l'empire et de Rome militaire même. Je veux dire les Juifs à la dispersion et depuis et dès avant ne se sont-ils pas répandus eux-mêmes dans tous les pays de l'empire comme sur les bords d'un vase tout préparé. Cette diffusion n'a-t-elle pas été en ce sens et méditerranéenne, et romaine, et impériale. Et la diffusion judaïque n'a-t-elle pas été très semblable, et très apparentée, et très liée à la diffusion chrétienne. N'a-t-elle pas été de même forme, de même procès, de même acheminement moléculaire. Ne s'est-elle pas souvent et longtemps confondue avec elle. En ce sens et dans cette mesure la diffusion juive a encore pris cette forme que prenait tout le monde, elle est encore entrée dans ce monde où est entré tout le monde. Israël en fin de compte et en même temps et par un mouvement apparenté a pris pour sa diffusion et pour la dispersion même le berceau temporel même que prenait pour sa communion la naissante chrétienté.

§. — Israël en fin de compte a pris pour sa dispersion et elle a dû prendre le monde que Rome avait fait, le monde que tout le monde a pris. Et il n'est point téméraire de dire que Israël a continué une cité spirituelle de dispersion temporelle dans la même forme de monde, dans le même moule de monde, dans le même berceau de monde où la chrétienté fondait une cité spirituelle de resserrement temporel. Ou au moins de condensation temporelle. Comme en somme la mer et les sables de la mer épousent tout de même les mêmes bords.

§. — Et depuis ces témoins du dehors ont vécu en marge de la chrétienté. Mais en un sens ils n'ont point vécu *en dehors* de la chrétienté, (pour un historien du monde, pour un historien de l'*Histoire universelle*), puisqu'ils ont vécu en marge. Ils s'étaient coulés autrement dans le même moule temporel, dans le même monde, dans la même terre mesurée, les uns pour y témoigner dans la communion, et les autres pour y témoigner dans la dispersion. Et comme une marge d'*in octavo* n'est essentiellement pas la même qu'une marge d'in-18, c'est-à-dire comme la marge est essentiellement liée au texte dans le format et commandée par le texte dans le format et commandée par le format, ainsi et dans ce sens et dans le même livre ils sont la marge de chrétienté. Ce qui revient à dire que c'est encore le soldat romain qui a jalonné la dispersion d'Israël.

§. — Que la Sorbonne le veuille donc ou non, c'est le soldat français qui lui mesure la terre. C'est le soldat français et c'est le canon de 75 et c'est la force temporelle qui ont jalonné, qui ont mesuré, qui mesurent à chaque instant la quantité de terre où on parle français. Si le lieutenant d'artillerie coloniale Ernest Psichari ne s'était pas battu en français jusque dans l'Adrar, (ou aux environs), (pardonnez-moi cette imprécision, mon fidèle ami), l'écrivain Ernest Psichari écrivait en vain un admirable roman. Le temporel garde constamment, et commande constamment le spirituel. Le spirituel est constamment couché dans le lit de camp du temporel. C'est en définitive, ou plutôt c'est à l'origine et c'est tout le temps le soldat, (et son ennemi cet autre soldat), qui fait qu'on parle ou qu'on ne parle pas français ici ou là. C'est le soldat qui fait qu'on parle français de Dakar à Bizerte et de Brest à Longwy. C'est le soldat qui fait qu'on parle français à Maubeuge et à Liège et en somme à Mulhouse et à Colmar. Et c'est le soldat qui fait qu'on parle français à Paris.

§. — De sorte qu'en dernière définitive le soldat ne sert pas seulement à empêcher de passer quand la Sorbonne fait des cérémonies dans la rue, il sert aussi à empêcher tout le monde de passer quand la Sorbonne exerce son gouvernement dans le monde. L'obéissance passive, si honnie des Sorbonnards, fait que le soldat défend aveuglément la Sorbonne contre tous ses ennemis.

§. — Est-ce donc seulement par légèreté, par manque de gravité, par manque de réflexion, par manque d'esprit et d'esprit de suite et de philosophie que la Sorbonne en veut ainsi au soldat protecteur. Et au soldat toujours pionnier, (pionnier, pion, *pedo*, fantassin, piétaille). Si ignorants qu'ils soient, ils soupçonnent tout de même un peu tout ce que je viens de dire. Je serais tenté de croire que c'est plutôt qu'ils ont vraiment tous le tempérament de leur ami Jaurès, le même caractère, s'il est permis de nommer ça un caractère, cette bassesse, ce goût de l'avanie, et ce qui va ensemble, cette basse envie, ce besoin profond d'ingratitude pour qui les sert.

§. — On se demande s'il n'y a pas plus, (moi qui les connais bien) : cette secrète pensée qu'un *Professor* est plus qu'un professeur, et un *Doktor* plus qu'un docteur. Et on ne sait quel obscur dessein, que de devenir *Professor*, de professeur qu'on était, ce serait monter ; en grade. Et *Doktor*, de docteur.

§. — Il faut avouer qu'il y a quelque chose de véritablement monstrueux à ce qu'un peuple soit ainsi trahi par sa tête. Puisqu'ils sont pangermanistes, et qu'il faut tout faire à l'allemande, enfin pourquoi n'imitent-ils pas l'Allemagne de 1813. Un opportun centenaire, et les Allemands l'ont célébré avec assez d'ostentation, pouvait peut-être leur en donner l'idée. Même dans les manuels de M. Seignobos nous avons appris que les Universités allemandes étaient en 1813 à la tête d'une Allemagne qui voulait se libérer. Pourquoi faut-il qu'en 1913, et sous la demi-présidence de M. Seignobos, l'Université de Paris se rebelle contre une France qui ne veut pas tomber en servitude. Enfin M. Seignobos peut-être sait ce qu'il y a dans ses manuels.

§. — Dirai-je quelques mots de M. Seignobos. Mais je ne les dirai qu'avec une extrême réserve. Car j'ai connu M. Seignobos dans des circonstances mémorables.

§. — Elles sont mémorables pour moi, elles ne le sont peut-être pas pour lui. Ces historiens oublient si vite.

§. — C'était je pense en 97 ou aux environs. 1897 Car 1797 c'était le premier Directoire, (celui d'aujourd'hui étant le deuxième), et nous ne touchons 1797 précisément que par les livres des historiens. 1897, qui est très loin aussi, nous le touchons dedans notre mémoire. Un jour des temps, en 1897, les bandes antisémitiques et antidreyfusistes avaient, par quelque ruse de guerre, et je soupçonne par quelque violence, envahi la Sorbonne.

§. — Ce fut une grande affaire. Ces bandes antisémitiques et antidreyfusistes étaient fort braves, elles étaient fort bien conduites, elles étaient très allantes et prenaient les plus vigoureuses offensives, conformément aux principes de la guerre moderne. Vous êtes trop jeunes, mes enfants, pour avoir connu tout ça. Et nous aussi nous étions fort braves, nous les bandes antiantisémitiques et dreyfusistes et nous étions fort bien conduits, (car nous nous conduisions nous-mêmes), et nous pratiquions les plus vigoureuses offensives, conformément aux principes de la guerre moderne. Il n'y avait que les radicaux, dans ce temps-là, qui n'étaient pas braves. Dans ce temps-là.

§. — Tout le monde se battait, dans ce temps-là. (Il n'y avait que les radicaux qui ne se battaient pas. Ils étaient pleins d'une étrange frousse politique redoublée d'une étrange frousse parlementaire et compliquée d'une étrange frousse électorale). Nous tous les autres nous nous battions comme des chiens et je puis le dire, dans ces batailles de la rue rien de part et d'autre ne fut jamais commis contre l'honneur.

§. — Il n'était pas question d'être pacifiste, dans ce temps-là. Tout le monde était à la guerre, tout le monde faisait la guerre. Il est vrai que c'était la guerre civile et elle a toujours eu des charmes. La guerre a des douceurs à nulle autre pareille. Il n'y a que les radicaux qui ne faisaient pas la guerre. Ils attendaient dans une sorte de tremblement sénile, politique, parlementaire, électoral, que tout le monde fût éreinté pour dépouiller tout le monde. C'est ce qui est arrivé et c'est toute l'histoire de ces quinze dernières années. Nous avons connu une Chambre où il n'y avait qu'*un seul* député dreyfusiste et c'était Vazeille. Vazeille est ce qu'il est, mais il est le seul député qui ait marché droit d'un bout à l'autre de l'affaire Dreyfus. Aussi aux dernières élections, ou aux avant-dernières, il faillit être déboulonné de Montargis, je dis déboulonné comme député, par un Juif extrêmement riche et naturellement radical. Et les radicaux l'appelaient *ce curé de Vazeille.*

§. — Tout le monde en ce temps-là était militaire, et militariste. Nous formions deux ardentes armées. Également honorables au point de vue de la guerre. Également honorables au point de vue du sport. Il n'y avait que les radicaux qui n'avaient point trouvé place dans ces deux immenses armées. Ils se préparaient seulement à ravager le champ de bataille, à dépouiller les blessés et les morts.

§. — C'est vraiment un grand mystère que cette sorte de ligature du spirituel au temporel. On pourrait presque dire que c'est comme une sorte d'opération d'une mystérieuse greffe. Le temporel fournit la souche et le spirituel, s'il veut vivre, s'il veut produire, s'il veut continuer, s'il veut poursuivre, s'il veut fleurir et feuillir, s'il veut bourgeonner et boutonner, s'il veut poindre et fructifier le spirituel est forcé de s'y insérer. La force fournit la souche et l'esprit est forcée de s'y insérer. Le corps fournit la souche et l'esprit est forcé de s'y insérer.

Rome fournit la force et l'idée antique est forcée de s'y insérer.

§. — Les bandes antisémitiques avaient donc envahi la Sorbonne. — Eh bien, me dites-vous, ce n'était pas difficile. Il fallait vous précipiter à la Chambre et les trois cents députés radicaux accouraient à votre secours. N'était-ce point déjà le bloc. Ce bloc aurait fait un beau bataillon tout le long du boulevard Saint-Germain.

§. — Mon petit ami vous ne me suivez pas. Ils étaient *un*, en 97, les députés radicaux qui volaient à la défense de la République. Mon ami les députés radicaux veulent bien être dreyfusards en 1913, et il faut leur rendre cette justice qu'en 1913 ils sont des dreyfusards forcenés, des dreyfusards fanatiques. Mais en 97 ils aimaient mieux ne pas être dreyfusards. Chacun son goût. Et en 1913 les radicaux se bousculent comme des petites folles, tant ils se jettent ensemble au secours de la République. Mais en 97 ils préféraient *regarder vers leurs circonscriptions*.

§. — Rassurez-vous toutefois, mes petits agneaux, et ne tremblez point ainsi dans vos souquenilles. M. Seignobos ne fut pas ce jour-là détruit par les bandes antisémitiques. La preuve c'est qu'il existe encore. Et ça c'est une preuve historique. Ou alors il n'y en a pas. Non, il ne fut pas massacré. Car je veillais.

§. — J'accourus à son secours. C'est là un de ces menus incidents que les historiens négligent mais que les chroniqueurs n'oublient pas. Les chroniqueurs n'omettent rien. C'est uniquement pour cela que les historiens ne peuvent pas souffrir les chroniqueurs. J'étais jeune en ce temps-là, et normalien, (les deux ne sont pas incompatibles). Je n'étais pas comme aujourd'hui un pamphlétaire fatigué. L'École Normale dans ce temps-là était merveilleusement outillée au point de vue militaire. Non point comme aujourd'hui pour faire des officiers de réserve, mais dans ce temps-là pour faire des soldats de cette guerre civile. Nous étions, nous formions une petite bande d'une souplesse, d'une mobilité, mais d'une fermeté extraordinaire. Notre vitesse de mobilisation avait été portée à un point de précision inouï. En moins de quelques minutes, (mettons six ou sept *en tout*), nous pouvions, partant du 45 de la rue d'Ulm, porter nos effectifs sur les points menacés de la Sorbonne. Il faut dire que *conscrits*, *carrés*, *cubes* nous étions des soldats de trois ans. Il y avait même un certain nombre de rengagés, sous le nom de *bicarrés*, *archicubes* et *préparateurs*. Le plus justement célèbre de ces préparateurs était le préparateur de mathématiques.

§. — L'avouerai-je, dans ce temps-là j'étais une sorte de chef. Il faut tout pardonner à la jeunesse. On a le droit d'être un chef jusqu'à vingt-quatre vingt-cinq ans. Vingt ans d'une solitude croissante et qui ne fera que croître me donnent peut-être le droit de rappeler que dans ce temps-là j'étais pour ainsi dire le chef militaire de l'ancienne École Normale. Ou plutôt il y avait deux chefs. J'étais le chef militaire les jours *qu'il y avait* à se battre. Herr était le chef militaire les jours *qu'il n'y avait pas* à se battre. Et comme la capacité d'un même homme ne varie jamais beaucoup, j'avais en somme dans ce militaire civil sensiblement le même commandement que j'ai depuis dans le militaire militaire. C'est-à-dire que j'avais une bonne section.

C'était bien, à bien peu près, le même effectif.

§. — Mon Dieu je ne dirai pas que je sauvai la vie à M. Seignobos, pour mon entrée à moi dans la vie, et pour mes débuts dans l'existence, et pour mon entrée en matière, et pour mon entrée en relation. C'est beaucoup plus simple. Nous l'empêchâmes seulement d'avoir la gueule, (comme nous disons), cassée par ce que l'on nommait dans les journaux les matraques antisémites, (et il faudrait dire antisémitiques), et qui étaient simplement de vigoureux gourdins. Mettons d'un mot que nous réussîmes à lui voiler la face. Ou à lui sauver la face.

§. — Toute une attitude de M. Seignobos envers moi depuis quelques années et la dernière lettre que j'ai reçue de lui me donnent à penser qu'il a complètement oublié ces temps héroïques. C'est dans l'ordre. Mais Labiche, Eugène Labiche ne serait pas ce qu'il est, le plus grand psychologue qu'il y ait jamais eu devant l'Éternel si moi je n'en avais pas voué à M. Seignobos une impérissable reconnaissance. Dans ce Voyage en Suisse que fut l'affaire Dreyfus M. Seignobos faisait M. Perrichon. Et ce fut nous qui sauvâmes M. Seignobos d'un danger purement imaginaire. Comment dès lors ne pas nous attacher à lui, et ne pas lui vouloir du bien jusqu'à expiration de chaleur animale.

§. — Je lui rendrai donc, et aujourd'hui même, un certain nombre de services. Comment enfin parler de quelque chose de tout ce qui se passe et ne pas s'occuper de lui. Il s'est beaucoup démené depuis ces six ou sept semaines. Il a été vraiment voyant. (Je prends ce mot non pas au sens de Victor Hugo et de Leconte de Lisle, où un voyant veut dire un prophète, mais au sens où on dit d'une étoffe, d'une couleur, d'une robe qu'elle est voyante). En ce sens M. Seignobos a été vraiment très voyant depuis six ou sept semaines, et on ne peut vraiment pas parler de ce qu'il y a sans dire un mot de lui.

§. — M. Seignobos est en train de perdre, en quelques semaines, la plus vieille, la meilleure, la plus authentique popularité qu'il y eût dans tout le Quartier Latin. J'étonnement nerai peut-être M. Seignobos en lui révélant que cette popularité n'était aucunement fondée ni sur son œuvre d'historien ni sur son métier de professeur d'histoire. Elle était fondée sur cette espèce de promptitude, dans la repartie, sur cette espèce d'abrupt, et un peu cru, de primesautier, de sincère et de brave, de nature, de non convenu, de non artificiel, de non conventionnel, de non solennel, de non officiel, de non truqué, de non universitaire, (d'universitaire tout de même), de non professeur, (de professeur tout de même), et de non fonctionnaire et de non Sorbonnard et de Sorbonnard tout de même. Elle était fondée sur cette brusquerie courte et coupée, verte, sur cette verdeur, sur cet humour un peu braque mais d'autant plus singulier, d'autant plus attachant, d'autant plus prenant et sympathique, inattendu, sortant en boutades les plus imprévues, les plus réjouissantes, les plus crues ; les plus baroques ; censément les plus neuves ; les plus matérielles ; souvent les plus terre à terre et les plus réalistes ; toujours les plus contraires à ce que l'on attendait à ce moment-là d'un professeur d'histoire, et d'un universitaire, et d'un Sorbonnard. Le tout servi par un bégaiement si perfectionné que non seulement ce bégaiement est prodigieux chez un professeur mais qu'on ne me fera jamais croire qu'il n'est pas voulu. Le bégaiement, (on le sait), est la plus grande marque (temporelle) de la sincérité.

§. — Je ne puis vraiment pas ne pas parler de M. Seignobos. Il s'est tellement montré dans ce meeting, dans toute cette action. Ce serait un enfantillage de faire semblant de ne pas l'avoir vu. Ce serait lui faire injure que de ne pas tenir compte de lui. Et lui-même certainement il en serait blessé.

§. — Je lui dirai donc, mon cher maître. Mon cher maître n'écrivez donc pas, et des longs articles, dans des journaux allemands, ni dans la *Gazette de Francfort* ni dans la *Gazette de Cologne*, ni dans la *Gazette de Poméranie*, ni dans n'importe qu'elle autre *Zeitung*. Premièrement je ne comprends pas que vous ne sentiez pas qu'il y a là, en ce moment, une question de la plus élémentaire décence. Même M. Maximilien Harden n'écrit pas dans la *Dépêche de Toulouse*. Deuxièmement ces boutades qui sont évidemment excellentes au 16 et à l'heure du thé sont méconnaissables, deviennent tout à fait autres dans un journal allemand. Cette boutade si ingénieuse, *qu'il n'y aura pas la guerre, parce que la guerre détruit les armées.* Nous savons, nous, goûter tout le charme d'une telle invention. Mais les Allemands le goûteront-ils. Ces Allemands sont si bêtes, et si habitués au document, (si quelqu'un le sait, mon cher maître, c'est vous) : ils sont bien capables, quand ils trouvent dans un journal allemand un article, et un long article de M. Seignobos, professeur d'histoire à la Faculté des Lettres de l'Université de Paris, de croire qu'ils ont en face d'eux, et un professeur, et un historien, et un universitaire, et un fonctionnaire, et un officiel, (surtout étant donné ce qu'est chez eux un professeur) ; pour tout dire leur mouvement est certainement de croire qu'ils ont en face d'eux quelqu'un d'autorisé et pour tout dire enfin ils sont si sots que ce qu'ils attendent d'un vieillard et d'un homme en place ce n'est peut-être pas des gamineries.

§. — Même en France, que M. Seignobos me permette de le lui dire, tout le monde ne le connaît pas comme nous le connaissons. Tout le monde n'est pas comme nous dans la clef de fa. Je sais bien que tous ces meetings ne sont guère pleins que de professionnels. Mais enfin dans ces meetings il peut se glisser par erreur quelques éléments de véritable peuple. Quand M. Seignobos parle dans un meeting, avec l'autorité que nous lui avons donnée par ailleurs, le peuple peut être tenté de faire ce raisonnement imprudent : qu'il sait *l'*histoire, puisqu'il l'enseigne. (Car pour nous nous débattons la question de savoir s'il y a *de* l'histoire ou s'il n'y en a pas, mais le peuple sait très bien qu'il y a *l'*histoire, puisqu'on la lui apprend ; et qu'elle est sur les programmes). Le peuple écoute M. Seignobos ce qu'il est officiellement, comme il est lui-même sur les programmes. Le peuple ne sait pas quel enfant gâté nous avions fini par faire de notre maître.

§. — Quand M. Seignobos officiellement et publiquement se porte garant qu'il n'y *aura pas* la guerre, il perd certainement de vue que le métier de l'historien dans la République ce n'est pas de prédire l'avenir, c'est de *prédire le passé*. Et encore ils s'y prennent tellement mal pour prédire le passé, et ils y réussissent évidemment si peu qu'ils feraient un peu mieux d'essayer de se reconnaître dans leur domaine, plutôt que de vouloir empiéter sur le domaine réservé.

§. — On voudrait aussi que M. Seignobos prédît le présent avec un peu plus d'exactitude, qu'il n'affirmât point en ce moment, qu'il ne déclarât point *ex officio* et si je puis dire *ex cathedra*, (puisque la tribune des meetings leur est devenue une sorte de chaire, de chaire professorale, de chaire magistrale), qu'en ce moment-ci et depuis quelques années et pour ces quelques années qui viennent l'Allemagne n'accroît aucunement ni ses armements ni ses effectifs. Parce qu'il se rend ainsi la risée de tout le monde. Et nous qui le connaissons nous pouvons savoir que c'est une brimade et un *canular* et nous pouvons trouver qu'il est exagéré (le *canular*). Mais ceux qui ne le connaissent pas, (qui ne connaissent pas M. Seignobos), (le public), pourraient croire qu'il est fou : ou qu'il ment.

§. — Je suis l'homme le plus libéral du monde ; pourvu que le libéralisme ne soit pas l'*ignavia*. Je suis plus libéral que tous ces libéraux et tous ces libertaires qui en font tant de cérémonies. Je ne dis pas que l'on est forcé de croire que l'on aura la guerre, mais je dis que c'est une folie de *garantir* qu'on ne l'aura pas.

§. — Il y a là, de la part de cet historien, une méconnaissance, une ignorance, un oubli incroyable de ce que c'est que la réalité même de l'événement, et de l'événement proprement historique. On peut à la rigueur avoir l'opinion qu'il n'arrivera rien, bien qu'il soit extrêmement difficile de penser que tout cela finira sans qu'il finisse pas arriver quelque chose. Mais enfin c'est à la rigueur et pour ainsi dire à la limite une opinion. Ce qui est fou, ce qui est une gageure, dans une situation comme celle-ci, c'est de *garantir* qu'il n'arrivera rien. Il faut être professeur, et professeur d'histoire, pour tenir le coup à une telle gageure. L'habitude qu'ils ont prise de savoir la guerre mieux que Napoléon et la paix mieux qu'Auguste et que Napoléon leur a donné cette assurance.

§. — Il faut être un professeur, et un professeur d'histoire, et (croire) avoir saisi dans le passé les lendemains de toutes les veilles et les liaisons de tous les lendemains à toutes les veilles pour croire que l'on saisira aussi la liaison de ce lendemain unique à cette veille unique qu'est aujourd'hui. On saisit bien le lendemain, monsieur le professeur, monsieur notre maître, mais on ne saisit pas demain.

§. — J'avoue que je suis assez blessé de cette idée de M. Seignobos de parier un déjeuner avec M. Marcel Prévost que nous n'aurons pas la guerre et je comprends l'ahurissement de M. Marcel Prévost et je suis surpris que M. Seignobos ne le comprenne pas. M. Seignobos devrait savoir assez d'histoire pour soupçonner que tout cela ne finira peut-être point et en tout cas ne se réglera pas par un déjeuner. Nous ne savons pas ce que sera demain. Mais nous savons très bien ce que nous ferons demain, dans toutes les hypothèses. Nous savons très bien que nous ferons que nous sommes résolus à ne pas tomber dans le ridicule comme en 70. Nul ne peut se vanter qu'il ne sera pas vaincu. Mais nous nous vantons que nous ne serons pas vaincus dans la catégorie du ridicule. Et autant que nous le pourrons nous ferons que ça ne ressemble ni à 70 ni à 71 et nous ferons que ça ressemble à 93. Nous ne savons pas ce que sera demain. Et différentes hypothèses peuvent être envisagées. S'il n'y a rien, (ce qui est difficile), ça va bien. S'il y a quelque chose, et que nous soyons vainqueurs assez aisément, ça va bien. S'il y a quelque chose et que dans ce balancement des forces sinon des vitesses nous soyons vainqueurs malaisément, ça va peut-être bien. Mais si les situations, de difficiles deviennent critiques ou simplement graves, ce serait une folie, (une deuxième folie, et celle-ci coûterait plus cher), de croire que nous ne rattraperons pas l'ennemi de l'intérieur. Nous sommes résolus à tout prix à ne pas retomber dans le ridicule de 1870. Tous les exemples sont là. Et tous les exemples révolutionnaires et tous les exemples républicains. Et c'est un grand bonheur qu'ici et en ceci notre vieux sang révolutionnaire et notre vieux sang républicain ne fassent qu'allumer encore notre vieux sang français et qu'ils se trouvent d'accord si pleinement et travaillent ensemble et cela n'arrive pas tous les jours. C'est un si rare bonheur, nous en profiterons donc. Tous les exemples sont là, tous les exemples nous instruisent. Si les Communards, c'est-à-dire les Parisiens qui avaient le goût de combattre jusqu'au delà de la dernière extrémité, c'est-à-dire d'un mot si les Communards c'est-à-dire les Parisiens qui voulaient mourir avaient commencé par se débarrasser des politiciens, des intellectuels et des traîtres qui les empêchaient de se battre, on n'en eût pas fusillé ensuite trente-cinq ou quarante mille. Malheur au parti qui ne réduit pas les ennemis de l'intérieur. Tout mon vieux sang révolutionnaire et républicain me remonte ici et j'avoue que dans ces temps-là je ne mets rien au-dessus de ces excellentes institutions *d'ancien régime* qui se nomme le Tribunal Révolutionnaire et le Comité de Salut public et même je pense le Comité de Sûreté générale. Ils ont sauvé la France, c'est tout ce qu'on leur demande. Et dans ces moments-là je ne mets rien au-dessus de Robespierre dans l'ancien régime et rien au-dessus de Richelieu dans le régime révolutionnaire. Nos maîtres (d'histoire) ont peut-être entendu parler d'un nommé Robespierre et d'un nommé Richelieu, et d'un Tribunal Révolutionnaire, et d'un Comité de Sûreté générale, et d'un Comité de Salut public. Et sous ces gouvernements-là tout ne se paye pas par un déjeuner que l'on a perdu, et on ne joue pas un déjeuner mais on joue sa tête, ou on joue sa peau, selon que l'on préfère s'adresser aux fournisseurs civils, ou aux fournisseurs militaires.

§. — Il n'y a peut-être pas un homme en France qui soit autant que moi l'ennemi de M. Hervé. Mais il faut reconnaître qu'il n'est point un pleutre comme Jaurès, et il s'en faut, (il fait assez trembler Jaurès), et qu'il n'est point un fourbe comme Jaurès, et il s'en faut, et qu'il n'est point comme Jaurès un grossier maquignon du Midi et qu'il y a dans son système, (dans ses faux systèmes), parfois une certaine raideur logique, et des morceaux qui se tiennent, (c'est déjà ça), et des éclairs et des éclats d'une certaine droiture. Il ne sait pour ainsi dire jamais ce qu'il faut dire, mais il sait presque toujours ce qu'il dit, et surtout il sait assez souvent de quoi on parle, dans quel plan on est, dans quel jeu de valeurs, dans quel ordre de grandeurs on se meut. Il est indéniable qu'il sait un peu d'histoire. Et c'est d'autant plus merveilleux qu'il en est agrégé, d'histoire, ou qu'il y est agrégé, comme on voudra. Il y a quelques années, quand il commençait ses exercices, Hervé déclarait modestement qu'il était le meilleur élève de M. Seignobos. Ce n'était pas assez dire et nous nous dirions que Hervé était et qu'il est le meilleur élève *que* M. Seignobos. Ou encore j'aimerai mieux dire que M. Seignobos est le plus mauvais élève de Hervé. Il (Hervé) préconisait il y a quelques années une petite opération que je suis forcé de nommer de mobilisation elle-même par laquelle le premier jour de l'autre mobilisation, (de la nôtre), et pendant la première heure les militants fusilleraient les militaires, c'est-à-dire que l'armée du général Hervé, (comme on le nomme aujourd'hui non sans quelque apparence), fusillerait tous les officiers, sous-officiers, caporaux et soldats de l'armée militaire, plus tous les officiers, sous-officiers, caporaux et soldats des pompiers de Paris, plus tous les officiers, sous-officiers, brigadiers et cavaliers, plus tous les officiers, sous-officiers, brigadiers et canonniers, plus tous les officiers, sous-officiers, caporaux et sapeurs, et non seulement cela mais tous ceux de la réserve de l'armée active et tous ceux de la territoriale et tous ceux de la réserve de l'armée territoriale, et les volontaires plus jeunes, et les volontaires plus vieux, et les recrues, et les vétérans, et en outre qu'elle massacrerait les pontonniers, les télégraphistes, tous ces services que j'oublie. Ils n'épargneraient que les services de santé. Et encore. Il est permis de traiter par le mépris une telle imagination. Je n'en veux retenir que ceci, c'est qu'il sait très bien de quoi on parle, et dans quel plan on se meut. Il sait très bien, lui, que ce n'est pas une question d'un déjeuner, et que c'est une question de vie ou de mort.

§. — Sa seule erreur était de croire que nous nous laisserions faire, et que, nous partis, nos femmes et nos enfants les laisseraient faire. En temps de paix ceux qui vont au meeting ont toujours raison, parce que les autres travaillent. Mais en temps de guerre tout le monde est au meeting.

§. — Le plus cafard de toute la bande c'est notre vieil ami le vidame Francis de Pressensé. On croyait qu'il était péri, mais voilà que l'on dit qu'il s'est réveillé à Brest, port transatlantique. Ce bouffi, (et on sait de reste que ce mot n'est point une injure quand il s'adresse à M. Francis de Pressensé), ce tonneau a résolu d'occuper depuis dix ans la seule position peut-être qui soit intenable. Voici ce que je veux dire.

§. — Mais d'abord je veux noter que M. Francis de Pressensé est peut-être le plus bel exemple que je connaisse de ce que, (comment dire, il faudrait ici une conjonction latine, et une conjonction adverbiale, et une conjonction latine de style indirect), (d'interrogation indirecte), de combien, *quanto*, il est le plus bel exemple et peut-être le plus beau témoin de combien les vertus de la guerre sont plus faciles que les vertus de la paix. Et c'est assez réussi pour un pacifiste. Il ne fait (j'allais dire malheureusement) aucun doute que pendant les deux ou trois années de la guerre de l'affaire Dreyfus M. de Pressensé fut une sorte de héros. Et quand je dis une sorte, j'ai tort. Je me laisse aller à un mouvement de mauvaise humeur, à un mouvement de restriction parfaitement idiot. Il fut un héros de toute sorte, et particulièrement de la sorte militaire. Ceux qui ont gardé le souvenir des conférences Mirbeau-Pressensé-Quillard et des invraisemblables tournées en province savent, et nous témoignerons toujours, que Quillard, qui est mort, que Mirbeau, que j'exècre, et que Pressensé, que je ne puis décidément plus souffrir, se comportèrent comme des héros. Le malheur est que l'on ne peut évidemment pas toujours se battre et qu'un jour il faut signer la paix. La paix dans cette guerre, la paix qui termina cette guerre fut ce que l'on nomma l'amnistie, contre laquelle nous ne cessâmes pas de nous élever. Quand cette paix boiteuse eut été signée, quand M. de Pressensé fut devenu un demi-solde du dreyfusisme, il perdit complètement le nord. Et notamment le nord du dreyfusisme. D'abord il crut que ce n'était pas souscrire à l'amnistie que d'en violer constamment les clauses par des forfaitures, par des retenues, par des inventions frauduleuses, oubliant qu'une paix faussée n'est point la grande guerre et qu'elle cumule au contraire dans un rassemblement contradictoire les vices d'une mauvaise paix et les vices d'une mauvaise guerre. Mais c'est un sophisme de raison et un sophisme de conduite qui est demeuré très fréquent. Nous essaierons de l'analyser un peu si j'arrive à parler un jour du cas ou comme on dit de l'affaire du Paty de Clam et d'un autre cas que je connais. Depuis qu'il fut rendu aux loisirs de la paix M. de Pressensé, avec une sorte de soin jaloux, n'a point cessé de tenir les positions de déséquilibre et de contradiction intérieure les plus intenables. Ce fut une sorte de gageure si inlassablement tenue que l'on dirait un amusement. Mais c'est un amusement qui coûte cher à un peuple, et même à un parti, et à une doctrine. Par cette sorte de gageure insoutenable inlassablement soutenue, cette grosse barrique a tenu constamment des positions et des situations de déséquilibre intellectuel et même mental où un mètre cube le plus carré n'arriverait pas à se mettre sur son derrière. Voici ce que je veux dire.

§. — J'admets qu'un syndicaliste dise : *Je ne veux pas entendre parler de l'Alsace-Lorraine.* Quand je dis que je l'admets, on entend bien que je l'admets au deuxième degré. Ou si on veut compter autrement, au premier. Je l'admets une fois qu'on est dans le syndicalisme. Un syndicaliste est un homme qui dit : *Je ne m'occupe pas des peuples, je ne m'occupe pas des races, je ne m'occupe que des classes. Je ne m'occupe pas des oppressions politiques, des oppressions subies par les peuples, je ne m'occupe que de l'oppression économique, de l'oppression subie par la classe ouvrière.* Je le répète, une telle conception, une telle doctrine peut être exécrable, elle peut être haïssable, et ce qui est plus grave elle peut être incomplète, mais au moins en elle-même elle se tient, en somme en elle-même elle est constante. Mais Pressensé.

§. — S'il y a une doctrine où il y ait une question d'Alsace-Lorraine et où elle soit éternelle et où la revendication soit imprescriptible c'est la doctrine des Droits de l'Homme et c'est la doctrine de la Déclaration des Droits de l'Homme et par suite je pense, (mais c'est ici peut-être que je me trompe), c'est la doctrine de la Ligue des Droits de l'Homme M. de Pressensé est le président de la ligue des Droits de l'Homme ou enfin il est le président du Comité Central ou enfin il est le gros bonnet et le plus gros personnage de la Ligue des Droits de l'Homme. Non seulement cela, mais il est essentiellement la Ligue des Droits de l'Homme. Il en est la tête, il en est la moelle, il en est le noyau, il en est le mage, il en est le corps et tout le volume. Il est même assez amusant que cette ancienne grande ligue censément démocratique et pour tout dire qu'une Ligue des Droits de l'Homme soit en réalité monarchisée à ce point. Mais cela les regarde. Ce que je veux dire c'est que il serait monstrueux, s'il n'était surtout souverainement ridicule, tant c'est contradictoire, que ce soit justement une Ligue des Droits de l'Homme qui déclare qu'il n'y a pas une question de l'Alsace-Lorraine.

§. — Il y a des systèmes où il n'y a pas de question d'Alsace-Lorraine. Mais le système des Droits de l'Homme est peut-être celui où au contraire si je puis dire la question d'Alsace-Lorraine bat son plein ; celui où elle est pour ainsi dire le plus pure ; celui où certainement elle rend le plus. C'est celui où elle est, où elle existe le plus. C'est peut-être même le seul où elle existe intégralement.

§. — Je ne voudrais point parler un langage un peu philosophique, mais enfin s'il y a un système où le droit des peuples à disposer d'eux-mêmes soit un absolu ; et un primat ; et une donnée ; immédiate, c'est bien le système de la Déclaration des Droits de l'Homme.

§. — Nous l'avons vu de reste depuis quinze et vingt ans par la simple énumération des peuples en faveur de qui la Ligue des Droits de l'Homme et le personnel de la Ligue des Droits de l'Homme nous a demandé notre concours. Je le sais d'autant mieux qu'à chaque fois nous avons fait un cahier. Moi aussi je suis pour la liberté des peuples. La seule différence c'est que les politiciens de la Ligue des Droits de l'Homme en vivent et que nous au contraire nous vivons et travaillons et nous nous dépensons pour elle. Cahier de notre collaborateur Jean Deck pour la Finlande ; cahier de notre collaborateur Pierre Quillard pour l'Arménie ; cahier de notre collaborateur Bernard-Lazare pour les Juifs de Roumanie ; cahier que notre collaborateur Bernard-Lazare nous préparait pour les Juifs de Russie et qui fut écrit par nos collaborateurs Henri Dagan et Élie Eberlin ; *et par notre collaborateur Georges Delahache;* cahiers de notre collaborateur Edmond Bernus pour les Polonais rendus Allemands et Prussiens ; cahiers de nos collaborateurs Pierre Mille et Félicien Challaye pour les nègres du Congo français et de l'ancien Congo léopoldien ; et en ce moment même je crois qu'on nous prépare un cahier pour les nègres des possessions portugaises.

§. — Certes je ne regrette rien et si ces cahiers étaient à refaire je les referais tous. Et j'espère que nous en referons encore bien d'autres, des pareils. Mais je demande : Pourquoi nous demande-t-on de nous émouvoir pour tous les peuples opprimés, excepté pour un seul, qui est comme par hasard un peuple français.

§. — Je le demande particulièrement et en quelques mots à notre collaborateur Félicien Challaye, qui travaille beaucoup dans les peuples opprimés et qui en est devenu une sorte de professionnel. Challaye a trouvé ici toute latitude pour défendre les peuples opprimés qui sont ses clients. Admet-il ou n'admet-il pas qu'on doive défendre aussi le peuple opprimé d'Alsace et le peuple opprimé de Lorraine.

§. — J'en dirai autant, ou plutôt j'en demanderai autant à notre maître M. Gabriel Séaille ou Séailles, (on me pardonnera, je n'ai pas ses Œuvres complètes sous la main et je ne sais plus s'il prend un s ou s'il n'en prend pas). M. Séailles a-t-il assez présidé de meetings *pour* les peuples opprimés. Alors comment se fait-il qu'il préside un meeting *contre* les Alsaciens-Lorrains.

§. — Je demande bien peu. Je demande seulement que l'on soit constant. Ou qu'on ne nous parle pas des autres peuples, et alors je consens qu'on ne nous parle pas des Alsaciens-Lorrains ; ou qu'on nous parle des autres peuples, et alors je demande qu'on nous parle aussi de l'Alsace-Lorraine. Au même titre.

§. — Je dirai plus, et je dirai toute ma pensée. Moi non plus je n'aime pas parler des Alsaciens-Lorrains, (ça se voit assez dans mes œuvres complètes), et je n'aime pas qu'on m'en parle. Quand on a vendu son frère, il vaut mieux ne pas en parler.

§. — Il y a dans les familles de ces secrets honteux. Et alors il vaut mieux se taire.

§. — Ce n'est déjà pas si brillant, ce que nous avons fait avec eux, ce que nous avons fait d'eux. Et il n'y a pas à en être fier,

§. — Le fond de ma pensée, sur la question d'Alsace-Lorraine, c'est que je n'en veux pas aux Prussiens de les avoir pris. J'en veux à ces misérables Français qui les ont lâchés. Les Prussiens n'étaient que des soldats, des vainqueurs et des conquérants. Ils ont fait jouer la force, la force de la guerre, de la victoire, de la conquête. Mais je méprise et je hais, mais j'en veux à ces misérables Français qui pour avoir la paix ont vendu deux provinces et ensuite sont allés pleurer à l'Assemblée de Bordeaux. Ici c'est le cas : *Gémir, pleurer, prier...*

§. — Au lieu de continuer la guerre. Ce n'était pas seulement le droit, et le devoir, de continuer la guerre ; et une nécessité de pacte plus forte que tout. Nous savons aujourd'hui, nous savons très bien, et les historiens mêmes, les derniers informés, avouent que les Prussiens étaient épuisés et que c'était la victoire.

§. — Et nous savons aussi que c'était l'économie, que c'était l'épargne, ce qui revenait le moins cher, et en hommes, et en argent. On y épargnait d'abord une guerre civile, les trente mille hommes, les trente mille morts de la Commune ; et si on avait dépensé contre l'ennemi commun d'abord tout ce que ces deux moitiés de la France dépensèrent l'une contre l'autre. Et on y épargnait ces quarante années de paix armée, et de dénatalité.

§. — C'est pour cela, monsieur Seignobos, qu'il faut se méfier et que nous ne recommencerons jamais 70 ; ni par suite 71. Nous ne recommencerons pas des guerres civiles. Nous ne recommencerons pas cette stupidité, ce crime, de massacrer trente ou quarante mille Français. Nous ne commettrons pas non plus cette stupidité, ce crime contraire, de nous laisser, nous, massacrer trente ou quarante mille par les pacifistes. Et par les humanitaires. A aucun prix nous ne laisserons recommencer ces sottises. A aucun prix nous ne massacrerons ni ne laisserons massacrer trente ou quarante mille hommes du troupeau. Car de part et d'autre c'est toujours le troupeau français. Mais précisément pour empêcher d'arriver, pour éviter une telle catastrophe nous sommes très capables de supprimer en temps utile quelques mauvais bergers.

§. — Je suis un bon républicain. Je suis un vieux révolutionnaire. En temps de guerre il n'y a plus qu'une politique, et c'est la politique de la Convention Nationale. Mais il ne faut pas se dissimuler que la politique de la Convention Nationale c'est Jaurès dans une charrette et un roulement de tambour pour couvrir cette grande voix.

§. — Je suis un vieux républicain. Je suis un vieux révolutionnaire. En temps de paix je suis un bon vivant, comme tout le monde. Et je ne toucherais pas à un cheveu de M. Caillaux. Et je ne tirerais pas même la barbichette à M. d'Estournelles de Constant. Mais en temps de guerre il faut bien penser que ce sera sérieux. Et nous ne savons pas si nous serons heureux, mais nous savons que nous ne serons pas petits.

§. — En temps de paix nous nous laissons faire, c'est entendu. Parce que nous travaillons et que nous ne pouvons pas tenir le coup à eux qui ne travaillent pas. Mais en temps de guerre on ne travaille plus.

§. — En temps de paix c'est entendu, ça va bien. Et tout cela finira par des affiches et des meetings et des discours à la Chambre. Mais en temps de guerre, en République, il n'y a plus que la politique de la Convention Nationale. Je suis pour la politique de la Convention Nationale contre la politique de l'Assemblée de Bordeaux, je suis pour les Parisiens contre les ruraux, je suis pour la Commune de Paris, pour l'une et l'autre Commune, contre la paix, je suis pour la Commune contre la capitulation, je suis pour la politique de Proudhon et pour la politique de Blanqui contre l'affreux petit Thiers. Celui qui ne se rend pas a raison contre celui qui se rend, c'est la seule mesure, et il a raison absolument, je veux dire que la raison qu'il en a est un absolu, et que l'excédant pour ainsi dire qu'il a sur l'autre, l'écart, l'emportement qu'il a sur l'autre est un absolu. Quant à ce que un homme comme Proudhon aurait fait d'un misérable comme Jaurès, si le volumineux poussah lui était tombé entre les mains, il vaut mieux ne pas y penser.

§. — Nous demanderons à Mathiez ce qui se passait, sous la Convention Nationale, et comment on traitait les ennemis de l'intérieur. La politique de la Convention Nationale était de frapper les têtes, (les mauvaises têtes). On ne remarque pas assez que cette politique n'est pas seulement la seule, qu'en outre elle est une politique d'économie et même la seule politique d'économie, que c'est elle qui est la politique pacifiste et la politique humanitaire. C'est celle qui coûte le moins. C'est celle qui épargne le plus. C'est celle qui revient le moins cher ; et en hommes, et en argent. Tous les régimes de faiblesse, tous les régimes de capitulation devant l'ennemi sont aussi ceux des plus grands massacres de la population militaire et de la population civile. Rien n'est meurtrier comme la faiblesse et la lâcheté. Rien n'est humain comme la fermeté. C'est Richelieu qui est humain littéralement et c'est Robespierre qui est humain. Les régimes de lâcheté sont ceux qui coûtent le plus au monde, et en définitive ce sont ceux qui peuvent finir et les seuls qui finissent réellement dans l'atrocité. Et en outre c'est une atrocité de turpitude. Il n'y a que deux politiques. En temps de guerre les régimes qui ne réduisent pas immédiatement les ennemis de l'intérieur sont inévitablement conduits à massacrer des portions entières et considérables du peuple ; ou si l'on veut les régimes qui ne commencent pas par mettre au pas les ennemis de l'intérieur, c'est-à-dire, pour les nommer, quelques misérables intellectuels et politiciens finissent toujours par massacrer le peuple, les régimes qui ne commencent pas par annuler les mauvais bergers finissent toujours par massacrer le troupeau même.

§. — C'est la Convention Nationale qui est en temps de guerre le régime de douceur et de tendresse. Et c'est l'Assemblée de Bordeaux et le gouvernement de Versailles qui est la brutalité de la brute et l'horreur et la cruauté.

§. — La Convention n'a pas coûté cher, pour ce qu'elle avait à faire, et pour ce qu'elle a fait.

§. — Et en outre c'est la Convention Nationale qui est l'ancien régime et c'est le régime de Robespierre qui est le régime de nos rois, étant le régime de Richelieu.

§. — En temps de guerre il n'y a qu'un régime et c'est le régime jacobin. Louis XVI fut déplacé à bon droit puisque pour cette guerre qui venait, qui était commencée, il était *déplacé*, il était remplacé par de plus jacobins, par de plus rois, par de plus ancien régime, par de plus Richelieu que lui. Et cet autre gros homme qu'est Jaurès ne serait peut-être point humilié de ce précédent historique, et d'être déplacé dans les mêmes formes de cette royauté de servitude qu'il exerce aujourd'hui sur quelque peuple abusé, et que ce fût le tambour de Santerre qui couvrît sa grande voix.

§. — En temps de guerre il n'y a plus que l'État. Et c'est *Vive la Nation*.

§. — En temps de guerre celui qui ne se rend pas est mon homme, quel qu'il soit, d'où qu'il vienne, et quel que soit son parti. Il ne se rend point. C'est tout ce qu'on lui demande. Et celui qui se rend est mon ennemi, quel qu'il soit, d'où qu'il vienne, et quel que soit son parti. Et je le hais d'autant plus, et je le méprise d'autant plus que par les jeux des partis politiques il prétendrait s'apparenter à moi.

§. — Quels que soient les partis celui qui ne rend pas une place française est le droit héritier de tous ceux qui n'ont pas rendu des places françaises. Rochereau dans Béfort (et Masséna dans Gênes) sont les droits héritiers de celle qui fit lever le siège d'Orléans. Ils en sont les héritiers spirituels comme ils en sont les successeurs temporels. Ils sont de sa filiation spirituelle et de sa communion spirituelle et non pas seulement de sa race. Et Trochu, avec toutes ses capucinades, n'en est pas.

§. — Je vais plus loin. De tous les mauvais usages que l'on peut faire de la prière et des sacrements, de tous les abus, de toutes les perversions de la prière et de l'usage des sacrements aucun n'est aussi odieux que cet abus de paresse qui consiste à ne pas travailler et à ne pas agir et ensuite et pendant et avant à faire intervenir la prière pour combler le manque. Il y a là une bassesse, un odieux abus de la prière et du sacrement. Car c'est faire jouer, c'est faire intervenir, c'est employer la prière et le sacrement non pas seulement à masquer la paresse, mais proprement à désobéir à la loi de travail, qui est je pense une loi. C'est les employer à soutenir, à nourrir, à compenser la paresse. C'est trahir à la fois la prière, le sacrement, et la loi d'obéissance, puisque c'est vouloir établir une compensation frauduleuse, c'est vouloir faire servir la prière et le sacrement à pécher, à commettre le péché de paresse. C'est vouloir faire servir la prière et le sacrement *contre* le commandement d'obéissance, contre le commandement de travail, qui est je pense l'un des plus vieux commandements sinon le plus vieux, étant lié à la première loi et au péché d'origine et au pourchas du paradis terrestre.

§. — Celui qui fait jouer la prière et le sacrement pour se dispenser de travailler et d'agir, c'est-à-dire en temps de guerre pour se dispenser de se battre rompt l'ordre de Dieu même et le commandement le plus antique, et il le rompt par trois monstrueuses ruptures, car il retourne contre la loi de travail, contre le commandement de travail la prière et le sacrement qui je pense ne nous ont pas été donnés pour cela ; pour nous encourager, pour nous préparer à désobéir ; et à commettre le péché de paresse ; et pour nous y engager ; par un frauduleux balancement du calcul des responsabilités ; et pour nous permettre de faire l'appoint quand nous nous préparons à désobéir, et à commettre le péché de paresse. C'est proprement un détournement du sacrement et de la prière non pas même seulement pour une fin etrangère, non pas même seulement pour une fin temporelle mais pour commettre par une compensation d'appoint le péché de désobéissance au plus ancien commandement. Et je savais bien que j'avais une raison pour laquelle j'en voulais tant à ce Trochu et à toute cette armée de Versailles et à tous ces résidus et à toute cette séquelle des calotins des capitulations de 1870. Autant il est permis, autant il est beau, autant il est profond de demander par la prière, de demander dans la prière le couronnement de fortune et ce sort des batailles qui ne réside que dans l'événement, autant il est stupide, et il est de désobéissance de vouloir que le bon Dieu travaille à notre place, et d'avoir le toupet de le lui demander. Demander la victoire et n'avoir pas envie de se battre, je trouve que c'est mal élevé.

§. — Les croisés, entre tous autres saint Louis, qui faisaient une guerre sainte, qui se battaient littéralement pour le corps de Dieu, pour le temporel de Dieu, puisqu'ils se battaient pour le recouvrement du tombeau de Jésus-Christ, ne s'y fiaient pourtant pas. Ils ne priaient pas comme des oies, qui attendent la pâtée. Ils priaient, mieux que nous, et ensuite, et si je puis dire en exécution de leur prière, et presque déjà en couronnement de leur prière, ils se battaient, eux-mêmes, tant qu'ils pouvaient, de tout leur corps, et eux-mêmes de tout leur temporel. Car dans le temporel et pour la conquête du temporel il faut aussi engager le temporel. *Aide-toi, le ciel t'aidera*, ce n'est pas seulement un proverbe, de chez nous, et une fable de la Fontaine, c'est une théologie, et l'ordre de marche, et la forme même du commandement. Et la seule théologie qui soit orthodoxe. Les autres seraient hérétiques.

§. — Pareillement Jeanne d'Arc qui assurément ne fit pas la guerre sainte mais qui certainement avait pensé à la guerre sainte, à une continuation et au couronnement de *la* croisade, et qui fit non seulement une guerre sacrée mais une guerre *de vocation*, et de vocation propre, une guerre à elle personnellement et formellement commandée. Et pourtant ces gens-là priaient mieux que nous. Mais quand ils avaient prié ils bouclaient leur ceinturon, pour le couronnement même de leur prière et aussi obéissant ainsi à la loi de travail.

§. — C'est dire que plus une bataille militaire est belle, militairement belle, plus elle est apparentée aux batailles de Jeanne d'Arc. Celui qui défend la France est toujours celui qui défend le royaume de France. Celui qui ne rend pas une place peut être tant républicain qu'il voudra et tant laïque qu'il voudra. J'accorde même qu'il soit libre-penseur. Il n'en sera pas moins petit-cousin de Jeanne d'Arc. Et celui qui rend une place ne sera jamais qu'un salaud, quand même il serait marguiller de sa paroisse. (Et quand même il aurait toutes les vertus. Et puis on s'en fout, de ses vertus. Ce que l'on demande à l'homme de guerre, ce n'est pas des vertus. Et ce que Jeanne d'Arc demandait à ses hommes, ce n'était pas des vertus, c'était une vie chrétienne. Et c'est infiniment autre chose. La morale a été inventée par les malingres. Et la vie chrétienne a été inventée par Jésus-Christ). Et alors, dans ce cas, il est deux fois haïssable, deux fois exécrable, deux fois méprisable, comme faux Français et comme faux chrétien. Et au contraire Valmy et Jemmapes sont les droites filiales de Patay. Elles n'en sont pas seulement les filiales temporelles, ce qui est de toute évidence, elles en sont aussi les filiales et presque les filleules spirituelles. Elles sont de la même race, de la même famille spirituelles, du même ton, de la même procédure, du même élan, du même mouvement, de la même qualité spirituelles.

§. — *La place que Sa Majesté m'a confiée.* C'est toujours le roi qui leur confie les mêmes places.

§. — Toute cette histoire de France est tellement simple. Louis XVI, n'étant plus assez roi, fut déplacé par une République plus roi. Ce Louis XVI était bon. Ce n'est pas cela que l'on demande à un gouvernement. Ce que l'on demande à un gouvernement, c'est d'être ferme. Ce Louis XVI était un gros, un doux, un bon, un pacifiste, un débonnaire, un humanitaire. Un philosophe. On le lui fit bien voir. Il fut déplacé par les suivants. Roi fainéant il fut déplacé par la jeune République comme les derniers Mérovingiens, devenus fainéants, furent déplacés par les jeunes Carolingiens, comme les derniers Carolingiens, devenus fainéants, furent déplacés par les jeunes Capétiens. La République fut la quatrième dynastie ; forte dans sa jeunesse.

§. — J'ai horreur du lyrisme et du romantisme toujours. J'en ai encore plus horreur quand il s'agit de l'Alsace-Lorraine. Je ne comprends même pas que l'on ose en parler. Je ne comprends même pas *que l'on puisse* en parler. Il y a quelque chose de honteux à parler toujours de ces malheureux que nous avons abandonnés. La question n'est pas d'en parler, mais de les libérer. Ou puisqu'on a eu le courage de les livrer, et puisqu'on n'a pas eu le courage de les libérer, il vaut mieux se taire.

§. — J'ai horreur de l'éloquence toujours. Mais que dire de ceux qui font de l'éloquence dans cette malheureuse affaire où tout le monde est coupable et certainement criminel, dans cette malheureuse affaire où à l'origine il s'agissait uniquement de garder les armes ou de ne pas les garder, où depuis il s'agit uniquement de prendre les armes ou de ne pas les prendre.

§. — J'ai horreur de l'éloquence toujours, et de la métaphore. Quand je dis qu'il y a un parti allemand et que Jaurès est un pangermaniste, ce n'est point une invective. Tout ce que j'essaie de faire c'est d'ébaucher une carte des partis intellectuels et des partis politiques. Tout ce que je veux faire, tout ce que je me propose de faire, c'est de la géographie et de la topographie intellectuelle et politique. Et je ne parle vraiment de cette question d'Alsace-Lorraine qu'à mon corps défendant.

§. — Ce que je demande aux doctrines, aux systèmes, aux partis, avant tout c'est d'être constants, c'est de se tenir avec soi-même. Ensuite naturellement nous pourrons leur demander autre chose. Mais au premier degré ce que nous leur demandons c'est de ne pas jouer sur deux tables et de ne pas jouer deux jeux contraires.

§. — J'oublie donc ma race et mon pays. Je me transporte dans l'historique et comme disent ces imbéciles dans l'objectif. Dans le pur objectif ; dans l'impersonnel objectif ; dans le serein objectif. Je dis que même sur ce plan, même dans ce registre, même dans ce système et peut-être surtout dans ce système la position, la situation de M. de Pressensé est intenable.

§. — Ou bien que l'on continue à nous parler de tous les peuples opprimés, (c'est mon système et je n'ai pas besoin de dire que pour moi c'est beaucoup plus qu'un système), et alors que l'on nous parle aussi des Alsaciens-Lorrains. Ou bien que l'on ne nous parle pas des Alsaciens-Lorrains, (c'est le système de M. Francis de Pressensé), mais alors que l'on ne nous parle pas non plus des autres peuples. Et que même en théorie on ne nous parle pas des peuples opprimés.

§. — Mais ce qui n'est pas tenable, c'est la position de M. Francis de Pressensé, de venir toujours nous parler de tous les peuples, (il a fait sa carrière là-dedans, et sa fortune politique), et de ne pas vouloir que l'on parle des Alsaciens-Lorrains.

§. — Voici ce que je veux dire : On a lu ici le cahier de notre collaborateur Georges Delahache intitulé *la Carte au liseré vert* et ce cahier a obtenu ensuite un grand succès dans le public. C'était une étude on peut le dire extrêmement mesurée. Peut-être même un peu trop mesurée. Ce que je dis c'est que pour moi, même en me plaçant au point de vue historique, même en me plaçant au célèbre point de vue impersonnel, même en me plaçant au point de vue objectif ce cahier de Georges Dalahache pour l'Alsace-Lorraine entre exactement en série homogène et continue avec le cahier de Jean Deck pour la Finlande, avec le cahier de Pierre Quillard pour l'Arménie, avec le cahier de Bernard-Lazare pour les Juifs de Roumanie, avec le cahier que Bernard-Lazare avait commencé de faire pour les Juifs de Russie, avec les cahiers de Dagan et de Eberlin et de Delahache pour les Juifs de Russie, (et pourquoi ne pas le dire avec le vieux cahier du même Delahache pour les Juifs de France), avec les trois cahiers de Bernus pour les Polonais d'Allemagne, — et *mutatis mutandis*, (car l'oppression est toujours l'oppression), avec les cahiers de Pierre Mille et de Félicien Challaye pour les nègres du Congo, et avec ce cahier que l'on nous prépare pour les nègres des possessions portugaises. Mais il est évident que le cahier de Delahache est tout particulièrement apparenté avec les trois cahiers de Bernus. Il est le frère et le symétrique des trois cahiers de Bernus. L'oppresseur est le même, la méthode d'oppression est la même, l'oppression est la même.

§. — Au sens où on dit que la Finlande, au sens où on dit que la Pologne est opprimée, il est rigoureusement vrai de dire que en ce même sens l'Alsace-Lorraine est opprimée. Alors comment se fait-il qu'on nous parle toujours des autres et qu'on ne nous parle jamais de ceux qui demeurent nos frères.

§. — Pour Jaurès l'explication est extrêmement simple. Il est pangermaniste. (Il faudrait l'en féliciter, s'il était né sujet allemand). Il est un agent du parti allemand. Il travaille pour la plus grande Allemagne. Mais pour Pressensé l'explication est beaucoup moins simple.

§. — Je n'ai jamais dit que Hervé fût un pangermaniste ni un agent du parti allemand. Le cas de Hervé, tout en étant baroque, est aussi beaucoup moins simple. C'est un cas de fanatisme. Et un cas de frénésie.

§. — On pourrait assez bien résumer ce trio dans les formes suivantes : Jaurès est un malhonnête homme.

Hervé est un honnête homme, (et tout ce qu'on voudra, un fanatique, un frénétique, un fou, mais un honnête homme), qui a fait souvent des sottises, qui peut-être peut commettre des crimes, mais que je crois incapable d'une malhonnêteté. Pressensé est un honnête homme qui fait constamment des malhonnêtetés.

§. — Depuis qu'il a été dessaisi et désarmé de la guerre de l'affaire Dreyfus, il y a dans Pressensé un besoin d'incohérence vraiment extraordinaire et qui a fait croire souvent qu'il était malhonnête. Cette incohérence a débuté d'une manière retentissante. C'était tout aussitôt après cette amnistie de l'affaire Dreyfus contre laquelle nous nous étions élevés ensemble. Pressensé faisait tous les matins dans l'*Aurore* un article furieux contre l'amnistie, contre le ministère, contre le gouvernement, contre la politique, contre Waldeck et peut-être même n'y épargnait-il pas Jaurès. Malheureusement il arriva dans ce temps-là des élections législatives. Pressensé partit tout à coup de Paris fougueux antiministérialiste ou si vous préférez fougueux antiministériel. Mais il faut croire qu'il changea de train aux Laumes. Car il arriva à Lyon candidat officiel, élu par le préfet. Puis il revint à Paris.

§. — Je crois que Pressensé a poussé au maximum cette incohérence dans ce qu'il me permettra de nommer l'affaire Alsace-Lorraine. Quand on voit tous les peuples dont il nous ont parlé et qu'on voit qu'il n'y a qu'un peuple dont ils ne veulent pas que l'on parle et que ce seul peuple dont ils ne veulent pas que l'on parle est un peuple français, on se demande : Comment cela se fait-il ?

§. — Au fond je crois que Pressensé a peur de la force. Cet homme qui fut personnellement d'un courage inouï est devenu une sorte de gros cafard en tout ce qui est de politique générale, soit intérieure, soit extérieure.

Son cas n'est pas du tout celui de Jaurès. Il est beaucoup moins simple, beaucoup plus profond, beaucoup plus intéressant. Jaurès défend les peuples opprimés pourvu que ce soit contre la France. Si on pressait beaucoup M. de Pressensé il avouerait qu'il défend les peuples opprimés à cette condition *que : l'oppresseur ne soit pas fort ;* et si l'on cherchait un peu à analyser ce que c'est qu'un oppresseur qui est fort, on trouverait en définitive, en dernière analyse, que c'est un oppresseur *qui peut faire la guerre.* (Sur le prétexte, ou sur le motif précisément d'une tentative de libération).

§. — De sorte que en dernière analyse on trouverait que M. de Pressensé est pour la liberté des peuples à condition qu'il n'y ait pas de risque de guerre, à condition que la libération des peuples opprimés n'entraîne pas, ne comporte pas des risques de guerre.

§. — Ce qui revient enfin à dire que Pressensé est pour le droit contre la force quand la force n'est pas forte.

§. — C'est toujours la même histoire que l'on racontait de lui. On racontait il y a quelques années que Pressensé s'en allait tout volumineux par la buvette de la Chambre quand une main lui frappa sur l'épaule. De qui était cette main. On ne l'a jamais su mais nous dirons qu'elle était de Clemenceau. Quand on ne sait pas de qui est un mot on dit qu'il est de Clemenceau. — Eh bien, lui dit Clemenceau, vous avez vu la dépêche de Rome. — Quoi, dit Pressensé. — Eh bien, le kaiser met cinq cent mille hommes à la disposition du pape. — Bon Dieu, (dit Pressensé), *la séparation est foutue.*

§. — C'est un système fort connu, et que l'on a toujours nommé le système de la paix à tout prix. C'est une échelle des valeurs où l'honneur est moins cher que la vie

On peut le déterminer d'un mot en disant que c'est un système qui prend exactement le contre-pied du système cornélien ; et de la doctrine cornélienne ; et de l'échelle des valeurs cornélienne. *Mais d'autant que l'honneur est plus cher que la vie. Mais d'autant que l'honneur est plus cher que le jour :* Voilà la formule cornélienne ; le système cornélien ; la doctrine cornélienne ; l'échelle des valeurs cornélienne. Le système Pressensé est le système diamétralement contraire. C'est essentiellement le système où l'honneur est moins cher que le jour.

§. — Si c'est un système de la peur, mon Dieu je veux bien, mais qu'on le dise. Qu'on dise : Il n'y a pas de question d'Alsace-Lorraine parce que nous avons peur de l'Allemagne, de la force allemande. Et il y a une question des nègres de l'Angola parce que nous n'avons pas peur de la force portugaise.

§. — C'est un pacifisme à tout prix, un système de la paix, à tout prix. J'y consens, mais ce qu'il y a de saugrenu, ce qu'il y a d'intenable, c'est de mettre un pacifisme, et si je puis dire un pacifisme intégral, sous l'égide, et sous l'invocation de la Déclaration des Droits de l'Homme. Je ne suis pas chargé de mettre de l'ordre dans la cervelle de M. de Pressensé, mais enfin la Déclaration des Droits de l'Homme a justement été faite, elle a été justement introduite dans le monde pour expliquer que le droit passait avant tout, et par conséquent notamment avant la paix. Les historiens mêmes savent cela.

§. — *La République une et indivisible,* voilà ce qui est sorti de la Déclaration des Droits de l'Homme et du Citoyen. C'est de cette République-là que nous sommes républicains. D'autant que rien n'est aussi monarchique, et aussi royal, et aussi ancienne France que cette formule. M. de Pressensé, ci-devant vidame, (on n'a jamais su s'il était vidame, ou s'il l'avait été, et même je voudrais bien que quelqu'un me dise un peu ce que c'est qu'un vidame), (et ça lui va tellement bien, d'être traité comme un ci-devant), (la prochaine fois nous affirmerons en plus qu'il a été lieutenant de louveterie), (et la fois d'après nous affirmerons qu'il a été ban de Temesvar), M. de Pressensé, président de la Ligue des Droits de l'Homme, [1] n'a-t-il jamais entendu parler de la République une et indivisible.

§. — La République une et indivisible, c'est notre royaume de France.

§. — C'est une folie que de vouloir rattacher à la République, et à la Révolution, et aux Droits de l'Homme le pacifisme. Rien n'est plus contraire. Le pacifisme ici c'est le démembrement. C'est le démembrement perpétré et le démembrement maintenu. La République du pacifisme, c'est la République démembrée. C'est la République plurielle et divisée.

§. — Je vais plus loin et évidemment je ne voudrais pas entrer dans les idées générales et surtout être chargé de mettre des idées générales dans la tête de M. Francis de Pressensé, mais enfin il faut être ce que l'on appelle un niais quand on veut être poli et ce que l'on appelle un imbécile quand on n'a pas la même préoccupation pour croire que l'on peut présenter et vouloir introduire un droit quelconque, un point de droit sur la surface de la terre sans qu'aussitôt il en naisse, il en vienne, en même temps, en cela même, par cela même, indivisiblement, un point de guerre.

§. — Si M. de Pressensé a jamais lu la Déclaration des Droits de l'Homme et du Citoyen, (et au fait pourquoi

(1) Et du Citoyen.

ne l'aurait-il pas lue), il y aura peut-être vu que l'insurrection est ou peut être le plus saint ou le plus sacré des devoirs. (Allons bon, voilà que c'est moi qui ne la sais plus). Mais dans leur système il est entendu que l'insurrection n'est pas une guerre, que l'insurrection n'est pas de la guerre. L'insurrection pour eux, c'est le comble de la paix. La guerre civile pour eux n'est pas de la guerre ; c'est le couronnement même du pacifisme. Quand un peuple se déchire, quand un peuple se démembre lui-même, alors ça va bien, on est en pleine paix. Les batailles de la guerre civile ce sont des batailles de temps de paix. Les morts et les blessés de la guerre civile, ne sont pas découpés par les mêmes chirurgiens. Les massacres des guerres civiles, ce sont évidemment des massacres de maisons de santé.

§. — Je ne veux pas entrer aujourd'hui dans la critique du syndicalisme, qui demanderait tout un cahier. Mais enfin, et dans le même ordre d'idées, il est assez agréable de voir prêcher la paix dans deux journaux, dont l'un se nomme *la* GUERRE *Sociale*, et l'autre *la* BATAILLE *Syndicaliste*.

§. — Quelle folie, que de vouloir lier à la Déclaration des Droits de l'Homme une Déclaration de Paix. Comme si une Déclaration de Justice n'était pas en elle-même et instantanément une Déclaration de guerre. Il n'y a qu'une Dame dans le monde qui ait fait faire plus de guerres que l'injustice : et c'est la justice.

§. — Comme s'il ne suffisait pas de parler de la justice, pour qu'aussitôt tout se trouble.

§. — Quelle imbécillité. Quelle niaiserie. Comme si un seul point de droit, comme si un seul point de revendication pouvait apparaître dans le monde et ne point devenir aussitôt un point de trouble et un point d'origine de guerre. Comme si tout point de justice, tout point de revendication de droit n'était point en lui-même et instantanément un point de rupture d'équilibre.

§. — *Je ne suis pas venu apporter la paix mais la guerre.* Comme si, tout appareil de revendication n'était pas en lui-même et instantanément une machine montée, un appareil de guerre ; et qu'est-ce que la Déclaration des Droits de l'Homme sinon un immense programme, un immense appareil d'une constante revendication.

§. — Avec la Déclaration des Droits de l'Homme on ferait la guerre tout le temps, toute la vie, tant qu'on voudrait.

§. — Non seulement la justice mais la charité même est pleine de guerre. Ou plutôt il faut dire : Sans aller même jusqu'à la justice, jusqu'aux revendications, jusqu'aux réparations, jusqu'aux exigences du droit et de la rigoureuse justice, dès la charité même nous savons bien que la charité est source de guerre. Tel est précisément le sort temporel. Tel est le sort de l'homme et du monde.

§. — Il y a dans la Déclaration des Droits de l'Homme, si M. de Pressensé savait lire, de quoi faire faire la guerre à tout le monde pendant la durée de tout le monde.

§. — La preuve c'est qu'elle n'a pas pu apparaître dans le monde sans y soulever une vague de la plus grande guerre qu'il y ait jamais eue dans le monde. Je sais bien que nos historiens à la façon de Barbarie nous ont démontré que les guerres de la Révolution et de l'Empire ne résultaient point, ne procédaient point de l'Empire et ne résultaient point de la Révolution. Il y a aussi le *Discours de la Méthode*, qui ne résulte pas de Descartes.

§. — *La* PAX GERMANICA *est dure*, dit M. de Pressensé, *mais c'est tout de même une paix*. A ce compte la paix russe est aussi une paix ; et la paix turque était une paix ; et la paix belge en Afrique et la paix portugaise. La Ligue des Droits de l'Homme n'est pas chargée de nous enseigner la *pax Germanica*. Ni la *pax Teutonica*. Elle est chargée de nous enseigner la *pax juridica*.

§. — Si les Alsaciens-Lorrains, dit Pressensé, veulent leur autonomie, ils n'ont qu'à se la procurer eux-mêmes. Si c'est une plaisanterie, et si c'est une facétie, je dois dire que je ne connais rien de plus monstrueux et de plus odieux que cette dérision. Et rien de plus stupide. Et rien de plus imbécile. Et rien d'aussi sournoisement et d'aussi sauvagement cruel. Et rien d'aussi bourgeois, d'une cruauté aussi intellectuelle, aussi bourgeoise. Et d'une aussi amère dérision de bourreau. Ou plutôt de la seule dérision qui soit plus cruelle encore que la dérision du bourreau : de la dérision du spectateur. Est-ce qu'on nous a dit que la Finlande fasse elle-même, et l'Arménie elle-même, et la Pologne elle-même. Est-ce qu'on nous demande que les nègres opprimés fassent eux-mêmes.

§. — L'idée de la paix à tout prix et de la politique de M. de Pressensé, l'idée centrale du pacifisme, (car je lui donne un centre), c'est que la paix est un absolu, c'est que la paix est même le premier des absolus, c'est que la paix a un prix unique à ce point que mieux vaut une paix dans l'injustice qu'une guerre pour la justice. C'est diamétralement le contraire du système des Droits de l'homme où mieux vaut une guerre pour la justice qu'une paix dans l'injustice.

§. — Ou encore dans le système *paix* la justice n'est rien, au prix de l'ordre. (On voit que je donne à ce système au moins tout ce qu'il peut réclamer). (Je le traite lui-même en *droit* et en justice). (Je ne lui fais pas la guerre). Et dans le système *droits de l'Homme* l'ordre n'est rien, au prix de la justice.

§. — Dans le système *paix*, la justice n'est rien, qu'il faut acheter au prix d'une guerre. Dans la système *Droits de l'Homme* la paix n'est rien, qu'il faut acheter au prix d'une injustice.

§. — Dans le système *paix*, la justice n'est rien, qu'il faut acheter au prix d'un désordre. Dans le système *Droit de l'Homme* l'ordre n'est rien, qu'il faut acheter au prix d'une injustice.

§. — Dans le système *paix* la paix vaut tant que ce n'est point l'acheter trop cher, que de la payer de n'importe quelle iniquité. Dans le système *Droits de l'Homme* la justice vaut tant, le droit vaut tant, que ce n'est point l'acheter trop cher, que de le payer de n'importe quelle guerre.

§. — Dans le système *paix* l'ordre vaut tant que ce n'est point l'acheter trop cher, que de le payer de n'importe quelle iniquité. Dans le système *Droits de l'Homme* le droit vaut tant que ce n'est pas l'acheter trop cher, que de le payer de n'importe quel désordre.

§. — Une injustice ne coûte rien dans le système *paix*. Et c'est un désordre qui ne coûte rien dans le système *Droits de l'Homme*.

§. — L'ordre, (je dis l'ordre matériel), a un prix infini dans le système *paix*. Et c'est le droit qui a un prix infini dans le système *Droits de l'Homme*.

§. — Dans le système *Droits de l'Homme*, (et je n ai pas besoin de le dire dans le système chrétien), un ordre fondé sur l'iniquité n'est pas un ordre ; une paix fondée sur l'iniquité n'est pas une paix.

§. — Dans le système *Droits de l'Homme* rien n'est rien, au prix de l'injustice.

§. — C'est dans le système des *Droits de l'Homme*, (et en ceci je le fais totalement mien), le droit des peuples à disposer d'eux-mêmes, que la *question d'Alsace-Lorraine* existe pour ainsi dire le plus, qu'elle est dans son plein, qu'elle est pour ainsi dire la plus pure et presque la plus schématique, et théorique, qu'elle est pour ainsi dire portée à son *maximum*, qu'elle est littéralement portée à son point de perfection. C'est dans le système des *Droits de l'Homme* que la *question d'Alsace-Lorraine* est indéniablement et irrévocablement résolue, et pour éternellement, par la déclaration lue à l'Assemblée de Bordeaux.

§. — La *Déclaration des Droits de l'Homme* est tout ce qu'on voudra. Mais elle ne sera jamais la charte de l'opportunisme. Elle est même statutairement la charte du protestataire.

§. — Hervé, le seul qui ait du courage dans toute cette bande, leur a fort bien dit à Brest que, *à leur point de vue, il y a* une question d'Alsace-Lorraine. Et qu elle n'était pas factice, et imaginaire, et arbitraire, et qu'elle n'était pas gratuite, et qu'elle n'était pas une invention, une imagination des nationalistes. C'est l'évidence même.

§. — Tant que ce sont les ignorants qui parlent, ça va bien. Ceux qui ne savent pas sont faits pour montrer aux autres. Mais on a une espèce de honte, une pudeur, quand on voit des hommes instruits, qui savent quelque chose, ou enfin qui l'ont appris, un Jaurès, un Dalaisi, un Pressensé, venir toujours raconter aux peuples, aux *militants*, les trois ou quatre mêmes sornettes. (Des hommes enfin qui ont appris la géographie, et même l'histoire).

§. — Cette première sornette des milices. Quand des hommes instruits viennent dire qu'il ne faut pas d'armée, qu'il faut *armer le peuple*, je me demande ce qui peut bien se passer dans leur tête. Qu'est-ce que ça peut bien vouloir dire, *armer le peuple*. Je me demande réellement ce que ça peut bien représenter. Et surtout représenter pour eux. Comme si armer le peuple n'était point précisément constituer des classes d'active, des classes de réserve et de territoriale.

§. — Cette deuxième sornette, que la guerre n'a pas d'importance. Et qu'elle ne donne pas de résultat. Si cette guerre des Balkans a précisément montré quelque chose, c'est combien la guerre a un pouvoir de décision. Il y avait assez longtemps que la question crétoise et la question macédonienne traînaient. En trois semaines, elles ne traînent plus.

§. — Cette troisième sornette que les guerres sont des inventions artificielles, et qu'elles sont inventées par les capitalistes, par les gouvernements, par les rois pour embêter les peuples. Par les *dirigeants*, comme ils disent. Et que les rois n'ont qu'une idée, entre les repas, qui est d'embêter les peuples. Cette vieille histoire, qui a fourni tant de littérature à Hugo, faisait depuis cinquante ans sourire tout le monde. On est peiné de la voir aujourd'hui et constamment reprendre par des hommes instruits, parlant tout de même au peuple. Si cette guerre des Balkans a montré quelque chose, c'est qu'il y avait aussi des races ; et qu'il avait des guerres qui sortaient des entrailles mêmes des peuples. Le même Hervé leur avait encore bien dit, il y a quelques mois dans un congrès ou on ne sais plus où, qu'il était un peu temps de renoncer à ces idées toutes faites, à ces vieilles habitudes, à ces espèces de vieilles carcasses d'idées, qui ne sont plus que des vieilles carcasses d'anciens feux d'artifice. Hervé est le seul de toute la bande qui regarde un peu ce qui se passe réellement, aujourd'hui, au lieu de répéter machinalement ce qui se dit dans les meetings ; ce qui s'est toujours dit ; ce qu'il faut dire pour que les *citoyennes et citoyens* ne soient nullement changés dans leurs habitudes. Car quand les citoyennes et citoyens sont changés dans leurs habitudes, si peu que ce soit, ça peut devenir dangereux pour l'orateur. Il peut y perdre un mandat de député ; un mandat de conseiller municipal ; un mandat de conseiller général ; un mandat de délégué quelque part ; il peut y perdre une bonne partie de son capital de popularité, sa seule, sa précieuse fortune, (car tous ces socialistes sont de grands capitalistes de popularité) ; il peut même y perdre ceci : qu'il reçoit des coups de poings sur la gueule.

§. — Ces grands révolutionnaires veulent bien révolutionner le monde. Mais ils ne veulent pas révolutionner un meeting, ni se révolutionner eux-mêmes. C'est trop dangereux. Et simplement peut-être c'est trop fatigant. On peut dire qu'aujourd'hui et dans tout le monde bourgeois et de toutes les cérémonies du monde bourgeois un meeting révolutionnaire est sans aucun doute la cérémonie la plus et la mieux réglée, la plus traditionnelle, la plus conservatoire, la plus comme d'habitude, la plus conforme aux précédents, la plus toujours la même. C'est beaucoup mieux réglé qu'une journée à Auteuil, et que n'importe quelle première de théâtre. Et que le 14 Juillet à Longchamp ; et même que la revue de printemps à Vincennes. On peut dire que de tous les publics que l'on peut assembler à Paris dans une salle quelconque le public d'un meeting révolutionnaire est le seul qui soit absolument sûr de ne pas être brusqué. Il va aux mêmes heures, aux mêmes jours, dans les mêmes endroits, écouter les mêmes hommes dire scrupuleusement les mêmes choses. Nulle tradition n'est aussi solidement établie que la tradition révolutionnaire. Nulle conservation n'est aussi solidement établie que la conservation révolutionnaire. Le public d'un meeting y va avec cette idée, toujours justifiée, qu'il y recevra certaines excitations. Il sait tout d'avance, à un centigramme près. Et il n'y a pas de danger qu'on le frustre. Et qu'on dose autrement. Car c'est lui le maître, et le client. Au fond c'est très simple. C'est lui qui paye, en popularité, en pouvoir, en mandat, en argent. Hervé est le seul de toute la bande qui ait quelquefois le courage de dire des choses qu'on n'attend pas. C'est un des hommes du monde qui pense le plus de travers. Mais il est le seul de la bande qui pense lui-même, qui regarde ce qui se passe, et qui dise ce qu'il pense, et qui ait ce courage, et qui dise ce qui se passe.

§. — Comment parler de Lavisse à présent. Mais comment n'en point parler quand on sait qu'il est précisément la porte basse par laquelle tout ce désordre est entré dans l'ordre, toute cette anarchie dans le gouvernement, notamment dans le gouvernement universitaire, et dans les honneurs. Quand on sait qu'il est le point d'articulation, le point d'insertion du désordre dans l'ordre. Tant que le désordre demeurait dans le désordre, dans son royaume de désordre, il n'y avait que demi-mal, ou plutôt il n'y avait qu'un mal plein, juste un mal entier ; et quand l'anarchie demeurait hors des conseils du gouvernement. Il n'y avait pas un mal et demi. *Sesquipedalia verba.* Mais la liaison de Herr avec Lavisse, l'ascendant de Herr sur Lavisse, le gouvernement de Herr sur Lavisse a été la liaison de mécanisme, le couple de mécanisme qui a lié le désordre à l'ordre, qui a fait pénétrer un certain désordre jusque dans les conseils du gouvernement universitaire. On ne saura jamais ce qu'un froncement de sourcils de Herr aura fait ce qu'il aura eu d'influence sur les destinées de la troisième république. Car Herr fronce aisément ses gros sourcils ; et il gonfle volontiers sa grosse voix ; et il jure et il sacre : et les *Nom de Dieu* font sa ponctuation la plus modeste ; et M. Lavisse, qui ne s'y connaît pas beaucoup, croit que c'est cela de la force, et que c'est cela du courage, et que c'est cela de l'énergie.

§. — Comment se taire, d'autre part, et comment les passer sous silence, quand on sait que de l'autre côté, par la liaison de Herr avec Jaurès, et avec d'autres, ce petit groupe normalien est devenu le point d'infection politique, le point de contamination, le point d'origine de virulence qui a corrompu, qui a empoisonné le dreyfusisme, le socialisme, l'esprit révolutionnaire même. De sorte que le couple Herr-Lavisse, jouant à volonté, par l'un ou l'autre de ses deux termes, dans le monde socialiste ou dans le monde bourgeois, y a obtenu dans l'ensemble les quelques résultats suivants. Dans ces sortes de liaisons ce sont toujours les vices qui passent, et jamais les vertus. Ils ont trouvé moyen d'inoculer au dreyfusisme les vices de la raison d'État, au socialisme les vices bourgeois, au gouvernement les vices de désordre. Et à tous les trois les vices de la bureaucratie intellectuelle. Au lieu de pousser chaque ordre dans son sens et dans sa nature et vers son point de perfection, ils ont dénaturé chacun de ces ordres en y insérant les vices de l'ordre ennemi. Les quelques résultats ont été les suivants :

a). — le *dreyfusisme* qui était un système de liberté absolue, de vérité absolue, de justice absolue, et d'un ordre spirituel profond, est devenu sous le nom de combisme et de jauressisme un système de contrainte et de raison d'État, un système de mensonge politique, un système de faveur, d'oppression, d'iniquité ; un système aussi de corruption ; et un système de fraude et un système de turpitude ;

b). — le *socialisme* qui était un système économique de la saine et de la juste organisation du travail social est devenu sous le nom de jauressisme et sous le nom identique et conjoint de sabotage un système de la désorganisation du travail social et en outre et en cela une excitation des instincts bourgeois dans le monde ouvrier, un entraînement des ouvriers à devenir à leur tour de sales bourgeois ;

c). — par contre ils ont infecté l'État, le gouvernement de l'État, le gouvernement fonctionnaire, le gouvernement universitaire et une sorte de gouvernement spirituel et de gouvernement temporel des esprits d'une sorte de virus d'anarchie et de goût d'un certain désordre, d'un désordre particulier qui peut être à sa place dans un monde révolutionnaire, mais qui n'est à sa place ni dans l'administration ni dans le gouvernement de l'État. Il y a une certaine écume, un certain trouble qui peut être parfaitement excusable et même parfaitement à sa place dans un parti, dans un monde révolutionnaire et qui est tout à fait hors de place, tout à fait désastreuse pour tout le monde quand elle est dans le monde qui est au pouvoir ;

d). — le *laïcisme*, qui était un système de neutralité en matière de foi et de métaphysique et en somme un système de la liberté de conscience est devenu sous le nom de sociologie un système métaphysique le plus grotesque sans aucun doute que l'on ait jamais vu dans le monde mais tout de même et en même temps un des systèmes les plus dangereux, un des plus malendurants, un des plus tyranniques, un des plus enfoncés dans le temporel, un des plus redoutables systèmes d'oppression des consciences ; et que l'on veut répandre dans les trois ordres d'enseignement ;

e). — la *République* qui était l'objet d'une mystique et qui était un système de gouvernement ancien régime fondé sur l'honneur, et sur un certain honneur propre, et un gouvernement ancienne France, est devenue en leurs mains la matière d'une politique, moderne, et généralement d'une basse politique et un système de gouvernement fondé sur la satisfaction des plus bas appétits, sur le contentement des intérêts les plus bas. Et tout ce qui reste encore debout et ce qui reste encore propre de l'ancienne République est ce qui n'a pas encore été contaminé de jauressisme ;

f). — la *force révolutionnaire*, qui était l'honneur et la grandeur de ce peuple, l'honneur de ce pays et de cette race, et qui consistait essentiellement à vouloir que ça aille bien et à en faire plus que son compte, l'esprit révolutionnaire, qui était essentiellement généreux, l'instinct révolutionnaire est devenu en leur temps et sous leur gouvernement et en leurs mains un bas esprit de sabotage et de dénigrement et de rancune qui consiste essentiellement à se réjouir de ce que ça aille mal et à vouloir et à faire que ça aille mal et à en faire moins que son compte ; et même à en faire pas du tout ;

§. — l'*internationalisme* enfin qui était un système d'égalité politique et sociale et de temporelle justice et de mutuelle liberté entre les peuples est devenu entre leurs mains une sorte de vague cosmopolitisme bourgeois vicieux et d'autre part et très particulièrement et très proprement un pangermanisme, un total asservissement à la politique allemande, au capitalisme allemand, à l'impérialisme allemand, au militarisme allemand, au colonialisme allemand.

§. — Nous touchons ici à leur quatrième sornette, à moins que ce ne soit la cinquième : que dans cet équilibre de force entre l'Allemagne et la France, dans cet équilibre militaire il y aurait en Allemagne un parti socialiste qui leur ferait contre-poids, qui ferait *la même chose* en Allemagne que eux en France, et une action de ce parti socialiste qui ferait contre-poids à leur propre action. Tout le monde sait le contraire. Et eux autant que nous et mieux que nous ils savent le contraire. Ils le disent pourtant. Ils disent, ils enseignent, ils proclament, dans leurs journaux, dans les meetings, que c'est équilibré, qu'ils marchent d'accord avec un parti socialiste allemand qui en fait autant. Tout le monde sait le contraire. Jamais peut-être on n'avait menti aussi systématiquement ; et aussi solennellement ; et aussi consciemment. On frémit, et on est frappé soi-même d'une pudeur, quand on voit des hommes instruits, et chargés d'une aussi lourde responsabilité, (car enfin ils se sont chargés de leur peuple), mentir aussi délibérément à leur peuple. Pressensé est encore peut-être plus coupable que les autres, qui professionnellement devrait connaître, ou au moins avoir étudié les questions de politique internationale, puisqu'il a fait tant d'années au *Temps* le Bulletin de la politique étrangère.

§. — Il faut voir comme ils ont traité Andler parce qu'il avait constaté publiquement ce que tout le monde sait : que sur les quatre millions de *voix* socialistes allemandes il y en a trois millions qui ne sont pas sérieuses, qui ne refuseront rien ni au militarisme, ni à l'impérialisme, ni au colonialisme, ni par suite au capitalisme. Trois millions qui ne sont qu'un remplissage, un rembourrage de plus ou moins de mécontentement. (Et sur le million qui reste il y aurait beaucoup à dire, et beaucoup de réserve à faire). (Et beaucoup de déchet encore). En somme *l'Humanité* a refusé de la copie à Andler, ce qui est assez scandaleux, et assez grotesque, et assez cocasse, pour qui connaît un peu tout ça. Que cette copie fût une lettre ou un article ou que ce fût seulement un projet, il est un peu raide et assez imprévu que *l'Humanité* refuse un papier Andler, que Jaurès refuse de publier un texte de Andler. Et que fait Herr en tout ceci ? Va-t-il avec Andler, qui est son ami, ou avec Jaurès, qui est sa créature ; ou reste-t-il avec Lavisse, qu'il méprise.

§. — C'est aussi un spectacle assez imprévu, et qui serait assez réjouissant, s'il n'était, si ce n'était au fond un triste spectacle, que de voir le gros Thomas dire à la tribune de la Chambre, prononcer ces simples paroles : « *Mon camarade Andler s'est lourdement trompé.* » Qu'est-ce que c'est que ce jargon. Qu'est-ce que c'est que *mon camarade*. Pourquoi pas aussi *le citoyen* Andler. Est-ce que moi je dis *mon camarade Bergson*. Qu'est-ce que c'est que ces manières : quand on connaît Andler et quand on connaît Thomas. D'abord Thomas n'a pas le droit de parler de *lourdement*. Il ferait mieux de se taire là-dessus. (Il y a décidément trop de gros, dans le parti des maigres). Et puis au moins il pourrait dire *notre* camarade. Le roi dit *Nous voulons*. *Mon* camarade, on dirait qu'Andler est son camarade à lui tout seul, à ce gros. Cet unifié n'est point partageux. Un homme bien élevé de ma génération, de ma promotion, qui a pourtant cinq ans d'âge, (et peut-être cinq ans de services), de plus que la promotion Thomas, considère Andler, mesure la distance, la différence d'âge et de situation, (et, pour Thomas, de caractère), mesure ce que nous lui devons, (à Andler, pas à Thomas), et ce qu'il a été pour nous, et ce qu'il n'a pas cessé d'être, et dit : *Notre maître M. Andler.*

§. — Quant à la force insurrectionnelle et à la force révolutionnaire, quant à la moelle et au sang révolutionnaire, quant à l'instinct et à la race révolutionnaire tout le monde sait, et Hervé autant que personne, qu'il n'y en a pas autant dans toute la Social-Démocratie allemande qu'il y en avait dans le dernier trompette de l'escadron des Cent-Gardes.

§. — Dans ce manifeste même qu'ils sont censés avoir ait en commun avec les Allemands et dont ils partagent censément la responsabilité avec le parti socialiste allemand, qui n'a pas senti au contraire tout de suite l'imparité, et ce ton sournois, et ce ton suspect, et cette précaution à peine suspecte que les Allemands y ont introduite, de faire savoir qu'ils voteraient les impôts de renforcement militaire parce que ces impôts fourniraient une excellente occasion d'asseoir un impôt plus démocratique. Et de faire payer les bourgeois.

§. — Je repense à cette formule, *la paix par le droit*, qui paraît si courte, si simple, si commode, si lucide. Parce qu'elle est comme géométrique, et équilatérale. Quel enfantillage, aussitôt qu'on y pense. Le droit ne fait pas la paix, il fait la guerre. Et il n'est pas souvent fait par la guerre, mais il est encore moins souvent fait par la paix. Dès qu'un point de droit apparaît dans le monde, il est un point d'origine de guerre.

§. — Nous avons tort de nous étonner que *l'Humanité* ait refusé de la copie à Andler. Ou ait refusé de la copie de Andler. Personnellement je crois *l'Humanité* capable de tout. Mais il faut se borner et j'en dirai les raisons une autre fois.

§. — Ce qu'il y a de plus fort c'est qu'ils ne trahissent pas seulement nos intérêts et nos droits ; en outre et en cela même ils trahissent autant les intérêts et les droits dont ils ont pour ainsi dire professionnellement assumé la charge. Qu'ils trahissent la France, tout le monde le sait, et c'est entendu, et ils s'en vantent presque, et ce n'est même plus guère intéressant. Mais trahissant la France en cela même et en dedans ils ne trahissent pas moins la Révolution. Car ils diminuent d'autant ce que je nommerai le total de *civisme* dans le monde, et même ils décapitent le civisme et ils découronnent la liberté dans le monde, ils diminuent d'autant, ils font tout ce qu'ils peuvent pour annuler, pour anéantir la seule matière et le seul instrument temporel, enfin le seul point d'appui temporel qu'ait la liberté dans le monde. Il ne fait aucun doute que la France a deux vocations dans le monde et que si elle est quelquefois fatiguée au temporel et même au spirituel et diminuée et quelquefois pauvre de forces c'est qu'elle est doublement fidèle, c'est qu'elle est fidèle deux fois, c'est qu'elle a à pourvoir à deux tâches, et à deux fidélités, à sa vocation de chrétienté, et à sa vocation de liberté. La France n'est pas seulement la fille aînée de l'Église, (et ceci apparaît constamment et avec une fidélité surprenante) ; elle a aussi dans le laïque une sorte de vocation parallèle singulière, elle est indéniablement une sorte de patronne et de témoin, (et souvent une martyre), de la liberté dans le monde. Dans le chrétien, dans le sacré elle a la garde de la foi ; et peut-être encore plus de la charité ; et certainement encore plus de l'espérance. Et il apparaît tous les jours indéniablement qu'elle est la fille aînée. Mais dans le laïque, (je ne dis pas dans le profane), dans le laïque et peut-être dans une autre sorte de sacré, dans le civique, dans un sacré de la loi extérieure, il est indéniable qu'elle a la garde de cette liberté qui est la condition même de la grâce, qui a avec la grâce une parenté si profonde, une liaison si singulière et si obstinément mystérieuse. Telle est notre double charge. Telle est notre double garde. Et il est évident que nous y sommes constamment demeurés fidèles et nous savons bien que nous y demeurerons fidèles. Et nous savons bien pourquoi nous sommes quelquefois fatigués. Mais quand ces hommes trahissent la France et dans la France la République j'ai le droit de dire qu'ils ne trahissent pas seulement la France, j'ai le droit de dire qu'ils trahissent la Révolution même et la liberté. Car tant qu'ils peuvent ils s'efforcent d'annuler le seul point d'appui temporel de la liberté dans le monde.

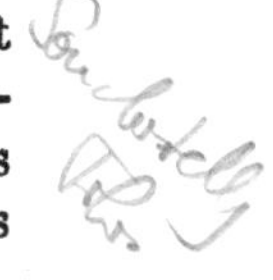

§. — Brochant sur le tout ils trahissent enfin tout cela de la manière la plus désagréable du monde, par une trahison morose et sournoise, d'une trahison désagréable, embêtante, solennelle, livresque, pédantesque, prétentieuse, savante, ennuyeuse, ingrate, plate, essayant de tout soumettre aux oppressions plates de la plus obtuse bureaucratie intellectuelle.

§. — Si la Ligue des Droits de l'Homme veut avoir la paix, qu'elle commence par nous la fiche, si M. de Pressensé veut avoir la paix, qu'il commence par nous la fiche ; mais qu'ils ne jouent pas ce double jeu de paix et de guerre : de refuser de s'occuper de tout un peuple opprimé, et ensuite, et en même temps de vouloir constamment secouer tout un peuple, et chambarder tout un gouvernement, et bouleverser le monde pour n'importe quel facteur rural.

§. — Cette idée, cette stupidité que les rois font la guerre pour s'amuser. C'est toujours *le Roi s'amuse.* Nous savons très bien ce qui serait arrivé du roi de Serbie et de l'empereur de Bulgarie et du roi de Monténégro s'ils n'avaient pas marché. C'est même arrivé au roi de Grèce en marchant.

§. — Depuis deux ans on ne me permettait pas de m'occuper de M. Lavisse. Mais pendant ce temps il s'occupait de moi. Je veux dire qu'il s'occupait de nous. Je veux dire qu'il restait en place et en fonctions. Et en charge. Et qu'il continuait de faire dans les milieux du gouvernement universitaire la politique de Jaurès et de Herr.

§. — Paris est plein d'amis unilatéraux. Ils sont amis communs unilatéraux. Ne parlez donc pas de Lavisse, disent-ils, c'est mon ami. Mais ils n'ont pas dit à Lavisse : Ne parlez donc pas de Péguy, c'est mon ami. Ou alors il faut croire que Lavisse n'a pas beaucoup suivi leurs conseils cette fois-là, ou que généralement il est bien insensible à leurs conseils. C'est toujours le même système de gouvernement que nous subissons, gouvernement des esprits et gouvernement temporel. Ils sont amis de Lavisse pour empêcher Lavisse de recevoir nos coups, mais ils ne sont pas amis de Péguy pour empêcher Péguy de recevoir les coups et le gouvernement de Lavisse. C'est un duel où tous les témoins couvrent de leur corps l'un des deux adversaires. Ils sont amis d'un côté et eux aussi ils sont irréversibles. Ils sont amis de Lavisse pour défendre Lavisse non pas même contre nos coups, non pas même contre nos attaques, mais contre nos défenses et contre nos ripostes. Ils ne sont pas amis de nous pour nous défendre de subir, sous le commandement de M. Lavisse, le gouvernement de Herr et de Jaurès.

§. — Allons plus loin et le fond de leur pensée c'est qu'absolument on ne répond pas à un homme comme Lavisse, qu'on ne s'en prend pas à un homme comme Lavisse. Il n'y a que dans le monde moderne que peut régner et s'établir un certain degré de platitude qui eût soulevé l'ancienne France, et il faut en venir à une démocratie pour assister à ce spectacle, d'un goût aussi profond, aussi général, aussi commun, et qui paraît aussi naturel, aussi légitime, et qui ne s'aperçoit même plus, tant il est, tant il semble naturel, de la turpitude qu'il y a dans la platitude. Les anciens régimes au contraire, les régimes de la hiérarchie étaient pleins de révoltes au contraire et du goût de la liberté. On peut dire que jamais les grands de ce monde n'ont jamais autant qu'aujourd'hui été à l'abri contre le soulèvement, car aujourd'hui ils ne sont plus seulement à l'abri contre le soulèvement matériel, ils sont entourés, ils sont adulés, ils sont soutenus d'un respect que l'on n'avait jamais connu, ils sont à l'abri contre l'idée même qu'il pourrait y avoir une liberté, et, contre eux, une dignité.

§. — C'est bien leur idée en effet que contre les gros personnages il n'y a aucun droit, (et qu'on est même mal élevé de penser qu'il y en aurait un), (qu'on connaît mal son monde), aucun recours, aucune justice, aucune revendication, et même aucune conversation, aucun propos. Aucune communication, aucun équilibre. Que nous ne sommes pas des grandeurs du même ordre. Qu'il n'y a entre eux et nous aucune commune mesure. Qu'eux ils sont les riches et que nous nous sommes les pauvres. Que nous devons nous soumettre au règne de l'argent. Qu'eux ils sont les gros fonctionnaires, les gros universitaires, les princes de la République, et que nous autres écrivains nous ne serons jamais que des pauvres et des folliculaires.

§. — Ces amis communs sont amis des grands pour empêcher le peuple de leur toucher un mot, aux grands. Mais ils ne sont pas amis du peuple pour l'empêcher d'être en butte aux caprices des grands.

§. — Aussi on peut dire que jamais les grands n'ont été aussi entourés ; jamais, sous aucun régime, dans aucun système les grands n'ont été aussi couverts contre le peuple, et le peuple aussi découvert contre les grands.

§. — Et jamais l'argent n'a été à ce point le seul maître et le Dieu. Et jamais le riche n'a été aussi couvert contre le pauvre et le pauvre aussi découvert contre le riche.

§. — Et jamais le temporel n'a été aussi couvert contre le spirituel, et jamais le spirituel n'a été aussi découvert contre le temporel.

§. — Et jamais le puissant n'a été aussi couvert contre le faible, et jamais le faible n'a été aussi découvert contre le puissant. *Reposuit potentes in sede.*

§. — On ne peut pas dire que je persécute Lavisse. S'il avait quelque chose à dire, celui-là, il en avait les moyens, de le dire. Il en a eu le temps, et le volume, et le pouvoir, et les chances, et les situations, et l'argent. S'il n'a rien dit, c'est qu'il n'avait rien à dire. S'il n'a rien dit qu'il continue, mais qu'il continue pour moins cher. Qu'il continue à moins de frais. A moins de nos frais.

§. — On me dit. Mais non, il ne faut pas parler de lui, vous voyez, il est malade. — S'il est malade, qu'il *fasse la retraite*. Le budget de l'État prévoit pour lui une pension de retraite. Tout le monde ne pourrait pas en dire autant. Mais leur maladie est comme leurs amis, elle est unilatérale. Et elle est irréversible. Elle ne joue que contre nous, elle ne joue pas contre eux. Ils sont malades pour que nous ne leur adressions pas la parole, ils ne sont pas malades pour exercer les grands commandements. Il est malade pour que je ne le mette pas dans les cahiers, il n'est pas malade pour gouverner l'École Normale.

§. — Moi aussi je respecte la maladie et les malades, et je n'ai aucun goût d'achever les blessés. Mais je vis dans un monde et dans une classe où les malades les plus chers ne peuvent même pas s'accorder le minimum de soins. J'ai le droit d'être un peu sceptique sur les maladies des hommes qui restent au pouvoir.

§. — Moi aussi je respecte la maladie et les malades. A une condition toutefois, c'est que les malades se respectent eux-mêmes et respectent la maladie. Mais quand la maladie elle-même est un moyen de gouvernement ?

§. — Le bon usage des maladies n'est certainement pas celui qu'en fait M. Lavisse. On sait ce que c'étaient que les maladies de M. Lavisse. Je ne dis pas que M. Lavisse n'est pas malade. Il faut bien qu'il soit comme tout le monde. Mais enfin pendant toute une carrière M. Lavisse était malade et se retirait se soigner au Nouvion en Thiérache toutes les fois qu'il y avait des responsabilités à prendre ou même une seule responsabilité et il en revenait solide comme le Pont-Neuf toutes les fois que les responsabilités s'étaient évanouies. Il faut croire que la Thiérache est un pays particulièrement sain, et que le séjour au Nouvion en Tiérache est particulièrement restaurateur. On ferait non pas tout à fait peut-être toute l'histoire de la troisième République, mais certainement toute l'histoire des responsabilités qu'il y eut à prendre sous la troisième République pour les gens qui fréquentaient dans les régions du pouvoir par la table des présences et des absences de M. Lavisse. Quand le ciel, j'entends le ciel politique, était clair, notre maître était à Paris, bien portant. Quand le ciel s'assombrissait, M. Lavisse, soudain se sentant fatigué, qui sait, malade, partait pour le Nouvion. Tant que le temps demeurait obscur, notre maître restait au Nouvion. Ce doit être une fameuse *station*, ce Nouvion. Et je ne veux pas dire seulement une station de chemin de fer. Je veux dire une station de convalescence. Quand le ciel s'éclaircissait enfin, M. Lavisse, gaillard, s'en revenait du Nouvion en Thiérache. Il était comme un ludion, comme un de ces petits bonshommes qu'une pression du doigt fait monter ou descendre. Il y aura une belle thèse à faire plus tard, mais sera-t-elle pour la Faculté des Lettres ou pour la Faculté des Sciences de l'Université de Paris. Pendant l'affaire Dreyfus notamment, on en eût fait des graphiques. Il en faut dans une thèse. Cet homme était devenu un baromètre sinon tout à fait de la situation politique du moins des difficultés, des *gravités* de la situation politique, (des *lourdeurs*, c'est le propre d'un *baro*mètre).

On eût fait des tables de concordance, et des diagrammes, (eussent-ils été historiques, eussent-ils été géographiques), des variations de la situation politique par et d'après les déplacements de l'*index* Lavisse.

§. — J'ai assisté, moi petit, à la scène suivante : Dans une maison que fréquentaient beaucoup les professeurs de l'Université qui voulaient avoir de l'avancement et notamment les universitaires de province qui voulaient venir à Paris, j'ai entendu un doyen d'une Faculté des Lettres d'une Université, (mais vous êtes trop curieux, vous ne saurez ni quel doyen, ni quelle Faculté, ni quelle Université), dire devant sept ou huit universitaires : *Lavisse va certainement être malade.* Et tous de rire, je ne sais vraiment pas pourquoi. Ce n'est pas risible, d'être malade. Alors un imbécile, (je pense que c'était votre serviteur), et qui ne savait pas, ouvrit la bouche et dit : *Ah, il a quelque chose. — Oui,* dit le doyen, plissant des lèvres attiques, *il y a une affaire embêtante au Conseil Supérieur de l'Instruction Publique, Lavisse va sûrement être malade.*

§. — Ce n'est un secret pour personne que pendant des années toutes les fois qu'il y eut au Conseil Supérieur de l'Instruction Publique une affaire embarrassante, c'est-à-dire une affaire où il fallait prendre ses responsabilités, M. Lavisse était malade et au Nouvion. C'était une fable. On le vit dans vingt affaires. Et quand il était là il était au Nouvion tout de même. On le vit notamment dans l'affaire Hervé. Hervé est ce qu'il est, mais comme professeur il était un honnête homme et un bon professeur, et il savait tout de même plus d'histoire que Lavisse.

§. — On me dit : *Il n'est pas méchant. C'est un bon homme.* On ajoute doucement : *C'est un faible.* Je n'aime pas un bon homme, qui est au pouvoir. Dieu veuille que nos maîtres soient fermes, c'est tout ce que nous leur demandons. Rien n'est dangereux pour celui qui est dessous, comme la bonhomie de celui qui est dessus.

§. — Je n'ai jamais dit qu'il fût un ogre. J'ai dit qu'il était un prodige de faiblesse, un monstre de mollesse. Et, dans celui qui est au pouvoir, c'est le pire.

§. — *Vous leur fîtes, seigneur, en les croquant beaucoup d'honneur.* Le fond de leur pensée, leur idée de derrière la tête, c'est que, quand un pauvre est en butte aux calomnies d'un riche, et un faible aux calomnies d'un puissant, et un écrivain aux calomnies d'un gros universitaire, et un folliculaire aux calomnies d'un gros fonctionnaire et d'un gros personnage, il doit se trouver très honoré de ce regard, et dire respectueusement merci.

§. — *L'École Normale,* m'écrit mon jeune camarade, *n'est point aussi bas que vous le croyez. Vous savez qu'il y a depuis plusieurs années un fort contingent de bons catholiques, et vous devez vous en réjouir.* (Je ne sais pas si j'ai dit que mon jeune correspondant était catholique).

§. — Mon jeune camarade l'avenir vous apprendra qu'il ne suffit malheureusement pas d'être catholique. Il faut encore travailler dans le temporel, si on veut arracher l'avenir aux tyrannies temporelles.

§. — Mon jeune camarade, puisque vous êtes catholique, c'est un grand mystère qu'il ne suffise pas d'être catholique, et qu'il faille encore, et qu'il faille en outre, et qu'il faille en plus peiner toute sa vie, tout son temporel, dans le temporel. Mais, mon jeune camarade, Jésus même, qui était je pense le prince du spirituel, a fondé une Église qui n'a point cessé d'être combattue dans le spirituel et dans le temporel et qui ne cessera point de militer dans le spirituel et dans le temporel. Ou si vous le voulez sous une forme peut-être encore plus saisissante, nous avons avec le Français le plus athée un lien de communion unique au monde et irremplaçable et non interchangeable, et que rien au monde ne peut remplacer. Car de l'athée français il peut sortir un saint français. Et de tout le Centre allemand et de tous ces Autrichiens il ne sortira jamais un saint français.

§. — C'est le mystère même du charnel et du temporel, mon jeune camarade, et de l'insertion du spirituel dans le charnel et de l'insertion de l'éternel dans le temporel, et pour tout dire c'est le mystère même de l'incarnation. Nous rejoignons ici ce que nous disions à l'instant de la prière et du travail, de la prière et de la guerre. Nous retrouverons ce mystère dans notre *Clio*, dialogue de l'histoire et de l'âme païenne, et dans notre *Véronique*, dialogue de l'histoire et de l'âme charnelle. Tout ce que nous en retiendrons aujourd'hui, c'est une leçon de modestie pour nous-mêmes, et de travail, et qu'il ne suffit pas d'être catholique. Et qu'il faut encore tout faire. Pièce à pièce. Jour par jour.

§. — D'abord, mon cher camarade, s'il y a des catholiques à l'École Normale, il ne faut peut-être point en attribuer le bénéfice à M. Lavisse, ni à Herr ni à Jaurès, ni à la politique de M. Lavisse, qui est la politique de Herr et de Jaurès. Car ce serait une singulière comptabilité. S'il y a des catholiques à l'École Normale, ce n'est point de la faute à Lavisse, et à Herr, et à Jaurès, à moins que ce ne soit par un effet de répulsion et de réaction, et dans ce cas encore ce serait peut-être mélanger singulièrement l'actif et le passif, que d'en attribuer le bénéfice à M. Lavisse

§. — Comprenez bien, mon jeune camarade, le sentiment qui me fait vous répondre. J'ai peur que nous ne tombions nous aussi dans des sophismes de paresse. Il ne suffit pas de dire : *Je suis catholique.* Il y a encore tout à faire. Il ne suffit pas de dire : *Il y a des catholiques.* Les catholiques ont hermétiquement la vérité en matière de foi. Ils n'ont pas le monopole du relèvement d'un peuple. En 1813 la Prusse n'était pas catholique. Et elle ne l'est pas encore.

§. — Je suis très content qu'il y ait des bons catholiques à l'École Normale. Je suis très content aussi qu'il y ait des bons protestants, et des bons juifs, et des bons libres penseurs. Vous le savez, mon jeune camarade, je ne me suis jamais caché d'aimer mieux un bon protestant qu'un mauvais protestant, et même d'aimer un bon protestant et de ne pas aimer un mauvais protestant. Car d'un mauvais protestant on ne fait jamais un bon catholique et nous en avons eu récemment et non loin de nous un exemple retentissant.

§. — Et c'est avec les bons athées, mon jeune camarade, et ceux qui ne s'y attendent pas, que la grâce fait les bons chrétiens. Et la réserve et le secret et le mystère temporel c'est précisément que nous savons bien qu'avec les mauvais athées elle ne fera jamais des bons chrétiens. Qu'avec les bons athées elle fasse des bons chrétiens, voilà le miracle et la part de la grâce et la part du spirituel. Mais qu'avec les mauvais athées elle n'ait jamais fait des bons chrétiens, voilà le secret, voilà la réserve, voilà le mystère, et la part du temporel et de l'administration. Et nous savons très bien qu'elle ne fera point de Félix un chrétien comme Polyeucte et Pauline et même nous savons très bien qu'elle ne fera pas de Félix un chrétien comme elle en eût fait un de Sévère.

§. — Je me réjouis fort qu'il y ait des catholiques à l'École Normale, mon jeune camarade, (surtout quand je sais que ces jeunes catholiques sont de bons chrétiens). A une seule condition : C'est précisément que ces catholiques ne pactisent pas avec M. Lavisse. Et qu'ils ne traitent pas, et même qu'ils n'engagent pas la conversation avec lui. Je ne serais pas surpris, quand M. Lavisse a vu qu'il y avait à l'École Normale un fort contingent de catholiques, qu'il ait résolu de faire avec eux le gentillâtre et le galantin. C'est l'*a b c* de l'art de gouverner ; et ces libéraux sont tous ainsi. Mais que notre jeune camarade en croie ma vieille expérience : Premièrement Lavisse, qui a trompé tout le monde, trompera aussi les catholiques. Nous savons, nous, comment il s'y prend pour tromper. Comme il nous a trompés dans le dreyfusisme, quand nous étions jeunes, ainsi il trompera ces jeunes gens dans le catholicisme. Deuxièmement, (et ceci est tout à fait général), deuxièmement les catholiques n'ont jamais rien gagné et ne gagneront jamais rien à pactiser, à traiter, à causer avec des politiciens. Et c'est bien fait pour eux. Et c'est leur marque même. Et c'est un des plus grands signes de leur vocation. Il en est de la mystique chrétienne comme de toute mystique et en ce sens il en va de la République comme de l'Église. Ce qui est dangereux, pour nous, mon jeune camarade, ce ne sont point les jacobins, (le pis qu'ils puissent faire, c'est des martyrs), ce ne sont point les combismes, ce ne sont point les dures persécutions : on en a vu bien d'autres. Mais le sale pelotage avec les libéraux : voilà la turpitude.

Car c'est cela qui fait les renégats.

§. — On m'oppose tout ce que Lavisse a fait de bien, d'heureux choix, notamment d'heureux choix de collaborateurs, quelques nominations. Nous avons de nos maîtres, en cette démocratie, et du magistère, et de la magistrature, une idée telle que dès qu'ils ne commettent pas une félonie nous crions au miracle, et à l'éminence. Au lieu de leur faire un compte régulier, où on mettrait à leur actif ce qu'ils font de bien, et à leur passif ce qu'ils font de mal, nous avons d'eux et de leur administration et de leur gouvernement et de leur commandement et de leur tyrannie une idée si extraordinaire (et si juste), que nous commençons par ne rien mettre à leur passif, quoi qu'ils fassent, parce que nous trouvons que quand ils font mal c'est leur office même ; et nous nous y attendons si bien ; et à leur actif nous comptons, premièrement le peu de bien qu'ils font, deuxièmement tout le mal qu'ils ne font pas, et qu'ils pourraient si bien faire.

§. — Au lieu que si l'on voulait compter comme il faut, il faudrait même compter encore autrement. Il faudrait mettre à leur passif le mal qu'ils font, et ne pas mettre à leur actif le peu de bien qu'ils font, parce qu'ils sont en place pour cela.

§. — Vous m'écrivez, mon cher camarade, que l'École Normale n'est point comme je me la représente. Là n'est pas si vous le voulez bien la question. J'ai parlé de ce qu'un certain parti *a fait* de l'École Normale. Après cela nous aurions bien du malheur si de la jeunesse française, mise à un certain régime, ne réagissait pas et ne faisait pas généralement le contraire. Ce serait bien la première fois que ce serait arrivé. C'est bien ce même peuple où tous ceux qui sont préposés, *praefecti*, commis, tous ceux qui sont chargés de gouverner et de prévoir, et de pourvoir, ne font jamais leur métier, et qui pourvoit à tout lui-même, et qui fait son salut lui seul, lui seul sous ses patrons, sans ses gouvernements, sans ses bureaux, sans aucune de ses autorités.

Mais j'en reviens toujours à ma comptabilité. Ce n'est ni une excuse ni surtout un titre pour ses gouvernements, pour ses bureaux, pour ses autorités.

§. — Je vais plus loin et d'une manière générale j'avoue que je n'aime pas les catholiques qui pactisent avec la Sorbonne ; ou qui traitent avec la Sorbonne ; ou qui causent avec la Sorbonne ; ou qui flirtent avec la Sorbonne ; et même ceux qui se marient avec la Sorbonne. Il ne fait aucun doute que la Sorbonne, pour se donner les airs d'être libérale, cherchait depuis quelques années, comment dirai-je, des catholiques qu'elle pût officiellement respecter, et même des catholiques qu'elle pût officiellement protéger. La Sorbonne n'est pas si bête que ça, quand il s'agit de ses intérêts temporels, et elle les a souvent fort bien conduits. On a fini par trouver. Et c'est naturellement Bergson et la philosophie de Bergson qui a fait les frais de cette petite opération. Puis-je avertir les thomistes qui ont trouvé bon accueil en Sorbonne qu'on les aime contre quelqu'un, et que ce n'est point si je puis dire pour les beaux yeux de saint Thomas que la Sorbonne s'est subitement senti des tendresses pour la philosophie thomiste ; et que rien n'est suspect comme une tendresse de Sorbonne ; et que rien n'est suspect comme une alliance, fût-elle officieuse, et fût-elle occulte, des catholiques et de la Sorbonne ; et que dans ces sortes de jeux ce sont toujours les catholiques qui sont bernés ; et que c'est bien fait pour eux ; et qu'ils sont exécrables dans toute politique ; et que ce que l'on ne pardonne pas à Bergson, c'est d'avoir brisé nos fers.

§. — Que les catholiques le sachent bien, et notre jeune camarade doit s'en douter un peu, la querelle de la Sorbonne n'est pas une querelle gratuite, elle n'est pas une querelle insignifiante. Et elle n'est pas une querelle arbitraire, elle n'est pas une querelle ajoutée. C'est la querelle même des héros et des saints contre le monde moderne, contre ce qu'ils nomment sociologie, contre ce qu'ils nomment psychologie, contre ce qu'ils nomment science. Et une chaire en Sorbonne sera toujours pour celui qui déclare que les saints étaient bons à mettre à Charenton.

§. — Tout le débat est là, tout le mystère de cette douteuse opération. La Sorbonne serait assez disposée à faire alliance avec les docteurs, et peut être même à faire une place aux docteurs, pourvu que ce fût contre les héros et les saints. Ce serait même, avouons-le, une assez bonne et certainement la meilleure manière d'authentiquer ses inventions contre les héros et les saints. Car ainsi elle paraîtrait libérale, équitable, que dis-je *objective.*

§. — Reste à savoir si les docteurs seront disposés à lâcher les héros et les saints, pour être eux-mêmes honorés des faveurs de la Sorbonne, ou, si l'on préfère, pour être favorisés des honneurs de la Sorbonne. Toute la question est de savoir si les docteurs, dont personnellement je me passe très bien, débarqueront les saints, dont nul ne peut se passer. Ce serait mal les connaître, (les docteurs), que de ne pas espérer qu'en effet ils débarqueront les saints. Les docteurs n'ont pas seulement condamné Jésus-Christ, ils n'ont pas seulement condamné Jeanne d'Arc, ce ne serait rien encore : *Nolite judicare,* ils ont *jugé* Jésus-Christ, ils ont *jugé* Jeanne d'Arc, ils continueront.

§. — Sur ce que j'ai dit de cette pudeur que nous devons avoir de parler de l'Alsace-Lorraine, il n'y a rien de si odieux que ces pièces de théâtre que l'on se met à faire, où d'excellents comédiens, maquillés en soldats, reprennent les provinces annexées.

C'est comme ces bonnes d'enfant, et ces nourrices, que l'on habille en Alsaciennes. Quand même elles en seraient, ce n'est pas une raison.

§. — Monsieur de Pressensé, *Constitution de l'an I.* — L'an I, monsieur de Pressensé, pour la Ligue des Droits de l'Homme, c'est comme qui dirait le commencement du monde. Dans la première Déclaration, monsieur de Pressensé, il y avait la résistance à l'oppression. Dans la Constitution de l'an I il y avait ce que c'est que la résistance à l'oppression.

33. — *La résistance à l'oppression est la conséquence des autres droits de l'homme.*

34. — *Il y a oppression contre le corps social lorsqu'* UN SEUL DE SES MEMBRES *est opprimé : il y a oppression* CONTRE CHAQUE MEMBRE *lorsque le corps social est opprimé.*

35. — *Quand le gouvernement viole les droits du peuple, l'insurrection est pour le peuple,* ET POUR CHAQUE PORTION DU PEUPLE, *le plus sacré et le plus indispensable des devoirs.*

Monsieur de Pressensé je ne dis pas que tout ça rend le gouvernement commode. Mais je vous demande, est-ce que tout ça c'est des moyens d'avoir la paix.

§. — Il ne faut point m'accuser de persécuter M. Lavisse. C'est lui qui nous provoque avec son cinquantenaire. Il y en a bien d'autres qui sont entrés à l'École il y a cinquante ans et qui ne font pas tant d'affaires.

§. — D'ailleurs, mon jeune camarade, soyez rassuré sur un point. Tout ce que je puis dire est parfaitement indifférent à M. Lavisse, parce que M. Lavisse sait très bien que je ne suis rien.
Dans le système métrique de M. Lavisse et je ne suis rien et les valeurs que j'essaie de défendre contre les désintégrations de M. Lavisse ne sont rien.
Il sait bien qu'il est l'État, et le temporel, et tout.

§. — On me dit : C'est un vieillard. Je dis pardon. Les vieillards ont droit au respect. Ils n'ont pas droit au commandement.

Ils ont droit au commandement s'ils savent commander, s'ils sont bons pour commander. Mais ils n'ont pas droit au commandement par cela seul qu'ils sont des vieillards.

Les vieillards, comme tels, parce qu'ils sont vieillards, ont peut-être droit au respect, aux honneurs ; ils n'ont, comme tels et en cela même, aucun droit au commandement. Autrement il suffirait de devenir suprêmement vieux, dans n'importe quel ordre, pour parvenir, dans cet ordre, au commandement suprême.

§. — On admet bien, dans le militaire, et tout le monde admet, pour les militaires, que rien n'est dangereux comme les généraux fatigués. Et loin de donner aux généraux vieillis les commandements suprêmes on a créé la *limite d'âge*. Et on ne parle que de rajeunir les cadres. Et on croit avoir bien fait, et on se félicite, et on croit presque avoir remporté une victoire quand on a réussi à rajeunir les cadres, quand on a réussi à abaisser les limites d'âge. Et on a raison. Pourquoi faut-il ici encore, et faut-il donc une fois de plus, que les institutions militaires, tant honnies, soient une fois de plus données en exemple à nos institutions civiles, si triomphantes. Si M. Lavisse était militaire, le général Ernest Lavisse ne pourrait commander ni l'École de Saint-Cyr ni l'École Polytechnique. Mais pourquoi M. Lavisse civil est-il bon pour commander l'École Normale Supérieure. C'est aussi un commandement, le commandement de l'École Normale Supérieure. Pourquoi M. Lavisse est-il bon pour garder le commandement de l'École Normale Supérieure. Croit-on qu'il soit sans inconvénient de laisser à la tête et au commandement de toute cette jeunesse un général vieilli, et un général fatigué. Et qu'il n'y ait pas dans le civil des inconvénients comme dans le militaire. Ou alors, si vraiment le poste de directeur de l'École Normale est tel qu'on peut le tenir vieilli et fatigué, alors qu'on supprime ce poste et qu'avec cet argent on achète des Rimailho. Le secrétaire général de l'École fera très bien le « travail ». Surtout qu'il a lui-même un petit coadjuteur. M. Lavisse n'est point un grand écrivain, ni un grand poète à qui l'État doive assurer le pain de ses vieux jours. D'abord il aurait une excellente retraite. Ensuite il a touché toute sa vie des traitements suffisants et chez les éditeurs, généralement pour le travail des autres, des droits d'auteur qui lui ont certainement permis de prendre un livret à la caisse d'épargne. Nous sommes tellement bons, mon jeune camarade, que tout ce que nous demandons c'est qu'on prie poliment M. Lavisse d'aller jouir en paix de sa retraite, c'est qu'on envoie M. Lavisse jouir en paix de sa retraite, au Nouvion en Thiérache, c'est qu'on renvoie M. Lavisse à ses chères études. Et il aura le droit de prononcer des discours de distribution de prix toute l'année.

§. — Telle est notre cruauté, mon cher camarade ; et telle est aussi notre audace. Ce que nous demandons est bien simple. Nous demandons que les généraux qui nous conduiraient à la défaite et à la capitulation ne soient pas maintenus à la tête de l'armée.

Est-ce trop demander. Nous demandons que ceux qui ont mal conduit ne conduisent plus.

Nous demandons combien de temps on va encore laisser M. Lavisse à la tête de l'École Normale Supérieure. Quand le médecin a mal soigné, on le change. C'est bien simple. Quand le gouverneur a mal gouverné, on le change. Quand le directeur a mal dirigé, on le change. Pourquoi faire tant d'affaires. Tout cela est la simplicité même. Nous demandons seulement que M. Lavisse aille goûter un juste repos. Nous demandons simplement que M. Lavisse aille se reposer. Et par la même occasion que nous puissions un peu nous reposer de lui.

Il ne fait aucun doute que M. Lavisse n'a pas réussi à l'École Normale. C'est le moins qu'on puisse dire.

§. — Ce qui fait enrager, c'est que dans le particulier tout le monde en convient. Tout le monde a la même opinion faite. Non seulement tout le monde déclare qu'il en est bien ainsi mais on reproche même à ceux qui s'en occupent encore, à ceux qui en parlent d'être un peu lourds, et de manquer d'élégance, et de s'appesantir, et d'en parler encore. Tellement c'est connu. Tellement c'est évident. Tellement c'est entendu. Seulement, dans le public, il paraît aussitôt qu'il n'en faut pas parler.

§. — C'est une bonne comédie que de voir tous ces dreyfusards du surlendemain plaider le secret, le huis clos, et précisément en matière de nomination à une fonction publique ; et à une fonction publique aussi importante. Et non pas même le plaider, mais l'établir, mais l'admettre, le trouver, le déclarer tout naturel et tout admis, établir une connivence universelle.

§. — Comme il y a une tenue ou un ramollissement militaires, ainsi il y a une tenue ou un ramollissement civiques ; et au fond ce sont les mêmes. Quand un peuple est fort civiquement, il est fort militairement. C'est la même force ; ou c'est la même faiblesse. Une génération qui se retrouve civique est la même aussi qui se retrouve militaire. La force est la force. Il faut donc se garder de croire qu'il soit sans danger de confier aux vieillis et aux fatigués et aux maîtres de lassitude et aux maîtres de renégation et aux maîtres de fluctuation et aux maîtres de démembrement les grands commandements civiques.

§. — Ces hommes ont tellement pris l'habitude de posséder le pouvoir et d'avoir comme un domaine la France et le gouvernement de la France et les prébendes et les pensions qu'on a l'air de les persécuter quand on demande simplement qu'ils n'exercent plus leurs commandements ; et qu'alors on a l'air de vouloir les déposséder.

§. — Je suis même convaincu qu'ils sont tellement habitués à être flattés, adulés, encensés qu'ils croient sincèrement que c'est vrai, que c'est bien comme ça ; que c'est légitime ; puisque c'est établi.

§. — Je suis convaincu qu'en effet ils croient sincèrement que nous les persécutons.

§. — Ils sont tellement habitués à compter sur le pouvoir, comme sur un bien légitime, comme sur un bien de famille, que je suis convaincu que c'est nous qui leur paraissons des persécuteurs, et, qui sait, des larrons.

§. — Je suis convaincu qu'entraînés par cette longue habitude, d'être courtisés, ils croient que c'est nous qui les cherchons. Ils ne s'aperçoivent même plus, tant l'habitude est prise, que c'est eux qui nous cherchent, automatiquement, puisqu'ils occupent des situations de commandement et tant qu'ils occupent des situations de commandement, tant qu'ils exercent des commandements qui se décomposent à chaque instant en temps de commandement.

§. — La situation est fort simple et ce que nous demandons est fort simple. Nous assistons indéniablement en ce temps-ci a une profonde et violente renaissance française, à une profonde restauration, dans le très beau sens de ce mot si imprudemment discrédité, à une profonde et violente révolte et réintégration de la race. Or ce que nous demandons c'est simplement ceci : A toute cette jeunesse va-t-on laisser les mêmes vieux chefs. A toute cette grande et belle exubérance va-t-on laisser ce même vieux conseil aulique. A toute cette ardeur et à toute cette exubérance et à toute cette innocence va-t-on continuer d'imposer les mêmes vieillis, les mêmes fatigués, le même vieux personnel qui avait précisément créé cette situation de lassitude et de décrépitude, et de désarmement et de dénégation contre lequel et ce pays et cette race et cette jeunesse ont fini par se révolter. Laissera-t-on tant de belle jeunesse aux mains de ces vieux. Et de si excellentes troupes aux mains d'indignes chefs. Et toujours ceux qui ne veulent pas capituler aux mains de ceux qui n'ont jamais pensé qu'à la capitulation ; et à préparer la capitulation. Et toujours ces belles recrues sous le commandement et le gouvernement de ces Mac-Mahon. C'est aller au-devant de la défaite, c'est vouloir délibérément la défaite et la capitulation que de mettre et de laisser aux plus hauts postes de commandement, aux plus hautes situations de gouvernement des hommes qui ont dans la moelle même le goût et l'instinct et l'habitude invétérée de la défaite et de la capitulation.

§. — Mettre, laisser de jeunes troupes sous de vieux chefs : la formule même du désastre.

§. — Et de vieux chefs que l'on connaît bien, qui ont fait leurs preuves de faiblesse et de mollesse et d'affaissement et du goût de la défaite et de la capitulation.

§. — Que dire alors de ces cérémonies solennelles, de ces apothéoses de Sorbonne où l'on retourne les situations si parfaitement que celui qui n'a jamais travaillé que dans l'affaissement se fait couronner de la révolte même que ce régime d'affaissement a soulevée. Quel enseignement et quel exemple pour la jeunesse.

§. — J'oubliais. Nous ne demandons pas seulement que M. Lavisse aille se reposer. Nous demandons aussi qu'on ne nous mette pas à la place ce jeune politicien qu'on nous prépare.

Mercredi 9 *avril* 1913. — Dans le numéro de la *Guerre sociale*, septième année, numéro 15, daté du 9 au 15 avril 1913, et sous ce titre : *Le discours du chancelier*, M. Hervé publie un article que je me fais un devoir de citer tout entier. On fera, si je puis dire, la part du fou. Et encore elle est bien peu considérable :

Le discours du chancelier allemand a été sifflé par les élus de 4.200.000 électeurs socialistes.

Mais le chancelier aura ses 850.000 hommes d'active.

Quant à nous, nous n'avons pas encore nos trois ans ; mais nous tenons déjà les 500 millions de dépenses supplémentaires qu'Étienne a demandés pour l'armée, les 500 millions que Baudin réclame pour la marine, sans préjudice de ce qu'on nous demandera demain.

Nous voilà donc condamnés plus que jamais, de chaque côté du Rhin — même si nous échappons aux trois ans ! — à suer chaque année de nouvelles centaines de millions pour les jeter dans le gouffre sans fond du militarisme, alors que l'argent manque pour tant d'œuvres urgentes de vie et de solidarité, avec la joyeuse perspective, après avoir été tondus et saignés, d'être envoyés un de ces quatre matins à l'abattoir.

Le panslavisme russe est là, orgueilleux, insolent, mis en appétit par les victoires balkaniques, prêt à dévorer l'Autriche, le nouvel homme malade que ronge un cancer slave. Et il a derrière lui les masses énormes de la race slave dont les fils sont nombreux comme les grains de sable du désert.

Et, lui faisant chorus, le nationalisme français qui recommence, depuis l'amitié anglaise et les victoires balkaniques de l'alliée slave, à se dresser sur ses ergots et à pousser des cocoricos.

Tout cela, le chancelier allemand l'a vu et bien vu.

Il a parfaitement raison de croire que l'entente franco-russe est devenue une véritable menace pour l'Allemagne et pour la paix européenne.

Mais à qui la faute si cette alliance existe et persiste ? A qui la faute si l'or français soudoie les armées russes, et si le développement de la puissance slave entretient tous les espoirs de nos chauvins ? A qui la faute si, la grande presse aidant, les cocoricos et les battements d'ailes de nos va-t'en-guerre sont capables, à une heure de passion et d'affolement, d'entraîner le pays aux pires folies ?

A qui, sinon aux crétins pangermanistes qui, en 71, ont commis contre le droit des gens un monstrueux attentat — monstrueux en Europe, 80 ans après la Révolution française ? A qui, sinon aux gouvernements allemands qui, depuis 42 ans, répètent bêtement que la question d'Alsace-Lorraine n'existe plus depuis le traité de Francfort ? A qui, sinon aux quatre grands partis politiques qui représentent la totalité de l'opinion publique allemande et qui n'ont pas le courage ou la clairvoyance — le parti socialiste allemand, pas plus que le parti libéral, pas plus que le centre catholique, pas plus que le parti des hobereaux — de dire que la question existe, qu'elle existe tellement qu'elle empoisonne tout l'organisme européen depuis 42 ans !

Le foyer d'infections, il est en Alsace. Comment peut-il y avoir en France et en Allemagne des gens assez aveugles pour ne pas le voir ?

C'est de là, et non d'ailleurs, qu'est sortie l'alliance franco-russe.

C'est là et non ailleurs que s'alimente le nationalisme français.

Tout ce qu'il y a d'idiots en France et en Allemagne ne va pas manquer de crier que je deviens nationaliste et revanchard.

Je suis plus antirevanchard et plus antinationaliste que jamais. Mais je suis un médecin qui, penché sur son malade, constate que tout son organisme s'empoisonne, s'anémie, que le siège du mal est un abcès purulent et je dis qu'il faut vider au plus vite cette poche sous peine des pires catastrophes.

L'abcès purulent qui empoisonne l'Europe — le plus grave, si l'on veut, des abcès purulents qui empoisonnent l'Europe — c'est l'Alsace-Lorraine.

La plupart des socialistes de France et d'Allemagne s'obstinent à ne pas le voir : ou, s'ils le voient, à ne pas le dire.

Ils combattent les armements et les folies de la paix armée, pareils au médecin qui combattrait la fièvre par la quinine, sans voir ou sans opérer l'abcès purulent qui est la cause de la fièvre.

Et cet aveuglement ou ce manque de décision, de la part du parti qui devrait être le plus clairvoyant et le plus audacieux, est bien ce qu'il y a de plus triste dans la crise que traverse l'Europe.

Ah ! nous pouvons demander la limitation des armements, la fin du régime de la paix armée !

Tant que, socialistes français et allemands, nous n'aurons pas osé poser franchement devant l'opinion publique de nos deux pays, la question d'Alsace-Lorraine, qui est l'obstacle insurmontable à la réconciliation franco-allemande, tout ce que nous dirons et rien, ce sera la même chose.

Nous pouvons siffler les discours militaristes de nos gouvernants.

C'est comme si nous chantions !

G. H.

§. — *Sur les vieillards.* — Je trouve très bien que l'on respecte les vieillards. Et nul ne les respecte autant que moi. Mais tout de même il faut un peu s'entendre. Premièrement, nous l'avons dit, le respect n'est pas le commandement, et le droit au respect n'est pas le droit au commandement. Que nous soyons tenus de les respecter, tant qu'on voudra. Mais il ne suit pas de là que nous soyons tenus de leur livrer tous les commandements. Autrement il n'y aurait qu'à devenir vieux pour avoir le droit de faire toutes les bêtises, et pour exercer instantanément tous les pouvoirs. Et tout un peuple tomberait sous le gouvernement de la sénilité. Évidemment une telle proposition ne se tient pas.

De senectute, les vieillards ont certainement droit au respect, et surtout au repos. Mais dire qu'ils ont droit à la retraite, c'est précisément dire qu'ils n'ont plus à exercer les grands commandements.

§. — Que messieurs les vieillards commencent. Et qu'ils commencent par ne pas effectuer ou essayer d'effectuer le virement suivant : ils revendiquent le respect ; et quand on leur demande ce que c'est que ce respect, ils précisent que c'est de rester au pouvoir et d'exercer les grands commandements.

§. — Sur un autre point, qui reviendrait aisément au même, je consens que l'on essaye de m'apitoyer sur le déplorable sort de M. Lavisse. Et surtout sur le sort encore plus déplorable qui lui serait fait s'il était contraint de prendre une juste retraite. Mais tout de même quand on connaît un peu la misère de l'honnête homme dans le monde moderne et quand on voit tant d'honnêtes gens, notamment dans l'Université, travailler comme des forçats du matin au soir, et même plus, et même *outre*, et ne pas arriver à nourrir leurs femmes et leurs enfants, on se prend à supposer qu'il y a peut-être des misères pires que la misère de M. Lavisse et des sorts plus déplorables que le sort qu'une opportune retraite ferait à M. Lavisse.

§. — Respecter les vieillards, c'est entendu, mais il y faut tout de même une condition : c'est que les vieillards se respectent eux-mêmes. Mais si les vieillards s'adonnent à la pire des débauches, à la seule peut-être des débauches, qui est l'irrespect, s'ils ne respectent rien, ni les lois ni les mœurs, et si ainsi ils ne se respectent pas eux-mêmes, faut-il donc que nous respections cet irrespect ; et ces irrespectueux. Faut-il que nous respections cette dérision.

§. — Ici encore que messieurs les vieillards commencent. Le respect est un. Il y a entre celui qui respecte et ce ou celui qui est respecté, entre celui qui respecte et ce ou celui qui est l'objet du respect par le respect même, par le ministère du respect une telle liaison, organique, sentimentale, et presque sacramentelle, que le respectueux seul peut se vanter d'être respectable.

§. — Il en est des vieillards comme des femmes. Plus un être reçoit de la nature et de sa situation d'état un respect naturel, plus il y a scandale et bassesse quand ce même être le premier manque à ce même respect, quand ce même être le premier manque à se respecter lui-même ; et à respecter le monde ; et ainsi encore à se respecter lui-même. De même qu'une femme ivrognesse fait un spectacle infiniment plus douloureux qu'un homme soûl, (et un spectacle qui nous touche à ce point même de cicatrice où la douleur est intolérable), de même un vieillard dérisionnaire fait un scandale affreux, alors que les moqueries du jeune homme sont si souvent pleines de grâce et d'un amour secret.

§. — Si près du jugement et faire encore le pitre, qu'elle affreuse misère.

§. — Ou encore c'est la situation, c'est la grandeur du magistrat et du prêtre. Il ne fait aucun doute qu'il y a dans le vieillard une magistrature mystérieuse et un mystérieux sacerdoce temporel et certainement spirituel. Mais comme le scandale est d'autant plus grand qui vient du magistrat et du prêtre, ainsi le scandale est d'autant plus grand qui vient du vieillard.

§. — Et comme un magistrat et un prêtre sont les seuls hommes qui puissent donner le plus affreux spectacle, ainsi le vieillard est aussi le seul homme qui puisse donner le plus affreux spectacle.

§. — Autrement, dans leur système, dans l'autre système il suffirait d'être vieillard pour avoir le droit de faire toutes les blagues et de se revêtir et de les revêtir de ce manteau de respect.

§. — Comme il y a l'homme de quarante ans, mon jeune camarade, il y a aussi l'homme de soixante-dix ans. Il est incontestable qu'il y a aujourd'hui un parti des hommes de soixante-dix ans. Et que nous ne sommes pas seulement commandés : que nous sommes barrés par ce parti. Il nous barre devant nous. Il nous masque notre feu. S'ils étaient nos ennemis, ça irait bien : nous tirerions dessus. Mais ils sont censément nos chefs, et ils nous empêchent de tirer.

Il est incontestable qu'il y a aujourd'hui, devant nous, une rangée, une barrière des hommes de soixante-dix ans qui occupent toutes les têtes de pont et qui nous empêchent de déboucher non point sur les honneurs : nous les leur laisserions volontiers ; non point sur les commandements : nous les laisserons volontiers à d'autres ; mais sur l'action de la bataille et sur l'action du travail.

§. — Rien n'est grand comme le vieillard. Le vieillard c'est Booz et le vieillard c'est Nestor. Et surtout le vieillard c'est le vieux Siméon. Et c'est le vieil Horace et c'est le vieux don Diègue. Mais plus le vieillard est grand, plus il risque. Car si tant de grandeur se tourne du mauvais côté, ce vieillard n'est plus qu'une ganache.

§. — C'est dans l'université surtout qu'il y a ce parti, cette rangée, cette barrière des hommes de soixante-dix ans, masquant toutes les avenues. Nous avons déjà vu que l'armée ne les supporterait pas. Et personne ne supporterait qu'il y en eût dans l'armée. Car on est ainsi fait qu'on redoute les défaites militaires. Et on a raison. Et qu'on ne redoute pas les défaites civiques. Et on a tort.

Masquant toutes les avenues : il est bien entendu que ce ne sont pas seulement les avenues des honneurs : on les leur laisserait. Mais que c'est aussi et que c'est surtout les avenues du pouvoir et ainsi de l'action et ainsi tout l'avenir.

Il y a notamment un parti universitaire des hommes de soixante-dix ans et plus notamment une promotion de l'ancienne École Normale qui affleure à tous les débouchés de toutes les avenues. Est-ce trop demander que de demander qu'ils se retirent enfin.

Jouissez du repos que vous donne le maître.

§. — Ils sont censés nous commander. Ou plutôt ils ne sont pas censés nous commander. Ils sont censés être nos chefs. Comme ils font du grec, *ex officio*, on croit qu'ils sont les chefs du grec. Et du latin, les chefs du latin. Et du français, les chefs du français. Et alors ils nous empêchent de tirer. Si ça devait durer trop longtemps, mon Dieu je ne dis pas que nous tirerions sur eux. Nous sommes bien incapables d'un tel méfait, que de tirer sur nos chefs. Mais nous tirerions sur l'ennemi *à travers* eux. Et ils s'arrangeraient comme ils pourraient, avec nos balles.

§. — Il est incontestable qu'il y a dans le vieillard une grandeur incomparable. Mais si l'effet est manqué, tant de grandeur ne fait justement apparaître qu'une plus affreuse petitesse.

§. — Si l'effet est de grandeur, tant mieux ; et cette grandeur est incomparablement renforcée. Mais si malheureusement c'est un effet de petitesse, c'est cette petitesse pour ainsi dire alors qui apparaît grande et pour ainsi dire on ne voit plus alors que la grandeur de cette petitesse.

§. — C'est une grandeur unique, pourvu et à cette seule condition : que ce ne soit pas une petitesse unique.

§. — *Le vieillard qui revient vers la source première.* Il y a une telle grandeur incomparable dans l'appareil de la mort et dans l'appareil de la justice, (et dans l'appareil du secret et dans l'appareil de l'inconnu), que celui qui va comparaître est éclairé du reflet le plus profond. Il y a dans l'appareil de la justice une telle grandeur incomparable que le plus infime accusé est haussé, est revêtu, comme tel, comme accusé, de toute cette même grandeur.

§. — La grandeur du jour de la mort, qui est le même jour, et qui est la même grandeur, que la grandeur du jour du jugement est telle que le plus infime accusé, que le plus infime destinataire est tout revêtu de cette grandeur. Et tout homme qui de jour en jour fait ses étapes pour arriver à ce jour est revêtu de cette incomparable grandeur. Et nous ne sommes point de ces races barbares, et nous ne sommes point de ces races romantiques et nous n'avons pas besoin de têtes de mort, préalablement dégraissées, pour penser éternellement au jour de la mort. Et ni Jeanne d'Arc ni saint Louis n'éprouvaient le besoin de se promener avec une tête de mort. Et Jésus sur le mont des Oliviers ne fit point sa méditation sur une tête de mort. La méditation sans accessoire lui suffit.

§. — Mais aussi tout cela se retourne et cette incomparable grandeur se rétorque. Plus grand est le jour de la mort, plus grand est le jour de la justice, plus grand aussi est le manque et plus affreuse est la contrainte si le vieillard n'a pas l'air de s'en douter un seul instant. Plus solennel est le jour de la mort, plus solennel est le jour de la justice, plus aussi on éprouve au cœur le sentiment d'une affreuse contrainte, et d'un affreux manquement quand on voit un malheureux vieillard entièrement occupé de nos misérables querelles. Comme on a envie de lui crier : C'est bon pour nous. Mais vous, ne savez-vous donc pas. Quelle détresse, de voir un vieillard occupé de nos mêmes misérables vanités. Quel désastre de voir un vieillard empêtré dans nos petitesses, aussi petit que nous. Un vieillard aussi petit que nous est incomparablement plus petit. Et fort sottement plus petit. C'est pour cela que plus le jour de la mort est grand et plus le jour de la justice est grand plus il n'y a pas de spectacle aussi affreux au monde que de voir un vieillard occupé dans nos mesquineries. Et plus vous les défendez contre moi en disant qu'ils sont des vieillards, plus vous les condamnez au contraire, car à cette heure apparaît la profonde nature et il n'y a rien d'aussi mesquin qu'un vieillard mesquin, car il faut vraiment qu'un être soit au plus profond et incurablement mesquin pour demeurer mesquin la veille du double jour. Et ainsi quand vous les excusez sur ce qu'ils sont vieillards et quand vous les défendez sur ce qu'ils sont vieillards, vous les chargez au contraire, et de la plus terrible charge.

§. — Eh bien j'y consens. N'allons point si avant. *Demeurons, chère Œnone.* N'allons point si avant, si c'est tant les charger. Demeurons païens. S'ils sont indéfendables, si leur cause est insoutenable dans le langage chrétien, demeurons dans le règne païen. Restons-en à Nestor, cavalier de Gérénie. Celui-là aussi fut un grand vieillard. Il n'y a que deux Testaments, (1) mais il y a cinq règnes : le règne minéral, le règne végétal, le règne animal, le règne humain et le règne chrétien ; ou si on préfère pour les deux derniers le règne de l'homme et le règne du chrétien. Et il n'y a pas moins d'écart et il n'y a pas moins d'avènement et il n'y a pas moins de discontinuité du troisième au quatrième et du quatrième au cinquième qu'entre n'importe lesquels des trois autres. L'homme est autant une *création* dans l'animal et le chrétien dans l'homme que l'animal ou que le végétal sont une création dans la matière brute. J'y consens, restons dans le païen, demeurons dans Nestor, et dans le conseil des vieillards. Nul n'est grand comme le vieillard dans la prosodie païenne, nul n'est grand comme le vieillard dans la cité antique. Et il serait trop long d'en énumérer les raisons. C'est la sagesse ; et c'est l'antiquité même. C'est qu'ils savent des histoires de l'ancien temps. C'est aussi l'avancée de la grande mort, si grande dans la cité antique. C'est l'imminence d'un jugement tout de même et la dernière instance et Charon et Virgile et l'obole et la barque et Minos et

1) L'ancien et le nouveau.

Racine et Thésée et la descente aux pâles Enfers. Et c'est la race et c'est les autels des aïeux et c'est ce qui ne recommencera jamais, et cette jeunesse que l'on ne verra plus. Et c'est le conseil des anciens. Et c'est cette longue histoire, l'histoire de la cité, l'histoire de la race, leur propre histoire. C'est cette longue mémoire pleine et montante comme un épi. Dorée comme un épi. Mûre comme un épi. Blonde comme un épi. Chaude comme un épi. Et d'être écouté par les jeunes hommes.

Ce qui revient à dire, et on s'y attendait, que de même que le monde antique est comme un moule et une préfiguration temporelle du monde chrétien, de même que la cité antique est comme un vase et une préfiguration temporelle de la cité de Dieu, ainsi le vieillard antique est une préfiguration temporelle du vieillard chrétien et la grandeur du vieillard antique est une préfiguration temporelle et certainement déjà spirituelle de la grandeur du vieillard chrétien.

§. — Vous vous récriez là-dessus, et vous me dites : Langlois avait bien raison. Vous êtes fou. Quelle idée d'aller invoquer pour un malheureux homme comme Lavisse toutes ces idées et les appareils et les idées de tant de grandeurs. Qu'est-ce qu'il peut y avoir de commun entre un pauvre homme ordinaire comme ce Lavisse et les idées de tant de grandeurs que vous évoquez. Quel mauvais goût, que de mettre seulement ensemble et dans le même papier ce malheureux Lavisse et la grandeur du vieillard ; et votre grandeur du vieillard antique préfiguration de la grandeur du vieillard chrétien. Qu'est-ce que tout cela peut avoir à faire avec Lavisse. Et qu'est-ce que Lavisse peut avoir à faire avec tout cela. Vous créez artificiellement, vous créez arbitrairement, vous créez gratuitement la plus grossière, la plus sotte des disparates. Vous aussi vous parlez sur un autre plan. Vous aussi vous parlez au fond sur un autre homme. Vous aussi vous parlez un autre langage. Vous aussi enfin vous parlez d'autre chose. Quelle manie de faire des rapprochements. Qui ne peuvent pas être faits. Qui se défendent, je veux dire qui s'interdisent d'eux-mêmes. Qui ne peuvent pas aller. Qui protestent d'eux-mêmes. C'est toujours votre manie d'aller chercher des grandeurs partout, et là où il y en a le moins. Quelle idée d'aller mêler Lavisse avec de la grandeur, et avec de l'antique, et avec du chrétien. Et de mêler de la grandeur avec Lavisse. Comme si tout cela pouvait avoir quelque rapport ensemble. Vous créez exprès la plus grotesque disparate.

§. — Nous allons être entièrement d'accord, mon jeune camarade. Mais si nos maîtres n'ont rien de commun avec la grandeur, pourquoi ne renoncent-ils pas à la grandeur de leurs commandements. Et vous m'accuserez encore d'être grossier, mais pourquoi ne renoncent-ils pas à la grandeur du traitement qu'ils touchent ; et que nous leur payons. Ils veulent bien renoncer aux grandeurs qui conféreraient des responsabilités. Ils veulent bien renoncer aux grandeurs morales, et aux spirituelles. Mais dès qu'il s'agit des grandeurs temporelles ils ne veulent plus renoncer aux grandeurs. Ils veulent bien renoncer aux grandeurs qui engagent l'homme, ils ne veulent pas renoncer à celles qui le dégagent. Ils veulent bien renoncer aux grandeurs du maître, et du père et du vieillard. Ils ne veulent pas renoncer aux grandeurs du fonctionnaire. Et aux solennités, et aux encensements, et aux grandeurs des cérémonies en Sorbonne. Et aux appareils, et aux apparats, et à tous les enguirlandements des grandeurs politiques, des grandeurs universitaires. Et ils veulent bien ne pas renoncer à la grandeur de leur autorité. Ni à la grandeur de leur puissance. Ni à la grandeur de leur fortune. Ni à la grandeur de leur clientèle.

Il n'y a qu'à la grandeur de leur devoir, et à la grandeur de leur office, et à la grandeur de leur âge qu'ils veulent bien renoncer.

Ils veulent bien renoncer à la grandeur de la responsabilité du commandement, mais ils ne veulent pas renoncer à la grandeur du commandement même.

Et de proche en proche et d'année en année ils entendent bien ne pas renoncer au gouvernement.

Ils renoncent volontiers au gouvernement de soi-même ; mais au gouvernement des autres, jamais.

§. — Je vais plus loin, mon jeune camarade, et vous tombez dans le *laudettisme*. Vous vous rappelez certainement que nous avons nommé *laudettisme*, du nom d'un jeune homme d'environ cinquante ans, une hérésie spirituelle très répandue, très sournoise et en même temps très caractérisée, très curieuse en tout cas et extrêmement caractéristique et extrêmement importante, qui florissait il y a quelques années. Elle avait été mise en forme par un jeune homme du nom de le Gris ou Legris ou le Grix ou Legrie ou le Gril ou Legril. Mais c'est une des plus grandes injustices de ce monde que les inventions ne portent jamais le nom de leur inventeur et ainsi cette Amérique ne fut point nommée de ce Christophe Colomb. Ce petit garçon avait si bien travaillé que je dus un peu la remettre en forme. (Pas l'Amérique, l'hérésie). Et je la nomme ici une hérésie spirituelle et volontiers je la nommerais simplement une hérésie intellectuelle. Pour ne pas me faire d'affaire. Et pour fuir à mon tour les responsabilités. Car des hérésies en matière de foi je n'ai ni le goût ni l'autorité de les dénoncer ou simplement de m'en faire le censeur et toutes espèces de délations ou de censures ne conviennent ni à ma nature, ni à mon humeur, ni à mon tempérament, ni à mon caractère. Cette hérésie donc, mais cette hérésie spirituelle et intellectuelle, cette hérésie saisissable et qui retombe de notre compétence revenait essentiellement à ceci et pouvait se réduire à cette proposition extrêmement dangereuse et d'une gravité capitale que nous autres Français de ce temps, Français du commencement du vingtième siècle, Français du premier tiers du vingtième siècle nous vivons une vie *d'un prix inférieur* aux vies que pouvaient vivre des chrétiens des autres temps. L'idée de ce *laudettisme*, (et j'avoue que je les avais un peu aidés à la sortir), c'est que nous d'ici et d'aujourd'hui nous vivons une vie diminuée, une vie qui ne serait pas *du même prix* que les vies des anciens temps. Cette hérésie en matière spirituelle et en matière intellectuelle enveloppait tout de même une hérésie en matière de foi parce qu'elle enveloppait cette proposition que le prix du salut aurait diminué et que le salut d'une âme ne vaudrait plus le salut d'une âme et que Jésus ne serait plus mort pour des saluts de même prix et que la rédemption même irait comme en diminuant dans les siècles ultérieurs. C'était donc non seulement une hérésie en matière de foi, mais une des hérésies centrales, une des hérésies capitales en matière de foi, puisque c'était cette hérésie que l'on pourrait nommer par excellence l'hérésie temporelle, qui consiste à proposer que le temporel, à mesure qu'il passe, et d'année temporelle en année temporelle, finirait par user l'éternel, par diminuer le sacramentel. Car il est entendu que tout l'événement est irréversible, mais précisément l'éternel et le sacramentel n'est pas événement, l'éternel et le sacramentel est et demeure égal et le même dans les siècles et est soustrait à l'événement et le *corpus Christi* et le salut d'une âme sont et demeurent les mêmes et du même prix. Mais je me suis engagé à ne pas entrer aujourd'hui dans l'examen de l'hérésie en matière de foi et ce que j'ai voulu rappeler seulement c'est l'hérésie spirituelle et l'hérésie intellectuelle. Et pour ainsi dire l'hérésie laïque. Mon jeune camarade quand vous me reprochez de citer M. Lavisse, de faire intervenir et pour ainsi dire de faire jouer M. Lavisse dans des considérations sur la grandeur du vieillard et d'effectuer ce rapprochement et de créer ainsi et de créer aussitôt une grossière disparate, quand vous ne voulez pas, mon jeune camarade, que j'approche M. Lavisse de ces considérations, vous tombez dans le *laudettisme*, mon jeune camarade, car cette répulsion que vous avez, cette sorte d'interdiction que vous nous faites est fondée plus ou moins obscurément sur ce propos que toutes les considérations auxquelles nous pouvons nous livrer ; et notamment les considérations sur la grandeur ; et plus notamment les considérations sur la grandeur du vieillard ; peuvent très bien trouver leur matière dans d'autres temps, dans les hommes d'autres temps, mais que ces considérations, fondées en d'autres temps, ne trouvent plus leur matière, ne trouvent plus aucune matière dans notre temps, dans les hommes de notre temps. Et que par suite elles y sont étrangères et même un peu mal élevées. Qu'elles feraient mieux de ne pas s'y montrer. Qu'elles n'y sont plus de leur compagnie. Et par suite qu'elles y sont de mauvaise compagnie. Qu'elles y sont hors de propos. Qu'elles y sont hors de leur place. Et par suite et enfin qu'il est un peu incongru de vouloir seulement les y mettre.

§. — Or ce n'est pas nous qui les y mettons, mon jeune camarade, elles y sont, et on se rappelle peut-être tout cela. Ce *laudettisme* laïque n'est pas moins dangereux et il n'est pas moins capital qu'un *laudettisme* et que le *laudettisme* en matière de foi. Pourquoi nous diminuer, mon jeune camarade. Nous sommes les mêmes hommes. Il peut y avoir dans l'histoire du monde des strates, des couches inégales. Des générations d'inégale valeur. Mais la matière où elles travaillent n'est point d'inégale valeur. Et en ce sens nous sommes les mêmes hommes. La matière où nous opérons, la matière du salut et de la peine a toujours le même prix, parce qu'elle a toujours la même résistance. Ni la vie et la mort, mon jeune camarade, ni l'amour et ni la haine, ni les lois et les mœurs, ni la patrie et la race, ni le mariage ni les enfants, ni le salut et la peine et surtout la misère et ni la pauvreté n'ont baissé de prix sur le marché des valeurs. Nous pouvons, nous, être inférieurs à notre matière. C'est une autre question. Mais notre matière est toujours aussi grave, c'est-à-dire qu'elle est toujours et aussi comique et aussi tragique. Et aussi ingrate et aussi difficile et aussi peineuse. Nous pouvons être des différentes piétailles. Mais nous gravissons toujours le même chemin. Vos vingt-cinq ans, mon jeune camarade, valent tous les vingt-cinq ans. Ils ne sont aucunement diminués. Et permettez-moi de vous le dire, mais alors ceci tout à fait entre nous, le coup de passer quarante ans et de commencer à redescendre le versant est aussi grave de nos jours que dans le temps de Fabius Cunctator.

§. — Croyez donc bien, mon jeune camarade, que la vieillesse a le même prix et que le respect a le même prix et que la grandeur est la même et a le même prix. Quand donc vous me refusez de faire ce rapprochement, quand vous me refusez de mettre ensemble le nom même de M. Lavisse et toute considération sur la grandeur du vieillard et quand vous m'accusez de créer ainsi la plus grossière disparate *et quand vous avez raison,* tout ce que vous dites c'est vous alors qui accusez M. Lavisse et qui le diminuez d'autant, car vous ne l'accusez de rien moins que de ceci : de ne pas même être un vieillard.

§. — Et alors nous nous recoupons. Nous revenons exactement à ce que nous disions. Ils veulent bien être des vieillards en ce sens qu'ils aient derrière eux des grosses carrières temporelles qui les poussent et qui les portent. Mais ils ne veulent pas être des vieillards pour être grands au moins de la grandeur des vieillards. Ils veulent bien être des vieillards pour les cérémonies et pour les triomphes ; et pour les retraites ; (et ils ne touchent pas des retraites ouvrières). Mais ils ne veulent plus être des vieillards pour être confrontés avec la grandeur du vieillard. Car la grandeur due au vieillard, c'est aussi la grandeur que le vieillard doit. Et le respect dû au vieillard, c'est aussi le respect que le vieillard doit.

§. — Ils ne font plus les fiers quand il s'agit d'être vieillards pour être confrontés avec la grandeur du vieillard. Oh alors ils sont modestes. Ils sont trop petites gens. Ils ne veulent plus être confrontés avec les grandeurs de l'humanité. Les grandeurs de l'humanité c'est de la littérature et de l'éloquence. Mais ils veulent bien être conférés avec les grandeurs du pouvoir.

§. — Ils ne font plus les modestes. Et ils veulent bien refaire les fiers quand il s'agit des triomphes et des cérémonies et des compliments oratoires, et des péroraisons universitaires. Ils ne trouvent pas, alors, que c'est de l'éloquence.

§. — C'est toujours le même vice moderne de duplicité. Ils veulent jouer deux fois. Ils veulent jouer deux jeux étrangers et à volonté contraires. Ils veulent jouer sur deux tables. Ils veulent jouer des deux mains. Ils veulent bien être grands pour les situations temporelles. Et ils veulent bien ne pas être grands pour les responsabilités que les situations temporelles devraient conférer

§. — Le respect des vieillards n'est qu'un cas particulier du respect de la patrie. Il est emboîté dans le respecte de la patrie. Si donc des vieillards corrodent le respect de la patrie, ils corrodent par là même et dedans et à plus forte raison le respect que l'on nous demande d'avoir d'eux.

§. — Détruisant la patrie, ils se détruisent eux-mêmes

§. — Ou si l'on veut parler le langage antique, et le langage païen, le conseil des vieillards n'est là que pour la cité. C'est la cité qui est la plus antique. Et c'est la cité qui est la plus solennelle. C'est la cité qui remonte le plus loin, qui descendra le plus loin. Si le conseil des vieillards travaille contre la cité, il se détruit lui-même et ainsi et dedans et à plus forte raison il ruine le respect que l'on veut que nous ayons pour lui.

§. — Quand on nous demande de respecter un vieillard, pour ainsi dire automatiquement, sans examiner s'il est respectable, et surtout sans examiner si lui-même respecte le respect, on veut faire jouer automatiquement dans un cas particulier une règle générale et cette règle générale veut faire jouer en somme et en tous cas les sentiments et la loi du respect filial. Au fond ce que l'on veut que nous respections dans un vieillard en particulier, c'est le vieillard en général et ensuite et d'autre part ce que l'on veut que nous respections dans le vieillard, (en général), c'est la paternité, c'est le père. Ce que l'on fait surtout jouer, ce que l'on veut surtout faire jouer, ce sont les sentiments de la paternité. Mais alors nous aussi nous sommes pères. Et par conséquent nous aussi nous avons le droit de parler. Et ces sentiments se retournent. C'est justement parce que nous avons des fils, et parce que nous sommes revêtus de la responsabilité paternelle que nous ne voulons pas que nos fils après nous restent commandés éternellement par cette génération de capituleurs. Ils en ont assez fait avec nous. Nous ne voulons pas qu'ils recommencent et qu'ils continuent indéfiniment avec nos fils. Nous déjà, c'est assez, c'est trop que nous les ayons supportés si longtemps. Nous aussi nous sommes pères. Nous voulons précisément que notre expérience serve à nos fils. Puisque nous avons ce bonheur, s'il est permis de parler ainsi, que nous avons pâti, justement pour cela nous ne voulons pas que nos fils pâtissent ; à leur tour ; et des mêmes hommes ; et des mêmes abus ; et des mêmes trahisons ; et du même besoin mou des mêmes capitulations. Puisque au moins nous avons eu ce bonheur, s'il est permis de le nommer ainsi, d'avoir connu ces bonshommes, ces mauvais bonshommes, et de les avoir supportés trente ans, et d'en avoir pâti trente ans, et d'en avoir été gouvernés trente ans, et d'en avoir été trahis trente ans, il faut bien au moins que cette expérience serve à quelque chose ; et à quelqu'un. Et nous voulons précisément qu'elle serve à nos fils.

§. — Nous aussi nous sommes scientifiques. Nous aussi nous sommes pour la méthode scientifique. Puisqu'une expérience de trente ans, parfaitement conduite, a été faite, il faut au moins que cette expérience soit enregistrée ; et qu'on ne la recommence pas indéfiniment ; et que les résultats de cette expérience soient enregistrés. Nous enfin il faut que nous ayons servi à quelque chose ; et que tant de peine ait servi à quelque chose ; et que tant de manquement ait servi à quelque chose. Il faut au moins que tant de misère ne soit pas perdue ; et que tant d'abandonnement ne soit pas perdu. Puisqu'à notre corps défendant nous avons fait cette longue expérience de ces hommes, nous sommes comme tout le monde, comme tout homme arrivé au commencement du déclin, nous voulons au moins que notre vie ne soit pas toute perdue, nous voulons qu'une si cruelle expérience serve au moins à quelque chose, l'expérience de tant de mauvaise foi et de tant de détournement. Nous ne voulons pas avoir été tout à fait inutiles, dans notre peine même, et dans notre sottise, et dans notre sotte confiance envers d'indignes maîtres. Nous entendons faire servir au moins à quelque chose les abusements mêmes dont nous avons été l'objet. Et les victimes. Et les sots auteurs demi-conscients demi-complices. Nous voulons, dans nos erreurs mêmes, n'avoir point été tout à fait inutiles. L'homme est ainsi. Nous entendons faire servir au moins à quelque chose ces détournements mêmes de la plus sainte confiance auxquels nous avons bénévolement donné les mains. Nous ne voulons pas que nos enfants recommencent, continuent après nous d'être commandés par ces résidus d'abandonnement, par ces débris des plus anciennes capitulations. Nous ne voulons pas que nos enfants recommencent, continuent après nous d'être dupés, d'être trahis, d'être abusés, d'être gouvernés enfin par ces hommes et par leur séquelle.

§. — Nous ne voulons pas que nos enfants recommencent, continuent après nous et comme nous de manquer leur vie pour avoir été livrés comme nous par les molles capitulations du même État-Major. Quand un homme a manqué sa vie, il n'a plus qu'une idée. C'est une idée fort sotte. Mais enfin il l'a tout de même. Il n'a plus que cette idée, c'est qu'au moins ses enfants ne manquent pas leur vie. C'est que ses enfants ne recommencent pas, et ne continuent pas la même chose que lui. Il ne vit plus que pour ses enfants ; et en ses enfants Il ne voit plus que pour eux. Tout ce que tant de déceptions, tant de désabusements, ou si l'on préfère tant d'abusements ont accumulé, ont refoulé en lui de force rentrée, et de volonté, manquée, il la reporte sur ses enfants D'autant plus impérieuse, et avec cette force de commandement, irrévocable, que prend un sentiment humain quand on sait que c'est la dernière fois qu'on joue.

§. — Telle est notre situation. Nous sommes, je l'ai assez dit, et cela se vérifie de plus en plus, une génération sacrifiée. Nous avons été constamment trahis par nos maîtres et par nos chefs. A aucun prix nous ne souffrirons que nos enfants soient trahis à leur tour, et par les mêmes maîtres, et par les mêmes chefs. Nous ne souffrirons pas, à aucun prix nous n'endurerons qu'un Jaurès, qu'un Lavisse recommence sur la génération suivante les mêmes abusements.

§. — Nous serons plus courageux pour nos enfants que nous ne l'avons été pour nous-mêmes et nous nous porterons aux extrémités plutôt que de laisser décevoir et tromper et trahir et abuser nos enfants par les mêmes hommes comme nous l'avons été nous-mêmes.

§. — Qu'on ne le sache, nous serons moins patients pour nos enfants que nous ne l'avons été pour nous-mêmes. Nous sommes résolus à ce que cette irrévocable expérience serve au moins à quelque chose.

§. — Trente ans nous avons été trahis. De notre socialisme, qui était un système de justice économique et sociale, de vérité économique et sociale, de santé économique et sociale, en un mot de justice et de vérité et de santé temporelles et un système de la bonne et de la vraie et de la juste et de la saine organisation du travail économique et social, du travail temporel ils ont fait un reniement de tout, une basse politique, un sabotage ignoble, proprement une trahison militaire contre le peuple français. De notre dreyfusisme, qui était un système de justice, et de vérité, et de santé juridiques, et encore sociales, et très proprement nationales, ils ont fait une basse politique, et une basse démagogie. C'est entendu. Ils s'en félicitent et M. Langlois nous en raille grossièrement. Et de notre République même qu'est-ce qu'ils avaient fait jusqu'au moment où nous avons commencé à les refouler. Mais ils ne riront peut-être pas toujours. Et cette corruption qu'ils répandaient autour d'eux, cette trahison qu'un Jaurès répand encore autour de lui, nous avons commencé à les refouler. Ce que nous n'avons pas réussi pour nous, ce que nous n'avons pas obtenu pour nous, d'être délivrés de cette affreuse bande, nous le réussirons, nous l'obtiendrons peut-être pour nos enfants. Nous serons peut-être plus courageux. Et une fois enfin nous serons peut-être fortunés. Et autant nous avons été malheureux pour nous-mêmes, autant peut-être par quelque compensation nous serons heureux pour nos enfants.

§. — D'abord nous serons peut-être moins lâches. Que chacun revienne sur soi-même, et en soi-même refasse la longue histoire de ces tristesses. Que chacun revoie, que chacun se remémore la longue histoire de ces tristes années. Combien de fois n'avons-nous pas été lâches. Combien de fois nous sommes-nous mal, ou peu, ou pas défendus contre cette bande. Et combien de fois avons-nous mal, ou peu, ou pas défendu notre pays. Non point tant par lâcheté sans doute que par un relâchement. Il fallait suivre à la piste un homme comme Jaurès, il fallait le suivre à la trace et le harceler constamment et ne pas le lâcher *et lui demeurer fidèle* et ne pas laisser passer un seul de ses méfaits sans le signaler au moins et sans faire tout ce que nous pouvions pour essayer de le compenser, et de l'annuler, et d'en réparer les effets. L'avons-nous fait. Combien peu de fois. Quels ménagements n'avons-nous pas eus pour ce Jaurès ; quels atermoiements ; quels désarmements nous-mêmes. Quels délais ne lui avons-nous pas accordés. Quelles rémissions ; quels ajournements. Combien de fois lui avons-nous laissé la paix, lui qui n'a jamais laissé la paix à son pays. Il fallait le suivre pas à pas ; et marquer tous les points ; et marquer tous les coups. L'avons-nous fait. Nous l'avons laissé opérer dans la tranquillité la plus grande et nous lui avons incessamment accordé des silences qui étaient comme des connivences et presque des complicités. Nous avions tant à faire. Mais il fallait faire plus encore. Il fallait suffire à tout. Et inventer d'être encore plus forts ; et encore plus actifs ; et encore plus studieux. Nos enfants ne sauront jamais combien de courants nous avons eu à remonter, et à vrai dire que nous avons eu à remonter tous les courants. Qu'ils ne le sachent jamais ; et qu'ils ne puissent pas même le soupçonner, c'est notre vœu le plus cher ; car ce sera signe qu'ils ne pourront même pas soupçonner l'état de servitude et l'état de bassesse où on nous avait mis. Et comme le remords même est encore nourri du crime et comme le repentir est encore nourri de la faute, et comme la contrition est nourrie du péché et comme le regret est tout nourri de l'infortune, ainsi cette connaissance que nos enfants auraient de notre bassesse serait encore nourrie de cette bassesse elle-même. Et elle serait un prolongement et un héritage de cette bassesse. Qu'ils l'ignorent donc éternellement et qu'ils ne soupçonnent pas même ce que nous avons été. Et ce que nous avons fait. Et notamment ce que nous avons fait pour eux.

§. — Combien de fois n'avons-nous pas laissé Jaurès impuni. Combien de fois ne l'avons-nous pas laissé tranquille. Combien peu de fois avons-nous dit ce qu'il était D'autres devoirs nous demandaient aussi. Et si on déteste ce mot devoir autant que je le déteste d'autres offices, d'autres jours, d'autres travaux, d'autres épreuves, d'autres peines, d'autres misères, des œuvres. D'autres disciplines. Mais cette lâcheté que nous avons peut-être eue si souvent pour nous-mêmes, nous ne l'aurons certainement pas pour nos enfants. Cette insistance, cette constante application dont nous avons peut-être manqué pour nous-mêmes, nous n'en manquerons certainement pas pour nos enfants. Qu'on le sache bien, rien ne nous arrêtera. Tout ce que nous avons précisément de remords refluera en courage, et peut-être en énergie. A aucun prix nous ne nous laisserons arrêter. C'est un cas fort connu. A tout prix, à n'importe quel prix nous arracherons nos enfants à cette bassesse, à cette honte, à cette servitude. Ce que nous n'avons pas fait pour nous, nous le ferons peut-être pour eux.

§. — Nous ne ménagerons rien. C'est un cas fort connu. Quand un homme, (et quand une génération) a évidemment manqué sa carrière, il met une âpreté incroyable, et pour tout dire une sorte d'âpreté de femme, (ce sont les seules qui comptent), à sauver au moins ses enfants, à sauver au moins la génération suivante, à empêcher que ses enfants, à empêcher que la génération suivante poursuive le même ratage, le même manquement de carrière, subisse le même abusement, soit victime du même détournement. C'est un cas fort connu. Tout se retourne alors. Tout ce qui a manqué avec l'un, on veut au moins le faire avec l'autre. Et tout ce que l'on ne verra pas, on veut au moins que les enfants le voient. Et tout ce que l'on sait bien que l'on ne fera pas, on veut au moins que les enfants le fassent. On veut bien avoir été malheureux soi-même, on ne veut pas que ses enfants soient malheureux. On veut bien avoir été malheureux pour une fois, on ne veut pas l'avoir été pour deux. C'est dans un tout autre ordre, mais avec des accointances profondes, c'est toujours la femme de trente ans et l'homme de quarante ans. On ne veut pas qu'il soit dit que toute une jeunesse ait été perdue. On ne veut pas que tant d'espérance, qu'une si naïve innocence ait été totalement jouée, soit demeurée totalement vaine. Et totalement inféconde. On ne veut pas que tant de candeur, qu'une aussi belle jeunesse, que les vastes espoirs aient été à ce point abusés. On se révolte alors, et que nos maîtres le sachent bien, cette révolte peut être singulièrement dangereuse parce qu'évidemment elle est la dernière, parce qu'on sent bien, parce qu'on sait bien qu'elle est la dernière. Et de n'avoir servi à rien, on veut au moins que ça serve à quelque chose. Tout ce qui a été refoulé revient d'autant plus fort, et d'autant plus impérieux, et d'autant plus irrésistible. Et d'autant plus fort aussi que l'on sent bien que ce sera pour la dernière fois. Tout ce qu'il y a de grave et de sérieux et de capital et d'uniquement grand dans l'extrême et dans le dernier apparaît ici et dernièrement rejaillit. Tout ce qui a été refoulé reflue, en un dernier saisissement, en un dernier courage. Moi-même qui me suis constamment si mal défendu et qui à vrai dire ne me suis pour ainsi dire jamais défendu, je mesure très bien jusqu'où nous défendrons nos enfants, et que nous les défendrons jusqu'au bout ; et que nous tiendrons le coup ; et que nous sommes résolus à emporter le morceau. C'est même singulier comme on peut ne pas être courageux pour soi et ne pas l'être pour son honneur même et l'être pour ses enfants. Un remords propre, un honneur singulier, un remords singulier nous pousse alors, inconnu de tout homme qui n'est pas père.

§. — Nous touchons ici à un des sentiments les plus profonds de l'homme, et à l'un des plus singuliers, et à l'un des plus mystérieux ; et à l'un des plus *donnés;* par conséquent à l'un de ceux que la plus belle imagination du monde n'inventerait pas ; et dont la plus belle imagination du monde n'aurait même et ne donnerait même aucune idée. Il faudrait un roman, et peut-être plusieurs, pour commencer à déblayer un peu, *expedire,* ce sentiment si singulier, si mystérieux, si trouble. Mais qui ferait ce roman ; et n'est-ce point là précisément un de ces secrets dont Halévy parlait, qui sont plus secrets que tous les autres, parce que tout le monde les connaît et personne ne les dit, et ce sont les seuls secrets du monde. Je veux parler de cette espèce de honte, et non pas tant peut-être de pudeur que de désespoir, et de cet affreux sentiment de responsabilité qu'il y a dans la paternité. C'est une si effrayante responsabilité, (et envers nous-mêmes et envers tout le monde), que d'avoir mis des enfants au monde. Quand on voit un peu ce que c'est que l'existence. Et quand on sait ce qui leur est ménagé. C'est un sentiment trouble, et honteux de soi, qui est d'une sorte de remords, qui n'est pas de regret, un arrière sentiment, mais dont on ne se débarrasse plus. On veut se rattraper alors, et par un besoin profond de compensation, et sans doute de se faire pardonner, on devient hardi, on devient courageux, tout reflue, le remords, la peine, l'antique et irrévocable déception. Et on ferait tout pour qu'au moins ces enfants ne soient pas malheureux. C'est comme la seule manière que nous ayons de réparer envers eux. De là une sorte de point d'application unique, un entêtement, presque une monomanie ; cette idée fixe qu'on sauvera au moins les enfants ; de là enfin, qui sait, peut-être du courage. Qu'on ne se fie donc pas à notre mansuétude et pour ainsi dire que nos maîtres ne se fient pas à notre lâcheté. Nous en avons beaucoup laissé passer pour nous que nous ne laisserons peut-être pas passer pour nos enfants. Et ce que nous n'avons pas fait pour nous nous le ferons peut-être pour empêcher que nos enfants tombent, demeurent dans la même servitude, soient exposés aux mêmes tyrannies, soient victimes des mêmes abusements.

§. — Nul sentiment peut-être n'est aussi poignant de tous les sentiments de l'homme. Parce que nul sentiment peut-être n'est aussi irrévocable, aussi pénétré d'irrévocable. On a l'impression de toucher le point même, non pas tant seulement le point de raccordement, mais le point d'articulation, le point d'insertion même où pour la dernière fois le temporel se vient articuler, se vient insérer dans l'éternel. Si cette dernière bataille est perdue, tout sera donc perdu. Et l'homme sacrifiera tout à cette idée opiniâtre, à cette idée acharnée qu'au moins la vie de son fils ne soit pas la même que la sienne, ne recommence, ne continue pas la sienne ; ne soit pas la sienne bout pour bout. C'est une revanche et un rattrapement. Ou encore c'est une vertu de criminel. (Les seules). C'est une idée de désespoir, une idée de remords, les seules indéracinables peut-être de toutes. Et les seules peut-être qui amassent en un point d'irrévocable autant d'éternité dans le temps.

§. — Tout ce qui nous est arrivé, au moins que cela serve à cette jeunesse qui monte. C'est le premier actif, c'est le commencement de l'actif, que d'avoir nettoye son passif. C'est le premier gagné, que de savoir, que d'avoir mesuré tout ce que l'on a perdu. Que d'avoir déblayé. Et c'est la plus grande infortune mais c'est aussi le plus grand armement que de savoir sur qui on ne peut pas compter. C'est une grande opération de faite qu'un inventaire, et un bilan. Et d'avoir apuré ses comptes. Et de partir au moins d'une table rase. C'est beaucoup déjà de savoir que Bazaine est Bazaine, (je ne dis rien de plus), et que Mac-Mahon est Mac-Mahon, et que Trochu est Trochu. Pareillement c'est déjà beaucoup de savoir que Jaurès est Jaurès et que Lavisse est Lavisse. Quand on a été livré par son gouverneur, c'est bien agréable, parce qu'au moins on sait qu'on ne doit plus lui confier les grands commandements. Est-ce donc enfin trop demander.

§. — Rien n'est aussi poignant, je le sais, que le spectacle de tout un peuple qui se relève et veut son relèvement et poursuit son relèvement. Et rien n'est aussi poignant que le spectacle d'une jeunesse qui se révolte. Je le sais. Si je ne le dis pas plus souvent, c'est que j'ai horreur de tout ce qui est excitation et de tout ce qui est romantisme et d'un enthousiasme qui n'est point ceinturé. Mais enfin il est permis d'en parler, pourvu qu'on en parle sévèrement. Rien n'est aussi anxieusement beau que le spectacle d'un peuple qui se relève d'un mouvement intérieur, par un ressourcement profond de son antique orgueil et par un rejaillissement des instincts de sa race. Mais plus cette rétorsion est poignante, plus il serait tragique de la livrer aux mêmes maîtres des mêmes capitulations. Plus elle est précieuse, plus il serait vil de la livrer. Plus elle est unique et presque inattendue et plus elle passe toute espérance, plus aussi il serait désespérant de la livrer. Plus elle est jeune et forcément naïve et ignorante et innocente plus il serait criminel, plus il serait inique, plus il serait fou de la livrer. Oui l'heure est poignante, c'est entendu, et nul ne le sait plus que nous. Mais elle deviendrait aisément tragique si on remettait toute cette nouveauté aux vieilles mains de toutes ces vieilles hontes.

Tout ce que nous demandons est tellement simple. Nous demandons qu'ils aillent se reposer. Et qu'on ne les remplace pas par des pareils. Nous demandons qu'on ne garde pas les mêmes, et qu'on ne recommence pas.

Même *mercredi 9 avril 1913.* — Il n'y a pas seulement des jours heureux. Il y a des jours doubles. Dans le *Matin* de ce matin, toujours sous cette rubrique *Mouvement littéraire, les idées d'hier et de demain*, et toujours sous les mêmes fioritures de typographie, M. Lanson vient de publier, à propos du même livre, qui est *Quatre ans à la cour de Saxe, (1904-1908)*, par M. Guy Balignac, (pourquoi pas aussi Péguy Balignac, vraiment ces amateurs ne se refusent rien), et une grosse stupidité, et une heureuse répudiation. Je pense que la stupidité est pour les *idées d'hier*, et la répudiation pour la candidature de demain.

La stupidité tient en quelques lignes :

On y verra d'ailleurs aussi, dans les pages paradoxales où le génie grec est rabaissé, le vrai sens et toute la portée, pour un certain parti, de la campagne en faveur du latin, et par quelles équivoques on essaye de faire servir le culte de la Rome antique à la restauration de l'autorité d'une autre Rome. Tout ce morceau, d'une malice naïve et pleine d'illusion, est fort instructif et vraiment savoureux.

Ainsi, si je comprends bien, quand nous faisons du *de Viris*, c'est peut-être pour rétablir les États du pape ; et qui sait pour introduire frauduleusement en France des pièces du pape ; c'est du moins pour asseoir en France l'autorité du pape. Je ne soupçonnais pas que nous fussions si criminels. Je commence à me demander si contre le latin M. Lanson n'est pas un peu monomane, et comme dit M. Langlois un peu fou. (De sorte que, comme notre camarade Rudler aimait à le répéter, il y a le singe qui est quadrumane, l'homme qui est bimane, et M. Lanson qui serait monomane). J'aimerais assez que M. Lanson fût monomane, et un peu fou sur le latin. Car alors je pourrais lui rendre mon estime. Ce que je lui reprochais précisément c'était de ne pas être tout de même assez fou.

La répudiation est importante, car elle n'est rien moins que la répudiation du jauressisme, (et ainsi la répudiation de Herr, et du couple Herr-Lavisse, et ainsi de Lavisse, et du jauressisme en Sorbonne, et une évidente manifestation contre la manifestation sorbonienne contre le service de trois ans). M. Lanson a pris texte de son auteur pour faire la déclaration suivante. C'est une déclaration fort intelligente. On y verra que non seulement M. Lanson déclare qu'il y a une question d'Alsace-Lorraine, mais qu'il découvre très bien qu'elle n'est plus aujourd'hui qu'un premier stade, une première étape de raison et de réalité. Qu'il y a pour le monde entier une question allemande. Et que la question d'Alsace-Lorraine pour la France ouvre la question allemande pour la France et pour le monde. Mais je ne saurais dire aussi bien que lui. Et c'est même bien écrit. Et quand je dis que M. Lanson écrit bien, on peut me croire :

J'aime mieux laisser le lecteur sous l'impression de ce qu'il y a de vrai, d'utile pour tous les Français dans ce tableau de l'Allemagne. Le témoignage de M. Guy Balignac, confirmant d'autres observations, permet de résoudre l'équivoque des dispositions pacifiques de nos voisins. Les socialistes français prétendent que l'Allemagne et son empereur désirent la paix. La majorité du pays croit que la garantie de la paix est uniquement dans notre force militaire. La contradiction de ces deux affirmations se résout sans peine dans la remarque que l'Allemagne n'est pas guerrière de tempérament, par amour des aventures et de la gloire. La guerre, pour l'Allemagne, est un un pis-aller : elle aime mieux avoir sans guerre les profits de la guerre. C'est le profit qu'elle veut : elle le prendra, par la paix de préférence, par la guerre, s'il n'y a pas d'autre moyen. I est donc vrai que c'est en vue de la paix qu'elle renforce sans cesse ses armements : elle veut avoir une supériorité de force qui décourage toujours les autres nations, et en particulier la France, de tenter la chance des armes. La paix allemande, la paix que le peuple et le kaiser veulent sincèrement, c'est une paix où aucune résistance ne serait opposée aux ambitions économiques de l'Allemagne ; où l'étalage permanent de sa force, la dispensant d'en user, lui assurerait sans péril la domination universelle. A nous de décider si nous sommes prêts à tout céder, et à toujours céder, si nous voulons descendre peu à peu à la condition de la Saxe, ou du moins du Luxembourg. Si nous ne le voulons pas, il est évident qu'il faut nous rendre le plus fort possible : nous ne diminuerons pas les chances de paix, mais nous changerons le caractère de la paix. Nous en ôterons la servitude et la rendrons équitable. L'Allemagne, sous la direction prussienne, est réaliste : elle fait soigneusement la balance des risques et du gain ; moins elle sera assurée de vaincre, moins elle sera disposée à combattre, et plus elle réduira, en conséquence, ses prétentions, quand elle nous verra la volonté et les moyens de lui dire des « non » bien fermes.

L'ouvrage de M. Balignac s'ajoute encore à d'autres témoignages pour nous avertir de l'illusion qu'il y aurait à penser qu'il n'y a entre la France et l'Allemagne que la question d'Alsace-Lorraine. Ce fut peut-être vrai du temps de Bismarck, et tant que la génération qui avait fait la guerre de 70 fut à la tête des affaires. Mais depuis que sont entrées en scène les jeunes générations élevées dans l'orgueil de la victoire, ce qui est entre la France et l'Allemagne, c'est l'empire. L'empire allemand, par son existence, rend la véritable paix, la paix qui est une amitié, impossible, parce que l'empire, pour tous les peuples qu'il groupe dans son unité, signifie : domination de la race germanique sur toutes les autres nations. Les Slaves et les Anglais commencent seulement, ainsi que nous, à s'en douter. Les États-Unis, un jour ou l'autre, s'en apercevront, quand ils verront l'émigration allemande, contrairement à ce qui fut dans le passé, demeurer allemande. Cette remarque ne diminue pas l'intérêt qu'offre pour nous la question d'Alsace-Lorraine. Elle en découvre, au contraire, toute la profondeur.

GUSTAVE LANSON.

§. — Je ne fermerai point ce cahier sans dire un mot au parti des hommes de quarante ans, (mais tout à fait entre nous). Il est certain que les jeunes gens ont fait beaucoup de manifestations, surtout depuis sept ou huit semaines. Et même depuis trois ou quatre mois. Et j'entends dire un peu partout autour de moi : ces jeunes gens font bien du bruit. *Ces gamins de quinze ans*, dit-on encore. Mes enfants, mes enfants il faut nous habituer à ce qu'il y ait des gamins de quinze ans et même au-dessous. Tout ce que l'on peut dire c'est qu'il n'y en a pas assez. Un gamin a le droit de parler, pourvu qu'il ait l'âge de Viala, et de faire un hussard de la République. Et nous savons très bien qu'à quinze ans nous savions que nous étions des hommes.

§. — C'est ici que nous rejoignons le laudettisme et que nous conclurons contre le laudettisme ce deuxième cahier. Non seulement il n'est pas vrai, et il est contraire à toute vérité, que nous vivons une vie *qui ait moins de prix* que les vies des hommes des anciens temps, qui soit diminuée, effacée et comme estompée, non seulement nous vivons une vie qui est *du même prix* que les vies des hommes des anciens temps, non seulement le prix d'une vie, le prix d'une âme, le prix d'un salut demeure éternellement le même, mais dans le calcul temporel même il est permis de dire en parlant objectivement, comme ils disent, que dans l'histoire de tout le monde on trouverait difficilement une époque aussi grave que celle où nous vivons depuis 1905, et par suite une époque et par suite un temps d'autant de prix.

Ou pour parler exactement et garder aux mots leur sens propre, ce qui est nouveau, ce qui caractérise notre temps, c'est que nous sommes dans une époque qui devient une période. Je veux dire que depuis 1905 nous avons toute la tension et toute la suspension d'une époque mais que cette suspension, que cette époque se continue et dure et vient en longueur et prend la dimension d'une période. Nous sommes suspendus et l'on n'en voit pas la fin.

Depuis que nous sommes sous la menace allemande, c'est-à-dire depuis 1905, nous avons toute la tension d'une crise extrêmement grave et en plus nous en avons la durée C'est un impôt *d'une fois* que nous payons toujours. Ou si l'on veut encore nous avons de la tension mais nous l'avons en extension et nous l'avons en étendue. Nous sommes priés de nous mettre à un haut potentiel et d'y rester tout le temps et qu'il serve toujours et qu'il ne diminue jamais.

Je ne dirai pas que nous allons, ou que nous arrivons à un tournant de l'histoire, premièrement parce que c'est un peu une métaphore, deuxièmement parce que c'est une métaphore de chevaux de bois, troisièmement parce que ce n'est pas à un tournant de l'histoire qu'en effet nous arrivons, mais nous avons l'impression très nette que nous arrivons à une culbutée. Et nous tenons bien le coup depuis 1905 et il va falloir se rassembler et le tenir encore mieux et le tenir parfaitement jusqu'au bout.

§. — Nous sommes tenus de nous mettre, ou plutôt de nous être mis à un point d'exaspération maximum et de nous y tenir ferme, et pour ainsi dire commodément, et pour ainsi dire aisément comme dans un état qui ne serait pas de tension. Sans jamais, sans aucunement détendre. Sans jamais nous reposer.

§. — C'est le triomphe du *comme si*. Nous sommes priés d'être tendus au maximum et de faire tout le reste et de vivre tout le reste *comme si* nous n'étions pas tendus.

§. — Je ne sais pas, pour continuer à parler *objectivement*, si jamais un peuple a été soumis à ce régime. C'est proprement un régime de guerre en temps de paix.

Il ne faut pas dire que c'est le régime de la paix armée. Il faudrait plutôt dire que c'est le régime de la guerre chargée. Il est certain, et il est évident que d'une part ce régime est beaucoup plus intenable que le régime de la paix. Mais je ne serais pas surpris qu'il fût plus intenable que le régime de la guerre même. Une guerre a tout de même des détentes et pour ainsi dire des coups partis et des chutes de potentiel. Je ne veux parler de la guerre qu'avec d'extrêmes précautions. Mais enfin j'imagine qu'une guerre a des survenues, des incidences. Des événements. Nous sommes depuis 1905 à ce régime que l'événement même est suspendu. Nous cumulons la crise de la guerre et la durée de la paix. Nous portons en longueur et en habitude ce qui jusqu'ici n'avait été qu'un point de crise. Ou encore nous avons été priés de monter à de certains sommets et ensuite il s'est trouvé que ces prétendus sommets étaient d'immenses plateaux.

§. — Je parlais tout à l'heure de ce sentiment qu'a un père qu'au moins la vie de son fils ne recommence pas la sienne propre, qu'au moins la vie de son fils ne soit pas une deuxième vie de lui, qu'au moins la vie de son fils ne soit pas la sienne même, bout pour bout, et bout à bout. Un tel sentiment doit particulièrement s'exaspérer dans un temps comme le nôtre. Et parvenir à ce même point d'exaspération tendue maintenue. Il me paraît que je ne crois pas que depuis le commencement du monde on ait jamais vu une situation comme celle où nous nous mouvons. Être constamment chargé pour la guerre, au sens où un fusil est chargé ; et être constamment chargé des travaux dits de la paix, au sens où un âne est chargé, tel est le double sort auxque s il faut que nous fournissions.

§. — J'admire ici à quel point tout ceci est contre le *laudettisme*. Tout ce qui se passe. Tout ce que nous voyons.

Loin que notre temps soit *d'un moindre prix* qu'aucun des anciens temps, je vois au contraire qu'on nous a fait une situation entièrement unique, entièrement neuve, entièrement inconnue. Et par suite d'un prix unique, d'un prix neuf, d'un prix entièrement inconnu.

Loin que notre temps soit un temps de deuxième zone et *d'un moindre prix* et loin que le prix de la vie et le prix de l'homme et le prix de l'âme et le prix du salut ait diminué, il apparaît au contraire que nous sommes situés à un banc d'épreuve entièrement nouveau, plus que de première zone ; et où il faut nous tenir sans aucune espèce de présomption de l'avenir.

On nous a fait une situation d'un prix entièrement nouveau et littéralement d'un prix incomparable. On chercherait en vain un précédent et peut-être même un point de comparaison qui soit utile. On nous demande d'être constamment tendu, d'être constamment appareillé pour la guerre et pendant tout ce temps de garder la parfaite égalité de la paix. Ce n'est plus même une veillée des armes, l'ancienne veillée des armes. C'est une veillée des armes qui se prolonge indéfiniment et qui se sous-tend en durée.

§. — La guerre est la guerre et la paix est la paix. Mais que dire de cette situation que l'on nous a faite, où l'on nous demande constamment les deux ensemble, où l'on nous demande constamment de cumuler, où l'on nous demande de supporter à perte de vue les misères planes de la paix et en même temps d'être constamment tendus, d'être contamment prêts pour les misères éminentes de la guerre.

§. — La guerre est la guerre et la paix est la paix. Si affreuses que puissent devenir les misères de la guerre, au moins elles peuvent être compensées. Il y a l'honneur de la guerre. Et il y a la grandeur de la guerre. Mais nous cette fois-ci c'est réellement et littéralement la guerre *et* la paix. Nous avons toutes les charges de la paix et pour ainsi dire toutes les charges de la guerre. Et nous n'avons ni l'honneur ni la grandeur de la guerre ni le repos et au moins la détente de la paix. On nous demande les vertus de la tension et cumulativement les vertus de la détente. Je ne crois pas que jamais un peuple ait été soumis à un pareil régime.

§. — On nous demande de jouer à pile *et* face. C'est si l'on veut la paix armée, mais alors et par ces mots non pas seulement la paix *en armes*. C'est la paix armée au sens où on dit d'un fusil qu'il est armé. Ou encore nous sommes tous comme ces soldats du génie qui labourent et manœuvrent la terre, à une seule condition : c'est qu'ils aient toujours leur fusil sous la main.

§. — Il est de toute évidence que nous assistons à des événements comme on n'en avait jamais vu et que nous avons l'impression que nous allons culbuter sur des événements d'une amplitude inouïe. C'est bien la vieille querelle du monde antique contre les barbares mais par une espèce d'accroissement peut-être infini en profondeur le monde antique est devenu le monde latin et le monde romain et le monde chrétien et le monde catholique. Mais ce qu'il y a certainement de tout à fait nouveau dans cette situation que l'on nous a faite, dans cette situation dont on nous a honorés, c'est son amplitude, et c'est sa nouveauté même.

§. — Il est permis de dire que depuis la création du monde on n'avait jamais vu un peuple tenir huit ou neuf cent mille hommes sous les armes *en temps de paix*. Et autant dire un million. Et on n'avait sans doute jamais vu un peuple, au sens moderne de ce mot, s'imposer en temps *de paix* une contribution *de guerre* de plus de un milliard.

§. — Telles sont les conditions que l'on nous a faites. J'avais commencé d'indiquer quelques traits de cette situation, nouvelle dans toute l'histoire du monde, dans un cahier, ou plutôt dans quelques pages que j'avais intitulées *Louis de Gonzague*. Cette situation n'a pas cessé depuis de tenir pour ainsi dire sa plénitude et de sortir son plein effet.

§. — Reprenant ce *Louis de Gonzague* après cette plane épreuve de huit ans nous pouvons dire, nous pouvons nous rendre cette justice que nous nous sommes bien comportés. Nous avons travaillé comme si de rien n'était. Et tout le monde s'est bien comporté. Des situations, connues de tout le monde, qui pouvaient crever dans les vingt-quatre heures, qui autrefois auraient fait tomber le trois pour cent à 47, lui faisaient péniblement perdre trois quarts de point. Pendant des semaines les banques refusaient l'or, (je veux dire qu'elles refusaient d'en donner, entendons-nous), et on s'en allait avec de l'argent, quand on en avait. Et pas le plus petit pli à la surface des populations.

§. — Ce que j'admire le plus, ce sont les dévots, qui s'inquiètent de ceci, qui s'inquiètent de cela, et qui n'ont qu'une peur : c'est que l'opérateur soit trouvé en défaut. Ils connaissent mal ces merveilleuses compensations des quantités spirituelles. Il est vrai que depuis le commencement du monde le monde moderne est ce que l'on a jamais pu trouver de plus contraire aux règles du salut. Mais par une de ces merveilleuses compensations qui n'étonnent jamais que les dévots, dans le même temps que le monde moderne se formait comme un système le plus contraire qu'on eût jamais trouvé aux règles du salut, dans ce même temps c'étaient les formes mêmes du monde moderne, je dis ses formes physiologiques et son moule pour ainsi dire qui devenaient les règles mêmes du salut.

On demande des disciplines : en voilà une. Jamais un monde ne s'était insurgé à ce point contre les règles volontaires du salut. Et jamais un monde n'avait été aussi étroitement placé dans ces mêmes règles involontaires. Tout ce qu'il avait fallu inventer dans d'autres temps, aujourd'hui nous est donné comme la forme même où nous sommes contraints de nous mouvoir. Et s'il suffit d'une seule vie pour faire son salut, que sera-ce d'en avoir deux. Or nous en avons deux à soutenir. Et nous sommes requis, et nous sommes tenus de fournir à deux. Parce que nous sommes sous le règne de l'argent et par ce resserrement économique croissant dont je parlais dans le dernier cahier, nous sommes tellement astreints à la vertu de pauvreté qu'à dire le vrai nous en sommes venus à être astreints à la survertu de misère. Et c'est notre vertu du temps de paix. Et en même temps nous sommes tenus à la plus haute vertu du temps de guerre, qui est l'inconnaissance de demain (1).

CHARLES PÉGUY.

(1) *Cahiers de la quinzaine*, neuvième cahier de la quatorzième série, du mardi 22 avril 1913 *(L'Argent suite)*

TABLE DES MATIÈRES

L'ARGENT

L'ARGENT SUITE

Œuvres de Charles Péguy (suite)

LES TAPISSERIES *précédé de* SONNETS, *de* LES SEPT CONTRE THÈBES *et de* CHÂTEAUX DE LOIRE. Nouvelle édition revue et augmentée en 1962 *(Poésie/Gallimard)*.

CINQ PRIÈRES DANS LA CATHÉDRALE DE CHARTRES.

SAINTE GENEVIÈVE.

JEANNE D'ARC. *Cinq poèmes.*

ÈVE PREMIÈRE MORTELLE. *Stances.*

Théâtre

JEANNE D'ARC. *Drame en trois actes.*

Varia

LE CHOIX DE PÉGUY. *Œuvres choisies 1900-1910.*

Bibliothèque de La Pléiade

ŒUVRES POÉTIQUES COMPLÈTES

ŒUVRES EN PROSE COMPLÈTES. *Nouvelle édition.*

Tome I. Période antérieure aux *Cahiers* (1897-1899) – Période des six premières séries des *Cahiers* (Janvier 1900 – Mai 1905).

Tome II. Période de la septième à la dixième série des *Cahiers* (Juin 1905 – Juin 1909).

Tome III. Période de la onzième à la quinzième et dernière série des *Cahiers* (Octobre 1909 – Juillet 1914).

Reproduit et achevé d'imprimer
par l'Imprimerie Floch
à Mayenne, le 20 décembre 1991.
Dépôt légal : décembre 1991.
1er dépôt légal : juin 1932.
Numéro d'imprimeur : 31735.
ISBN 2-07-024974-3 / Imprimé en France.

54943